COLLECTION
UNIVERSELLE
DES
MÉMOIRES PARTICULIERS,
RELATIFS
A L'HISTOIRE DE FRANCE.
TOME LXIII.

Contenant le Testament de Brantome, la Vie de François de Bourdeille, son père, & les Dames Illustres.

XVIe Siecle.

IL paroît chaque mois un Volume de cette Collection, aussi réguliérement que le travail peut le permettre.

Le prix de la Souscription pour douze Volumes à Paris, est de 54 livres pour les nouveaux Souscripteurs, à dater du premier Décembre 1788, & de 48 livres pour les anciens. Ceux qui voudront recevoir les Volumes en Province, par la poste, payeront de plus 7 livres 4 sols.

Il faut s'adresser à M. CUCHET, Libraire, rue & Hôtel Serpente, à Paris, & avoir soin d'affranchir le port de l'argent & des lettres.

COLLECTION

UNIVERSELLE,

DES

MÉMOIRES PARTICULIERS

RELATIFS

A L'HISTOIRE DE FRANCE.

TOME LXIII.

A LONDRES,

Et se trouve à PARIS,

RUE ET HOTEL SERPENTE.

1790.

MEMOIRES
DE PIERRE DE BOURDEILLE,
ABBÉ ET SEIGNEUR
DE BRANTOME.

NOTICE
DES ÉDITEURS
SUR LA PERSONNE
ET LES MEMOIRES
DE
PIERRE DE BOURDEILLE,
ABBÉ ET SEIGNEUR
DE BRANTOME.

Les Éditeurs des Œuvres de Brantôme ont recueilli soigneusement tout ce qui a rapport à la généalogie de la Maison de Bourdeille. Peut-être présumoient-ils que cette compilation héraldique donneroit du relief à l'Écrivain dont ils publioient les pensées. En les imitant, nous nous écarterions de notre plan ; conséquemment on ne discutera point si la Maison de Bourdeille descendoit d'un prétendu *Marcomer* (a), Roi de

---

(a) Lisez le Théatre de la noblesse Françoise par le réverend père François Dinet récollet, (*in-fol.*, imprimé en 1648, chez Etienne du Rosti à la Rochelle.)

A ij

France, & de *Tiloa Bourdelia*, fille d'un Souverain d'Angleterre. Il importe peu au Lecteur de constater si Charlemagne, avant de fonder l'abbaye de Brantôme en Périgord, consulta un Seigneur de Bourdeille, qui étoit son contemporain. Ce n'est pas que Brantôme n'ait été lui-même fortement infatué de l'antiquité & de l'illustration de sa famille; mais en avouant qu'il ne fut point exempt de ce préjugé (car c'en est un), ne nous sera-t-il pas permis de réclamer contre l'amertume avec laquelle on l'a combattu? Sans nous ériger en apologistes de la Noblesse, il nous semble qu'il falloit moins attaquer l'institution que l'abus qu'on en a fait. Il seroit plus facile que quelques détracteurs ne le pensent, de prouver, par les monumens, que la source a pu être pure dans son origine. Si par la suite elle s'est altérée, ce fut l'ouvrage de l'orgueil, de l'avarice; en méconnoissant le principe, un régime propre à faire éclore les vertus civiques a pu dégénérer. Nous le demandons à tout Lecteur impartial : les meilleures institutions ont-elles été à l'abri de ces vicissitudes? Admet-on que l'institution de la Noblesse ait été le résultat d'un pacte consenti librement? l'utilité publique dut en être la base. On espéra que, par cette institution, l'exercice des vertus sociales se transmettroit des pères aux enfans ; car, soyons de bonne foi, sous quelque gouvernement que l'on

vive, il sera toujours beau & avantageux pour la Patrie qu'un Citoyen puisse se dire à lui-même.....
La probité & l'amour du bien public, de temps immémorial, habitèrent sous le toît où je suis né ; je me déshonorerois en ne marchant pas sur les traces des hommes illustres dont je porte le nom......

Considere-t-on la Noblesse sous ce point de vue, Brantôme avoit le droit de se glorifier de ses ancêtres. Depuis plusieurs siecles ils jouissoient, dans le *Périgord*, d'une réputation distinguée ; la plupart avoient rempli l'office de Sénéchal de cette province. Le pere de Brantôme (François Vicomte de Bourdeille) en étoit lui-même revêtu ; digne imitateur de ses aïeux, il consacra, au service de ses Concitoyens, sa plume & son épée.

Ce Vicomte de Bourdeille eut plusieurs enfans d'Anne de Vivonne (a) de la Chateigneraye, son épouse. Celui d'entre eux (b), qui doit fixer notre attention, étoit le troisième de leurs fils (Pierre

(a) Elle étoit fille d'André de Vivonne, seigneur de la Chateigneraye, chambellan ordinaire du Roi, & sénéchal de Poitou. Sa mère fut Louise de Daillon, que Brantôme, dans ses mémoires, désigne sous le nom de la grande sénéchale.

(b) Comme Brantôme dans le cours de ses mémoires, parle incidentellement de ses frères & sœurs, des notes contiendront à leurs articles ce qui peut intéresser.

de Bourdeille), connu généralement sous le nom de Brantôme. Les Éditeurs de ses Œuvres prétendent qu'on ignore l'époque juste de sa naissance. Si l'on s'en rapporte à plusieurs Lexicographes, il est aisé de la fixer; on lit dans leurs nomenclatures (a) que Brantôme étoit âgé de quatre-vingt-sept ans, lorsqu'il mourut (b) le 15 Juillet 1614.

On s'arrêtera peu sur l'enfance du jeune Bourdeille (c'est ainsi que nous le nommerons d'abord): Il suffit de dire que sa mère (c), Dame d'honneur de Marguerite de Valois, sœur de François premier & Reine de Navarre, l'éleva à la Cour de cette Princesse. Dans l'intervalle, son père, par un testament en date du 28 Juin 1546, lui assigna pour partage la jurisdiction de la *Commarche* (d) & quelques rentes; le même acte le substituoit immédiatement à André, Vicomte de Bourdeille, son frère aîné.

Le jeune Bourdeille alla ensuite étudier à

(a) Voyez spécialement le dictionnaire de Moreri.

(b) *Gallia Christiana* (édit. de 1720, Tome II, pag. 1494.)

(c) Lisez les *Dames illustres*, discours VI, article VI, concernant Marguerite de Valois, Reine de Navarre.

(d) Cette jurisdiction consistoit en terres qu'il avoit aliénées, les unes sous l'obligation du cens, les autres à titre de vasselage.

Paris; il parcouroit la carrière scholastique en 1552, quand un autre de ses frères (le Capitaine Bourdeille (a)) arriva dans cette Capitale, pour se faire guérir d'une blessure qu'il avoit reçue au siége de *Chimay*. Il paroît, d'après ses Mémoires, qu'on l'envoya continuer ses études à Poitiers, puisqu'il déclare avoir été spectateur du zèle extraordinaire de la femme d'un Avocat (la belle *Gotterelle*) qui, par principe de religion (raconte-t-il (b)) se prostituoit aux Néophites du Calvinisme. Il entendit aussi prêcher dans cette ville le Ministre *David*, qu'Antoine, Roi de Navarre, traînoit à sa suite. Le jeune Bourdeille dès-lors possédoit le Doyenné de *Saint-Yrier* en Limousin, le Prieuré de *Royan*, & un autre bénéfice sous le titre de *Saint-Vivienne-lès-Xaintes*. Son frère,

___

(a) Voyez les Capitaines François dans la vie de M. d'Aussun, discours 69.

(b) C'est dans ses Dames galantes qu'il rapporte ce fait, que nous ne garantissons pas. On sait jusqu'à quel degré de folie l'exaltation de tête peut entraîner : mais une pareille conduite s'accordoit bien mal avec la rigidité qu'on a reprochée aux novateurs : d'ailleurs, l'histoire atteste que les deux partis n'ont rien négligé pour se noircir respectivement. La calomnie ne fut pas une des moindres armes qu'on employa. Dans les tems de troubles, c'est le poignard avec lequel on assassine moralement son adversaire.

le Capitaine Bourdeille, en embraſſant la profeſſion militaire, lui avoit réſigné ces trois bénéfices. Sa mort lui attira de nouvelles graces de la Cour; à la ſollicitation de Jacques de Montberon, Seigneur d'Auſances, Henri II le nomma à l'Abbaye de Brantôme (a). Le teſtament de la Dame de Bourdeille, ſa mère, en date du 26 Mai 1557, atteſte que déjà il étoit pourvu de cette Abbaye, puiſqu'en lui léguant la ſomme de 5000 liv., elle le qualifie de *Révérend Père en Dieu, Meſſire Pierre de Bourdeille, Abbé de Brantôme, demeurant en l'Univerſité de Poitiers.*

Cette même année le nouvel Abbé obtint du Roi une coupe de bois dans la forêt de Saint-Yrier, cinq cents écus en furent le produit. Il deſtinoit cet argent à voyager en Italie; de-là il paſſa dans le Piémont, où, donnant l'eſſor à ſon goût guerrier (b), il fit ſes premières armes. Il ſe trouva (c) à Rome pendant la vacance du Saint-Siége après la mort de Paul IV. L'année ſuivante,

(a) Brantôme remplaça Jacques de Mareuil, abbé de ce lieu, & évêque de Lavaur. Le prélat décéda le 20 Mars 1556.

(b) On en trouvera la preuve dans ſes Capitaines François, à l'article du maréchal de Briſſac, diſcours 71, article I.

(c) Son diſcours ſur les duels, renferme pluſieurs particularités rélatives à ce voyage.

sur sa réquisition, on réunit l'abbaye de Brantôme à la congrégation de *Chezal-Benoît*. Si on l'en croit, ces Religieux ne le payèrent (a) que d'ingratitude. A son retour en France, l'Abbé de Brantôme prit en main l'administration de ses bénéfices ; il avoit permis à son frère (le Vicomte de Bourdeille) d'en percevoir les revenus. On verra, dans son testament qu'il n'épargne pas le Vicomte relativement à sa gestion. Il est bon cependant d'observer que l'Abbé, à cette époque, n'exigeoit pas, pour sa dépense, de grands secours pécuniaires. Le Vicomte au contraire, figurant à la Cour, avoit des besoins toujours renaissans. On n'examinera point si l'application du produit annuel de ces biens étoit plus légitime d'une part que de l'autre. Le fait prouve seulement que depuis long-temps on ne se pique pas en France d'être scrupuleux sur cet article.

Nous arrivons au moment où l'Abbé de Brantôme va paroître à la Cour de nos Rois. Ses courses en Italie l'avoient attaché à François (b)

(a) Les auteurs *du Gallia Christiana*, avouent que l'abbaye de Brantôme lui doit son existence ; & d'après l'éloge qu'ils font de lui, on est fondé à présumer qu'il put avoir réellement à se plaindre de ces religieux. (Voyez le *Gallia Christiana*, édit. de 1720, Tom. II, pag. 494. E.)

(b) Il explique lui-même dans ses mémoires l'origine

de Lorraine, Grand Prieur de France, & général des Galères. Ces relations le lièrent étroitement avec la Maison de Guise. L'Abbé de Brantôme, devenu Courtisan, fut témoin oculaire de la conjuration d'Amboise, de la détention du Prince de Condé, & du cérémonial observé à Poissy pour la réception des Chevaliers de l'Ordre de Saint-Michel. Vers la fin de 1561, la veuve de François II (la belle Marie Stuart), s'embarqua, en pleurant, pour l'Écosse. Le Grand Prieur de France étoit chargé de la conduire. Une foule de Seigneurs François (a) accompagna cette Reine aimable & spirituelle. Le galant Abbé de Brantôme voulut être de la partie; il vit par ce moyen Édimbourg & Londres.

Comme il rentroit en France, on y publioit, au nom de Charles IX, l'Édit du mois de Janvier 1562. Cette Loi servit de prétexte à la première guerre civile. L'Abbé de Brantôme, au lieu

de cette liaison. On s'en instruira en lisant le commencement & la fin de la vie du grand prieur de France, (discours 76 de ses Capitaines François.)

(a) Il faut lire dans ses Dames illustres, & dans ses Capitaines François, à l'article du duc de Guise la cause des pleurs de Marie Stuart, & la relation de ce voyage. Nous renvoyons aussi le lecteur à l'observation n°. 1 sur le troisième livre des mémoires de Castelnau, (Tom. XLII de la collection, pag. 335 & suiv.)

de réciter son bréviaire, endossa la cuirasse. Il combattit dans l'armée Catholique, & il y eut peu d'événemens importans auxquels il ne participât; cependant il n'avoit encore aucun grade militaire. Sur ces entrefaites il eut des larmes à verser, François de Lorraine, Grand Prieur de France, mourut; l'Abbé de Brantôme regretta dans ce Prince un ami aimable & vrai. Cette perte douloureuse resserra les liens qui l'unissoient au Duc de Guise, frère du défunt. Il étoit avec lui au camp d'Orléans en 1563, quand Poltrot l'assassina. Cette nouvelle catastrophe l'indigna : dans sa colère (a) il accusa de complicité avec l'assassin le sieur d'Aubeterre, dont le fils depuis épousa sa nièce.

La paix qui survint sembloit devoir rappeler l'Abbé de Brantôme à une vie plus calme & plus tranquille; mais il falloit du mouvement à cette

---

(a) Brantôme poursuivoit dans le père, le fils qu'il haïssoit, quoiqu'il eût épousé sa nièce chérie. Il ne put jamais lui pardonner d'avoir obtenu le titre de Sénéchal du Périgord qu'il ambitionnoit. Il paroissoit pourtant assez naturel que le gendre remplaçât son beau père, le vicomte de Bourdeille, & que l'oncle ne supplantât pas le neveu. Au reste, le vicomte de Bourdeille en mourant, avoit prié les maréchaux de Retz & de Matignon, de solliciter la place en faveur de son gendre, dont il estimoit la capacité & la droiture. Brantôme intrigua en vain; & ne pouvant se venger que la plume à la main, il le fit.

ame active & inquiète. Le Portugal & l'Espagne étoient en guerre ouverte avec les Maures; l'Abbé de Brantôme y courut. Les Cours de Lisbonne & de Madrid l'accueillirent; dans la dernière, il eut plusieurs conférences avec la Reine Elisabeth, fille de Catherine de Médicis. Il se vante d'avoir influé sur l'entrevue des deux Reines à Bayonne; ce qu'il y a d'incontestable, c'est qu'on le choisit pour être un des Seigneurs François qui furent envoyés au-devant de l'épouse de Philippe II. A peine ces fêtes, le prélude de tant de tragédies sanglantes, étoient-elles finies, que son humeur martiale se réveilla. Il alla au secours de Malte (a), que les Turcs assiégeoient. Le corps de Volontaires auquel il se joignit, étoit commandé par Strozzi & par Brissac. La Cour de France, pour ne point se brouiller avec la Porte, feignit de désapprouver cette expédition. L'Abbé de Brantôme & ses compagnons traversèrent l'Italie; à Rome, le Pape les gratifia d'*agnus* & de bénédictions; l'Ordre de Malte (b) fit mieux, il les défraya. Un excès de dévotion chevaleresque exalta alors la tête de l'Abbé de Brantôme, & il seroit resté à Malte,

(a) Lisez ses Capitaines François, (discours 87, article I, au commencement de la vie de Bellegarde.)

(b) Il le raconte ainsi dans ses Mestres de camp catholiques de l'infanterie Françoise vers la fin, & dans la vie de M. de Taix, colonel général.

fi Strozzi ne l'en eût empêché. Ils revinrent ensemble à Rome; tandis qu'ils y séjournoient, une flotille Turque alarma Ostie & les côtes de l'Etat Ecclésiastique; le Pape, effrayé, pria l'Abbé de Brantôme & les autres François de ne pas l'abandonner; Sa Sainteté en fut quitte pour la peur. Nous faisons grace au Lecteur des aventures particulières de l'Abbé de Brantôme dans le cours de ce voyage; telles furent son apprentissage sous un Maître d'Escrime (a) à Milan, les douces jouissances (b) que lui procura à Rome la courtisanne *Faustina*, & sa rencontre à Naples avec un Comte de *Bourdelia* ou *Bourdella*, qui prétendoit sortir originairement de la Gascogne, & être son cousin. Ces particularités sont consignées dans ses Mémoires. Avant de rentrer en France, il s'étoit arrêté à la Cour du Duc de Savoie, son parent (c); il ne fut pas satisfait de la récep-

(a) Dans son discours sur les duels, il l'appele *le grand Tappe*. Nous observerons que pour un abbé l'apprentissage étoit bizarre.

(b) La rélation de cette brillante aventure est consignée dans ses Dames galantes, & certainement elle y est bien placée.

(c) Ils étoient alliés par les Brosse de Bretagne. Claudine de Brosse avoit épousé Philippe II duc de Savoye, & la bisayeule de Brantôme Marguerite de Brosse, étoit la femme de Germain de Vivonne, seigneur d'Anville &c.

tion de ce Prince, quoique celui-ci lui eût offert un don de cinq cents écus ; il auroit fallu sans doute que le Duc l'eût traité d'égal à égal.

Jusqu'alors il avoit religieusement porté le nom d'Abbé de Brantôme. L'ardeur guerrière qui le dévoroit, ne s'accommodoit plus de ce titre ; en le qualifiant simplement Seigneur de Brantôme, il eut pourtant l'attention de ne point se démettre de son Abbaye, & de continuer à toucher les revenus (a) de ce bénéfice ; en 1583, par délicatesse sans doute, il ne les perçut plus que sous le nom d'un confidentiaire (b).

L'entreprise mal concertée de *Meaux* lui pré-

(a) Cela ne surprend point quand on lit dans l'histoire de ces tems-là, que le brave & galant Bussy d'Amboise étoit abbé de Bourgueil. Ce siècle fut le siècle des abus & des désordres de toute espèce. On en verra bien d'autres.

(b) En employant le mot de *délicatesse*, on auroit tort de présumer que nous approuvassions cette convention illicite, inventée par l'avarice, pour s'approprier les revenus d'un bénéfice. La doctrine de l'église a proscrit dans tous les tems les *Confidentiaires*, qu'elle a assimilés avec raison aux *Simoniaques* : Brantôme ne l'ignoroit pas, puisque le concile de Bourges en 1584, avoit déclaré vacans & impétrables, tous bénéfices tenus à titre de confidence ; veut-on connoître les peines portées par nos loix contre les *Confidentiaires* ; on n'a qu'à consulter l'article 18 de l'ordonnance de 1669.

paroit de l'occupation. Les deux factions qui divisoient la France avoient repris les armes; le nouveau Seigneur de Brantôme, décoré du titre de Mestre-de-camp, leva une compagnie; la Cour lui avoit ordonné d'en former deux, mais la dépense (a) attiédit son zèle. Il combattit à la bataille de Saint-Denis, & après la paix de *Longjumeau*, il se jeta dans Chartres avec sa compagnie, parce qu'on refusoit d'y admettre celle du sieur d'Andelot, composée de Protestans. Pendant cette paix plâtrée qui dura si peu, Brantôme éprouva à la Cour des désagrémens (b). Si-tôt que les hostilités recommencèrent, les Protestans crurent pouvoir profiter de son mécontentement. Teligni, son ami, chargé des ordres du Prince de Condé, lui proposa, à des conditions avantageuses, d'ouvrir les portes de Péronne où il commandoit. Brantôme ne vit que son devoir, & refusa : on lui en sut bon gré à la Cour. Il paroît qu'il fut récompensé par le titre de Gentilhomme (c) du Duc d'Orléans, avec six cents livres d'appointemens,

(a) Il convient du fait dans ses Mestres de camp catholiques de l'infanterie Françoise, vers le commencement.

(b) Brantôme ne s'explique pas sur ces désagrémens, dont il fait mention au commencement de la vie de Leon Strozzi, (discours 74 de ses Capitaines François).

(c) Maison du Roi, *fol.* 2914.

A cette époque, il se fit honneur par un acte d'humanité (a) Charles IX donnoit une fête sur la rivière, le Baron de Montesquiou (celui qui peu de temps après assassina le Prince de Condé), tomba dans l'eau; il se noyoit, Brantôme lui sauva la vie. Si on ne lui décerna pas, comme on l'auroit dû, la couronne civique, Montesquiou l'en indemnisa par un témoignage non équivoque de sa reconnoissance. Tant qu'il vécut, il n'appela jamais Brantôme autrement que *son père*.

En 1569, un incident contraria le goût guerrier de Brantôme. La fièvre tierce qui le travailloit, le força de quitter l'armée; il se retira à son Abbaye. Il y reçut la visite de l'armée Protestante; heureusement, pour ses intérêts, il comptoit beaucoup d'amis parmi les Chefs de cette faction. Son Abbaye n'essuya aucun dommage, aussi dans ses Mémoires l'appelle-t-il *la pucelle la plus entière qui soit en Guyenne*. Le cas étoit d'autant plus extraordinaire que les Calvinistes n'avoient pas l'habitude de respecter les vierges de cette espèce. L'épuisement des deux partis qui dévastoient le Royaume, amena la paix de 1570, on la signa en attendant qu'on pût recommencer les hosti-

---

(a) Capitaines François, à l'article du prince de Condé, (discours 80, article I).

lités.

lités. L'inaction étoit pour Brantôme une véritable maladie. Instruit des préparatifs considérables que plusieurs Souverains de la Chrétienté faisoient contre la puissance Ottomane, il avoit conçu le projet d'y prendre part. Strozzi l'arrêta, en l'invitant à l'accompagner dans une expédition dont il avoit le commandement. Le voile du mystère (a) couvroit le but de cet armement naval; la suite des évènemens apprit qu'il étoit destiné contre la Rochelle. Brantôme en se rendant aux désirs de Strozzi n'eut pas le plaisir d'assister à la bataille de *Lépante*; ils pressoient ensemble, à *Brouage*, l'armement dont on ignoroit la destination, lorsque la nouvelle des *Matines parisiennes* leur parvint. En égorgeant des milliers de Calvinistes, c'étoit exciter la rage de ceux que le poignard des assassins n'avoit pas atteint; il en résulta (& cela devoit être) une guerre de *Cannibales*. On

(a) On affectoit de répandre le bruit que cet armement avoit pour objet une invasion dans le Pérou. L'amiral de Coligni auroit désiré qu'on l'employât à une descente sur les côtes de Flandres; car c'étoit-là son dernier mot. Il vouloit occuper l'activité inquiète de la nation Françoise, dans une guerre contre Philippe II. Tandis qu'il se livroit à ces spéculations, Catherine de Médicis & ses lâches adhérens marchoient secrètement à leur but. Les Rochellois moins crédules que l'amiral, soupçonnoient le piége, & le massacre de la Saint-Barthelemi justifia leur prévoyance.

Tome LXIII. B

regardoit la Rochelle comme le boulevart du Proteftantifme; on affiégea cette place en 1573, Brantôme y fit le fervice de fimple Volontaire, & la plupart des Seigneurs n'en avoient pas d'autre; c'étoit à qui fe fignaleroit par des actes d'une valeur inconfidérée, aussi s'y verfa-t-il beaucoup de fang. Brantôme, particulièrement, partagea avec le jeune Duc de Guife, les périls que celui-ci fe glorifioit d'affronter; il en remporta plufieurs bleffures, & dans fes Mémoires (a), il fe félicite avec raifon *de n'avoir pas eu pis*.

Ce fut à-peu-près vers ce temps que Brantôme eut la velléité de fe marier. Ces fpéculations ne l'occupèrent que momentanément, puifqu'il fe trouva avec Strozzi à l'ouverture du corps de Charles IX; il fe convainquit qu'il n'exiftoit aucune trace de poifon, & il affure (b) que le Chirurgien du Monarque (Ambroife Paré) en convint. Au furplus toute la Cour, à l'exception de Brantôme & de quatre autres Gentilshommes,

---

(a) Ces particularités font plus détaillées dans fes Meftres de camp catholiques de l'infanterie Françoife.

(b) Voyez fes Capitaines François, vers le milieu de la vie de M. de la noue; Quant à ce qui concerne la mort de Charles IX, & fes funérailles, il eft inutile de répéter ici ce qu'on a dit dans les obfervations fur les mémoires de Montluc, (Tome XXVI de la collection, page 149 & fuiv).

abandonna au fauxbourg Saint-Lazare le convoi de ce Roi malheureux, qu'une partie de la France abhorroit, & que presque personne ne regretta.

Sur la fin de cette année Catherine de Médicis chargea Brantôme (a) de négocier avec la Noue une paix, dont chaque parti sentoit impérieusement la nécessité. Pour le payer de ses soins, on lui accorda, conjointement avec son frère, le droit de nommer (b) à l'Évêché de Périgueux, qui vaquoit ; ils en pourvurent un Moine de Saint-Denis (François de Bourdeille leur cousin). Si l'on s'en rapporte à Brantôme, les frais de bulles & de provisions tombèrent à sa charge.

(a) Le vicomte de Bourdeille, son frère lui fut associé dans cette négociation ; & si on l'en croit dans sa lettre XCIV, Brantôme n'étoit que son adjoint : il le chargea d'aller référer au Roi, du succès de la négociation. Au surplus, les historiens du tems s'accordent sur un point ; c'est que les deux frères agirent de concert, & assistèrent ensemble aux conférences, (lisez l'histoire de France par la Popelinière, Liv. XXXIX, page 253 ; l'histoire universelle d'Aubigné, Tome II, pag. 144, & l'histoire des cinq Rois, pag. 522).

(b) Henri III conféra aux deux frères, la nomination à cet évêché, par brevet du 18 Juillet 1575, à la charge de mille livres de pension pour la demoiselle de Bourdeille leur sœur, & de huit cent livres pour le sieur de *la Sestre*, chantre de Périgueux, neveu du doyen de Poitiers qui avoit servi utilement dans la négociation.

Il résidoit à la Cour, & logeoit rue de Grenelle Saint-Honoré, quand s'éleva la fameuse rixe entre Bussy d'Amboise (a) & les Mignons de Henri III; Brantôme se déclara pour Bussy, & leur parenté lui servit d'excuse. La Cour devint alors le séjour presque habituel de Brantôme, & on le décora de l'Ordre de Saint-Michel. Il étoit naturel que l'institution de celui du Saint-Esprit le choquât, parce que l'un ne pouvoit s'accréditer qu'aux dépens de l'autre, c'est ce qui arriva; aussi dans ses Mémoires maltraite-t-il l'Ordre de nouvelle création; probablement (b) il l'auroit loué, si le Souverain l'y eût admis; tant il est vrai que l'intérêt personnel fut & sera toujours le mobile des affections humaines.

La mort du Duc de Guise en 1588, & celle de Catherine de Médicis au commencement de 1589; ôtèrent à Brantôme une grande partie de sa considération, & tout le crédit (c) qu'il pouvoit

_____

(a) Capitaines François, (discours 85, vie de Bussy).

(b) Additions aux mémoires de Castelnau, par le Laboureur, Tome I, pag. 365.

(c) Si l'on s'en rapportoit à la jactance avec laquelle il parle de son prétendu crédit, il auroit été étendu dans toutes les cours de l'Europe. Il est fâcheux pour sa mémoire qu'aucun monument ne l'atteste: pourquoi par exemple, lorsqu'il a pris le soin de recueillir la correspondance de son frère aîné, avec nos Rois, & avec tout

avoir; il perdoit à la fois ses deux appuis. Il se retira dans sa province; des pensées bien noires l'affligeoient & le tourmentoient. On conçoit facilement le dépit & la morosité d'un homme qui, ayant contracté depuis trente-trois ans l'habitude de vivre à la Cour, est contraint de s'en éloigner. D'ailleurs les circonstances n'étoient pas de nature à calmer l'agitation de son esprit; de toutes parts on couroit aux armes; les Ligueurs aspiroient à détrôner le Souverain, & on pouvoit craindre la dissolution entière de la Monarchie. Brantôme, en retournant chez lui, n'y rencontra pas le repos dont il avoit besoin. Son humeur, aigrie par les événemens lui suscita des chagrins domestiques. Un accident acheva d'ulcérer son cœur; la mort lui enleva la Vicomtesse de Bourdeille, sa belle-

ce qu'il y avoit de plus distingué à la cour, ne nous a-t-il transmis rien de semblable par rapport à lui-même? On ne trouve dans ses mémoires qu'une seule lettre, que Marguerite de Valois, à l'époque de sa disgrace, lui adressa. On ne voit pas qu'aucune négociation dans les cours étrangères lui ait été confiée. Il en résulte que Brantôme ne fut jamais considéré que comme un homme de beaucoup d'esprit, qui, après avoir vieilli dans les intrigues & dans les plaisirs, alla porter au fond de sa province sa mauvaise humeur, & le regret de ne pouvoir plus continuer le même genre de vie; quant à sa bravoure personnelle, elle est incontestable: mais il ne suffit pas d'avoir de l'intrépidité pour être un bon officier.

sœur, à laquelle il prétend, dans ses Mémoires, avoir été très-attaché; peut-être l'aimoit-il, parce qu'il exerçoit sur ses volontés un empire despotique. Il ne voulut jamais qu'elle convolât en secondes noces; il s'étoit même brouillé en 1581, avec (a) Strozzi, son ami intime, qui avoit manifesté le désir d'obtenir la main de la Vicomtesse. Aux yeux de Brantôme, ce fut un crime irrémissible de proposer à une femme jolie & spirituelle de l'épouser. Nous ajouterons que l'amitié de Brantôme avec Strozzi subsista pendant vingt-cinq ans; &, d'après son caractère, il est permis de dire que le terme a été long.

A dater du trépas de la Vicomtesse de Bourdeille, Brantôme ne reparut plus à la Cour; il se casanna dans son château de *Richemont* (b). Des querelles avec sa famille occupèrent une partie de ses loisirs; il appliqua l'autre à la rédaction de ses Mémoires & de divers opuscules qu'il composa. Les infirmités, compagnes inséparables de la vieillesse, redoublèrent la dose de sa caus-

---

(a) La mort de Strozzi, peu de tems après, calma les inquiétudes de Brantôme, par rapport aux amours de ce seigneur avec la vicomtesse de Bourdeille. Il est bon d'observer que Brantôme assure n'avoir rompu ce mariage que pour l'intérêt des enfans de sa belle sœur.

(b) En Périgord, Brantôme s'est qualifié du titre de baron de Richemont.

ticité naturelle. Entrevoyant la mort qui s'approchoit, il fit son testament; il expira le 15 Juillet 1614, & on l'inhuma dans la chapelle de son château de Richemond, dont il avoit été l'Architecte.

Telle a été la vie privée de cet homme, un des personnages les plus extraordinaires du seizième siècle. Il *usa de sa qualité d'Abbé* (a remarqué un Écrivain (a) fait pour l'apprécier), » *comme* » *ces Abbés Guerriers*, qu'on appeloit *Abbates* » *Milites* sous la seconde race de nos Rois, & » ne cessa pour cela de suivre les armes & la » Cour, où ses services lui firent mériter le collier » de l'Ordre & la dignité de Gentilhomme de » la Chambre du Roi. Il hanta, avec une estime » singulière de son courage & de son esprit, les » principales Cours de l'Europe, comme celles » d'Espagne, de Portugal, où le Roi l'honora » de son Ordre, celle d'Ecosse & celles de tous » les Princes de l'Italie. Il fut à Malte chercher » occasion de se signaler, & depuis il n'en perdit » aucune de celles de nos guerres de France; » mais quoiqu'il gouvernât parfaitement tous les » grands Capitaines de son temps, & qu'il leur » appartînt d'alliance ou d'amitié, la fortune lui » fut toujours si contraire qu'il ne trouva jamais

(a) Additions aux mémoires de Castelnau, par le Laboureur, Tome II, pag. 702.

» d'établissement digne, non seulement de son
» mérite particulier, mais de celui d'un nom
» illustre comme le sien; c'est ce qui le rendit
» d'assez mauvaise humeur dans sa retraite, où il
» se mit à composer ses Livres, dans une diffé-
» rente assiette d'esprit, selon que les gens qui
» ont repassé devant sa mémoire, ont ému sa
» bile ou touché son cœur. Il seroit à désirer
» qu'il eût fait un Chapitre de lui-même comme
» des autres Seigneurs de son tems : il nous en
» auroit bien appris, s'il n'y eût rien oublié;
» mais peut-être s'en est-il abstenu, pour ne pas
» trop déclarer ses intentions pour la Maison de
» Lorraine, dans le même temps de la ruine de
» ses desseins; car il y étoit fort attaché, & il
» paroît en plusieurs lieux, qu'il avoit plus de
» respect que d'affection pour celle de Bourbon.
» C'est ce qui lui a fait prendre parti contre la *Loi*
» *Salique* (a), en faveur de la Reine Marguerite.

(a) Brantôme a épuisé toute sa dialectique sur ce sujet, dans ses Femmes illustres, à l'article de Marguerite de Valois, épouse de Henri IV. Il n'a prouvé qu'une chose, c'est que beaucoup de Rois ont fort mal gouverné. Mais quels que soient les événemens, on n'arrachera jamais du cœur des François la loi salique; elle y est gravée en traits ineffaçables. On peut momentanément soulever cette nation vive & légère contre ses Souverains; tôt ou tard elle y reviendra. Que l'étendart d'une liberté sage

… qu'il estimoit infiniment, & qu'il vit avec regret
privée de la Couronne de France. En beaucoup
d'autres rencontres, il lache des sentimens plus
du Courtisan que de l'Abbé; mais aussi étoit-ce
sa principale profession, comme c'est encore
celle de la plupart des Abbés d'aujourd'hui, &
c'est à cette qualité qu'il faut pardonner plusieurs petites libertés qui seroient moins pardonnables à *un Historien Juré*. Je ne parle point
du second ni du troisième volume des Dames (a),
pour ne pas condamner la mémoire d'un Gentilhomme que ses autres Ouvrages rendent digne de tant d'estime; & j'en répands le crime
sur la dissolution de la Cour de son temps,
dont on pourroit faire de plus terribles Histoires
que celles qu'il rapporte. Il y a aussi quelque
chose à redire à l'ordre dans ce qu'il a écrit;
mais le nom de *Mémoires* l'excuse de ce défaut.
Quoi qu'il en soit, on y ramasse des connoissances fort importantes à notre Histoire, & la

& bien ordonnée, flotte autour du trône, il n'est point de bon François qui n'accoure s'y ranger. La lecture de nos annales démontre cette vérité faite pour effrayer les Démagogues.

(a) Nous partageons assurément la manière de penser de l'abbé le Laboureur, & ses réflexions sur les Dames galantes de Brantôme, justifient ce que nous disons plus loin.

« France lui est si obligée de son travail, que je ne
» feins point de dire que tous les services de son
» épée le doivent céder à ceux de sa plume. Il
» avoit beaucoup d'esprit & de bonnes Lettres ;
» il étoit *fort gentil* dans sa jeunesse ; mais j'ai
» appris de ceux qui l'ont connu, que le chagrin
» de ses vieux jours lui fut plus pesant que ses
» armes, & plus déplaisant que tous les travaux
» de la guerre & fatigues en ses voyages. Il *re-*
» *grettoit le tems passé, la perte de ses amis,*
» *& ne voyoit rien qui approchât de la Cour des*
» *Valois, où il avoit été nourri......* »

A ce jugement sur la personne & les Mémoires de Brantôme, nous joindrons celui d'un moderne (a), qui paroît avoir bien saisi l'esprit de cet Ecrivain. » Brantôme (observe-t-il) *se trouve*
» *par tout* ; tout le monde veut l'avoir lu, mais
» il faudroit le mettre sur-tout entre les mains
» des Princes, afin qu'ils y apprissent qu'ils ne
» peuvent se cacher, qu'ils ont pour leurs Cour-
» tisans une importance qui fait remarquer toutes
» leurs actions, & que tôt ou tard les plus secretes
» sont révélées à la postérité. Cette réflexion,
» qu'ils feroient, en voyant combien Brantôme a
» ramassé de petits faits, de mots échappés,

___
(a) Observations sur les ouvrages cités dans l'esprit de la Ligue, Tome I, page XXXIII.

» d'actions prétendues indifférentes, qui de-
» vroient être perdues & négligées, & qui ce-
» pendant marquent le caractère, les rendroit plus
» circonspects.

» En lisant Brantôme, il vient à l'esprit un
» problème difficile à résoudre. Il est fort commun
» de voir cet Auteur joindre les idées les plus
» disparates en fait de mœurs. Quelquefois il
» représentera une femme comme adonnée aux
» rafinemens les plus honteux du libertinage,
» & il finira par dire qu'elle étoit sage & bonne
» Chrétienne. De même d'un Prêtre, d'un Moine,
» & de tout autre Ecclésiastique, il racontera des
» anecdotes plus que gaillardes, & il dira très-
» sérieusement à la fin, que cet homme vivoit
» régulièrement selon son état. Presque tous ses
» Mémoires sont pleins de pareilles contradictions
» qui font épigramme ; sur quoi je propose ce
» problème : Brantôme étoit-il un libertin, qui,
» pour se jouer plus sûrement des mœurs & de
» la Religion, affecte souvent dans l'expression
» une retenue démentie par le fond même du
» récit ? ou, étoit-il un de ces hommes qu'on
» appelle dans le monde des *ignorans* (a) *aimables*,

(a) M. Anquetil n'a pas prononcé le mot. *Ces ignorans aimables* sont-ce que de nos jours on a appelé *d'agréables roués* ? Brantôme fut un de leurs patriarches ; & c'est ce que M. Anquetil développe fort bien, en disant « qu'on

» qui, sans principes comme sans dessein, con-
» fondent le vice avec la vertu ? Quelque juge-
» ment qu'on en porte, on le blâmera toujours
» de n'avoir pas respecté la bienséance dans ses
» écrits, & d'avoir souvent fait rougir la pu-
» deur...... »

Les réflexions des deux Écrivains qu'on vient de citer nous rappellent le jugement (a) que nous avons déjà porté des Mémoires de Brantôme. Cet Ouvrage (qu'on nous permette de le répéter) abondant en anecdotes & en particularités détachées peut aider à constater un certain nombre de faits ; mais non pas à classer les événemens dans l'ordre où ils doivent être. Il ressemble à la conversation d'un Courtisan spirituel & caustique qui débite *ses souvenirs*; tout y est décousu &

» *trouve* dans lui le caractère des jeunes gens, qui,
» appelés à la cour par leur naissance, y vivent sans
» prétentions & sans désirs. Ils s'amusent de tout ; si une
» action a un côté plaisant, ils la saisissent : si elle n'en
» a pas, ils lui en prêtent »…. A ces traits ne reconnoît-on pas une classe d'hommes qui, persiffleurs par désœuvrement, détracteurs par ignorance, incapables de rien évaluer par défaut de goût, méprisant tout par excès d'orgueil, & blasés sur les diverses jouissances de la vie, seroient réduits à être nuls dans la société, s'ils ne ridiculisoient pas les talens & les vertus.

(a) Observations sur les mémoires de Boivin du Villars, Tome XXXIV de la collection, pag. 462.

jeté au hasard ; enfin c'est l'homme du monde, qui, ayant beaucoup vécu & beaucoup vu, cherche à amuser & ne se pique pas d'instruire.

On a vu la preuve de ces assertions dans une grande partie des mémoires que nous avons publiés. Souvent on a trouvé Brantôme en contradiction avec ses contemporains, & même avec les monumens ; aussi n'a-t-on pas hésité à relever ses erreurs. Il n'est point surprenant qu'on en ait beaucoup à lui reprocher, par rapport à tout ce qui s'étoit passé de son temps ; sa mémoire étoit l'unique source à laquelle il puisoit. En lisant ses Écrits avec attention on ne peut se dissimuler que la Nature à cet égard l'avoit traité favorablement. Il falloit donc que cette mémoire imperturbable lui rappelât une foule de particularités dont il avoit été le témoin. Il falloit encore qu'elle lui retraçât le souvenir de celles qu'il a rapportées sur la foi d'autrui (& nous rangerons dans cette classe tout ce qui appartient aux tems écoulés pendant son enfance). Quant aux faits antérieurs à ces deux époques ; il est évident que Brantôme a consulté les Historiens les plus estimés qui existoient alors ; il a interrogé tour à tour les nationaux & les étrangers. On s'en convaincra en parcourant les rapprochemens disséminés, dans les notes & observations dont notre édition est accompagnée.

Pour que le Lecteur se forme une idée nette

des Mémoires de Brantôme, nous l'invitons à les confidérer comme une galerie de portraits propres à remettre fous fes yeux l'attitude & la phyfionomie d'une quantité confidérable de perfonnages qu'il a déjà vus en action. On fe tromperoit en fuppofant que tous fes portraits font des copies exactes de leurs originaux. Brantôme avoit des préjugés (qui n'en a pas ?) Il fubftitua fréquemment fon opinion à celle de la partie faine du public ; la prévention fit quelquefois vaciller fon pinceau : où font les Artiftes & les Gens de Lettres qui n'ont point été fufceptibles de ces foibleffes ? Brantôme (le Lecteur s'en appercevra fans peine) époufa hautement la faction des Princes Lorrains. Sous ce rapport, il a dû flatter les Guifes & déprimer leurs adverfaires. D'ailleurs ayant vécu pendant plus de trente ans à la Cour, il y fut expofé à des haines, à des rivalités, & à des injuftices. Cauftique comme il l'étoit naturellement, on preffent bien qu'il n'a pas ménagé fes envieux & fes ennemis. Les couleurs, qu'il raffembloit fur fa palette, ont dû encore fe rembrunir dans le filence de la retraite, où le dépit l'avoit conduit. Éloigné forcément d'une Cour qui avoit été fon féjour chéri, dégoûté du commerce des Rois & des Grands, dont il prétendoit avoir à fe plaindre, aigri par un enchaînement de tracafferies domeftiques auxquelles il eut le malheur de se livrer, affaissé sous le poids d'une vieillesse triste & valétudinaire, il étoit impossible que la passion ne modifiât pas les nuances des esquisses qu'il colorioit. Hâtons-nous cependant de lui rendre justice sur un point essentiel : au milieu des exagérations qu'il se permet, soit en prodiguant des éloges outrés, soit en lançant le trait amère de la satyre, il manque rarement de placer le mot qui établit la mesure de la personne dont il parle. Se joue-t-il de son sujet, une plaisanterie, un sarcasme viennent à son secours ; & sous la forme de l'ironie (a), il exprime finement des vérités qu'il sembloit n'avoir pas voulu dire. On conçoit combien cette marche irregulière

(a). Ce jugement s'accorde avec celui d'un savant critique en fait d'histoire, que nous avons cité plus d'une fois. Je douterois un peu (remarque-t-il) « si Brantôme dit vrai en tout ce qu'il rapporte des hommes & » femmes de son tems. Personne ne les a mieux connus » que lui : mais n'a-t-il point flatté les uns, & par haine » ou par jalousie n'a-t-il point maltraité les autres ? Il » semble que non, parce qu'il dit d'un chacun ce qu'il sait » de bien & de mal ; le bien avec plaisir, le mal à » regret. Cependant comme ce pourroit être une ruse, » pour faire croire plus aisément ce qu'il dit de désa-» vantageux, il faut être un peu sur ses gardes avec » un aussi fin railleur »…. (Jugement de l'abbé le Gendre sur les historiens de France, pag. 224, Tome VI de son hist. de France, édition *in-12*).

l'a exposé à des écarts, à des contradictions &
à des jugemens irréfléchis. Il en est résulté un autre
inconvénient, Brantôme ne s'assujettissant à aucun
ordre chronologique, & citant de mémoire, a confondu les faits & commis des anachronismes. Vif
& bouillant dans sa narration, aimant à rapprocher
le présent du passé; pour que le Lecteur ne le
perde pas de vue, il faut qu'il le suive dans
sa course déréglée, & qu'à l'instant où il parle
de l'époque à laquelle il vivoit, il se transporte
avec lui à des époques plus ou moins antérieures.
Ce n'est pas tout, Brantôme revient avec la
même vîtesse au point d'où il étoit parti. A peine
l'œil veut-il s'y reposer, qu'une digression de l'Auteur l'entraîne de nouveau.

Avec un système aussi peu lié dans ses parties,
il auroit été fort étonnant qu'un grand nombre
de fautes ne lui fussent pas échappées. Il importoit d'autant plus de les rectifier, que ses Mémoires sont un de ses Ouvrages, qui, par (a) la
nature du sujet, le style piquant de l'Ecrivain,

(a) *C'est un agréable conteur,* (a encore observé l'abbé
le Gendre), *quoi qu'il en soit* « on ne peut mieux connoître la cour de Henri II, de François II, de Charles IX,
» de Henri III, & de Henri IV, que dans les écrits de
» cet agréable historien, homme de qualité, homme
» de guerre, du moins autant qu'homme de lettres »...
(Jugemens sur les historiens de France, page 225).

&

& sa manière vraiment originale, ont eu & auront toujours une multitude de Lecteurs. Tout ce qui amuse plaît, & cette vérité, quoique triviale, n'en est pas moins constante. Sous ce point de vue, on ne peut contester à Brantôme la réputation la plus universelle. Le format seul de la plupart (a) des éditions de ses Œuvres, est celui de ces livres qu'on croiroit imprimés pour l'usage des femmes & des gens du monde; il semble qu'en adoptant ce format, le calcul mercantile ait moins destiné Brantôme à figurer dans une bibliothéque, qu'à être l'ornement des boudoirs. De nos jours néanmoins on l'a revêtu d'un costume plus grave, en le réimprimant (b) *in-8°*. Quoi qu'il en soit,

(a) Nous connoissons au moins trois éditions, dont le format est petit in-12; la première, & c'est la plus estimée pour la correction du texte, contenant ses Vies des hommes illustres & grands capitaines François, fût imprimée par Elzevir, sous le titre de Leyde, chez Sambix 1666, en quatre volumes: la seconde, également en quatre volumes, parut aussi sous le titre de Leyde en 1699. M. le Duchat en 1740, publia la totalité des œuvres de Brantôme en quinze volumes; on reproche à la plupart de ces éditions d'être fautives.

(b) C'est pour la première fois que Brantôme a été imprimé à Paris: cette édition faite en 1787, par Bastien, contient la totalité des œuvres de Brantôme, & forme huit volumes in-8°. L'éditeur y déclare s'être servi de

Tome LXIII. C

les Editeurs de ses Ouvrages n'ont point vu, ou n'ont pas voulu voir que ce qui tient à l'Histoire, sur-tout si la diction en est agréable, peut nuire à l'instruction dès que la vérité s'y trouve altérée. A l'exception de quelques notes de M. le Duchat (a), & d'éclaircissemens perdus dans le travail volumineux de l'Abbé le Laboureur sur Castelnau, on a laissé subsister l'Ouvrage de Brantôme avec tous ses défauts. Cette négligence des Editeurs a produit deux inconvéniens; le commun des Lecteurs a réputé véridiques beaucoup de faits qui sont ou controuvés ou défigurés; la plupart des modernes, en écrivant sur notre Histoire, ont consacré ces erreurs. Il faut l'avouer, il est bien plus commode de transcrire des anecdotes intéressantes

l'édition de 1740, faite (dit-il) sur celle de 1666: il auroit dû ajouter que l'édition de 1666, ne contenoit que les Capitaines François de Brantôme, & que pour le surplus il s'est servi de celle de 1740.

(a) Nous avons fait usage des notes de M. le Duchat, quand elles nous ont paru exactes; & quoiqu'elles soient en petit nombre, nous y avons trouvé des fautes. Quant au travail de l'abbé le Laboureur, il étoit trop précieux pour le négliger. Outre les corrections du texte de Brantôme, il y a joint des recherches historiques, & on sait de quel prix est en ce genre tout ce qui est parti de sa plume. Malheureusement son travail s'est restreint, (hormis deux ou trois articles) aux Capitaines François.

par elles-mêmes, que d'en discuter l'authenticité. Le silence des Éditeurs sur les matières d'administration ou d'économie politique, & sur tout ce qui a rapport à la morale, nous a semblé d'autant plus dangereux, que Brantôme traite ces objets lestement & avec le ton tranchant de l'homme de Cour. Pour remédier au mal, il n'existoit qu'un seul moyen, c'étoit de suivre pied à pied la narration de Brantôme; de le rapprocher sans cesse de ses contemporains; d'opposer aux autorités qu'il invoque, celles des monumens; de le rappeler aux règles de la morale & aux principes de l'économie politique quand il s'en écarte; enfin, de placer l'antidote à côté du poison. Si nous avons réussi, son ouvrage aura conservé dans nos mains le charme & l'intérêt qui en font l'agrément: il réunira le double avantage d'amuser & d'instruire.

Il reste maintenant à exposer la méthode avec laquelle on a procédé à la réimpression de ceux des écrits de Brantôme qui sont réellement du domaine de l'Histoire, & de l'ordre dans lequel on les a distribués. Tout ce qui est étranger à l'Histoire de France a été élagué; ces articles supprimés consistent la plupart en Opuscules (a)

(a) Examine-t-on sans passion le mérite littéraire de

littéraires; ce sont des Traductions (a) ou Imitations de nos Auteurs classiques; des Oraisons funèbres ou des Apothéoses, sous une autre forme, de quelques Dames de la famille de l'Auteur; plusieurs morceaux concernant la généalogie & les filiations de la Maison de Bourdeille; un Traité (b) la plupart de ces opuscules; ils ne sont pas faits pour qu'on en regrette la suppression : plusieurs offrent des croquis informes, & que l'auteur certainement auroit retravaillés, avant de les mettre au jour. La manie des Editeurs sur cet article n'a jamais varié. Ils se sont imaginé que plus ils grossissoient le recueil des œuvres d'un homme de lettres, plus ils accroissoient sa réputation : le contraire en est presque toujours résulté. La critique alors a appliqué à leur héros l'ancien proverbe....

Bonus aliquando dormitat Homerus.

On va difficilement à l'immortalité avec un immense bagage.

(a) On a compris dans cette classe un éloge de Portia, femme de Caton, que les Editeurs des œuvres de Brantôme ont toujours accolé à ses Dames illustres : comme cet éloge n'a aucun rapport avec l'histoire de France, on l'a rejeté.

(b) Ce traité sur la tactique, & cette correspondance qui appartiennent uniquement au vicomte de Bourdeille, ont sans doute leur mérite. Le premier article n'est pas de notre ressort. Quant au second, on en fera quelquefois usage.

sur la Tactique, & particulièrement sur la *Castramétation*, par le Vicomte de Bourdeille, frère aîné de Brantôme; & la Correspondance de ce Vicomte (Sénéchal du Périgord) avec Charles IX, Catherine de Médicis, Henri III, le Duc d'Alençon & autres: cette Correspondance s'étend depuis 1575, jusqu'en 1581. Le surplus des Œuvres de Brantôme renferme les Précis historiques des Vies de plusieurs de ses parens : il n'en a point été le Rédacteur. Comme il fait mention de ces divers personnages dans le cours de ses Mémoires, des notes y offriront la substance de ces Précis. On agira de la même manière par rapport à son Discours *sur les juremens espagnols*, quoique celui-ci soit véritablement sorti de sa plume. On a encore de lui deux autres Discours intitulés, 1°. des *Rodomontades des Espagnols*, 2°. des *Belles retraites*. Notre Histoire ayant le droit de les revendiquer, on les placera à la suite de son Traité sur les Duels.

Nous ajouterons que parmi les Opuscules de Brantôme, il y a deux pièces qu'on a cru devoir conserver en entier; la première le caractérise personnellement, c'est son Testament (a), avec

(a) On y voit l'homme tel qu'il étoit. D'ailleurs, les clauses contenues dans ce testament, tiennent à l'histoire

les codicilles qu'il y joignit ; la seconde est une Vie de son père, rédigée par lui même : malheureusement il ne nous en a été transmis qu'un fragment, & d'après ce qu'on possède, on regrette ce qu'on a perdu.

Quant aux Mémoires de Brantôme, voici la manière dont ils sont classés (a). Les Dames illustres & les Dames galantes passent généralement pour avoir été ses premiers Ouvrages ; on s'est conformé à cette opinion. Ensuite viennent ses

des mœurs de la noblesse : la morgue & la fierté de nos antiques châtelains à cette époque, s'y montrent à découvert, & Brantôme qui a si bien présenté ses contemporains en déshabillé, s'y présente à son tour.

(a) On a suivi à cet égard la distribution de l'édition de Bastien. Il nous a semblé qu'elle étoit la plus conforme à l'ordre des tems dans lesquels Brantôme a composé ses divers ouvrages. L'opinion commune a été notre guide. Pour tâcher de donner à cette édition toute la perfection possible, on a comparé continuellement les quatre éditions dont on vient de parler. On les a rapprochées de plusieurs copies manuscrites qui existent dans des bibliothèques, & qu'on a eu la complaisance de nous communiquer. Le travail de le Laboureur nous a été aussi d'une grande utilité ; & nous avons appris par l'expérience qu'aucune des éditions antérieures n'est exempte de fautes essentielles : Puissions-nous avoir été assez heureux pour en commettre une moindre quantité !

Capitaines étrangers, ses Capitaines François, & son Discours sur les Duels.

C'est avec répugnance (nous nous devons à nous-mêmes de l'exprimer) qu'on a inséré dans cette collection les Dames galantes de Brantôme. Le ton licencieux de cet Ouvrage, les peintures d'une lubricité crapuleuse & dégoûtante nous paroissoient devoir souiller un Recueil où la Muse grave de l'Histoire avoit seule le droit de présider; car n'est-ce pas la faire rougir, que de placer sous ses yeux les sales images de *l'Aretin* ? Tout au plus contempleroit-elle sans effroi les nudités ingénues de l'Albane. Il a fallu cependant sacrifier nos dégoûts & notre façon de penser, aux désirs qui nous ont été manifestés. On nous a dit que les Dames galantes de Brantôme étoient un tableau véridique de la dissolution des mœurs des Courtisans, depuis le règne de François Ier. jusqu'à celui de Henri IV inclusivement. On a dit encore que ce répertoire impur contenoit les preuves matérielles des reproches articulés sur ce sujet par tous les Mémoires du tems, & consignés dans les observations & les notes qui y sont jointes. En convenant de ce qu'il peut y avoir de vrai dans ces assertions, il nous est impossible de nier qu'il nous en a coûté pour que les Dames galantes de Brantôme trouvassent ici leur place ; aussi avons-
C iv

nous été sobres de notes & d'observations ; notre travail (a) s'est porté (& cela devoit-être) sur les autres Ouvrages historiques de l'Auteur. Nous avons eu encore assez de détails obscènes à dévorer. Le cynisme de Brantôme tenoit chez lui à la corruption du cœur & de l'esprit ; c'étoit d'ailleurs un des défauts de son siècle. On ignoroit alors l'art de gazer (b), d'un voile léger & transparent, les excès & la difformité du vice que l'on vouloit peindre ; au lieu de recourir à des équivalens ingénieux, on désignoit grossièrement les choses (c) par leurs noms. La langue de nos ancêtres, sortant à peine de l'enfance, avoit encore cette franchise naïve & gauloise, qui étoit le cachet de leurs habitudes, de leurs mœurs & de leurs

(a) On a eu soin surtout de lier par des renvois les mémoires de Brantôme à ceux de ses contemporains déjà publiés dans la collection. C'étoit le moyen d'éviter des répétitions, d'éclaircir & de réformer la narration de cet auteur qui souvent en a besoin. On a multiplié les observations le moins qu'on a pu : la plupart ont pour objet de suppléer à des omissions qui nous ont paru importantes, & le lecteur en jugera.

(b) On peut s'en convaincre, en lisant les poëtes de ce tems-là, & particulièrement Marot.

(c) Lisez l'apologie d'Hérodote, par Henri Estienne, & jugez.

uſages. Telle expreſſion, qui aujourd'hui colore le front d'une femme du fard de la pudeur, n'affectoit point ſon oreille; la chaſteté n'étoit pas dans les mots, elle n'a établi là ſon empire, que quand la dépravation eſt devenue univerſelle. Voilà ce qu'on peut alléguer de plus ſpécieux pour excuſer la licence de Brantôme.

Nous terminerons cette notice, déjà trop longue, par une réflexion que nous prions le Lecteur de ne point perdre de vue, relativement à la totalité des Mémoires de Brantôme; c'eſt de les aſſimiler ſans ceſſe à un optique où vont reparoître devant lui (a), en déshabillé, la plupart des Acteurs (b) qui ont figuré dans les grandes ſcènes

(a). C'eſt ce qu'exprime fort bien Colomiez, dans ſa bibliothéque choiſie, page 117. « Il n'y a rien de plus » agréable, (dit-il) que la lecture de certains hiſtoriens » qu'on peut appeler de cabinet, qui nous font voir les » Rois & les princes dans leur vie privée.... Tèls ſont Bran- » tôme dans ſes mémoires, &c.

(b) Afin que le lecteur puiſſe ſuivre cette marche plus facilement, on a adopté la méthode des derniers éditeurs des œuvres de Brantôme. Le titre de chaque page indique le ſujet qui y eſt traité. La totalité des mémoires hiſtoriques étant ſubdiviſée en pluſieurs ſections, une table de ces titres les termine: il nous a ſemblé que cette diſpoſition ſeroit commode, pour rapprocher ſans peine Brantôme des divers mémoires relatifs à l'hiſtoire de France dont notre Collection renferme les détails immenses; aussi cet Ouvrage est-il un de ceux qui doivent clorre les Mémoires relatifs à l'Histoire de France du seizième siècle. Nous comptons développer incessamment notre plan & la marche que nous suivrons.

que contient la collection. Si cette bigarrure ne flatte pas l'œil, elle est utile à l'esprit, & le dernier doit avoir la préférence.

Fin de la Notice des Editeurs.

TESTAMENT ET CODICILLES

DE PIERRE DE BOURDEILLE,

SEIGNEUR DE BRANTOME.

Au Nom du Pere, & du Fils, & du Saint-Esprit, ensemble de la bénite Vierge Marie, & de Madame Sainte Anne, mes deux bonnes patronnes.

JE PIERRE DE BOURDEILLE, Seigneur & Baron de Richemond, de Saint-Crespin de la Chapelle, Mommoreau, & Conseigneur de BRANTOME usufructuaire; Chevalier de l'Ordre du Roy de son Saint-Michel, ensemble de celuy de l'Ordre de Portugal, qu'on appelle l'*Habito de Christo*, Gentil-Homme ordinaire de la Chambre des feus Roys Charles neufviesme, & Henry troisieme, mes maistres, & pensionnaire de deux mille livres par an du susdit Charles neufviesme en son vivant; Chambellan de Monseigneur le Duc d'Allençon, mon bon maistre; aussi dont toutes les Lettres & Tiltres en demeurent en mon Thrésor & Tiltres, qui du tout en donnent foy, & ayant commandé à deux enseignes de gens de pied aux secondes guerres civiles passées, sans reproche, la grace à

Dieu : je recommande mon ame à Dieu, & le supplie de bon cœur la recepvoir en son saint Paradis.

Je veux estre enterré comme bon Chrestien & Catholique, sans pourtant aucune pompe funebre, ny cérimonie nullement somptueuse. J'eslis ma sépulture dans la Chapelle de mon Chasteau de Richemond, que j'ai faite & construite exprès pour cet effet avec la voute ; espérant que le tout sera fait & parachevé, s'il plaist à Dieu, avant que je meure, pour y estre enterré. Je veux que sur ma tombe soit gravé, en grosse lettre, cette Epitaphe, avecque mes armoiries de Bourdeille & Vivonne, entourées de l'Ordre de Saint-Michel :

Passant, si par cas, ta curiosité s'estend de sçavoir qui gist soubs ceste tombe, c'est le corps de

MESSIRE

PIERRE DE BOURDEILLE,

en son vivant Chevalier, Seigneur & Baron de Richemond, & Saint-Crespin, & la Chapelle, Mommoreau, & Conseigneur de Brantome, extrait du costé du pere de la très-noble antique race de Bourdeille, renommée de l'Empereur Charle-

maigne, comme les Histoires anciennes, & vieux Romans François, Italiens, Espaignols, tiltres vieux & antiques monuments de la Maison le témoignent de pere en fils jusques aujourd'hui; & du costé de la mere, il fut sorti de ceste grande & illustre race aussi de Vivonne & de Bretaigne, qui en porte les hermines pour cela en ses armoiries. Il n'a dégénéré, grace à Dieu, à ses prédécesseurs. Il fut homme-de-bien, d'honneur & de valeur, comme eux adventurier en plusieurs guerres & voyages estrangers & hazardeux. Il fit son premier apprentissage (a) d'armes soubs ce grand Capitaine Monsieur de Guyse, Messire François de Lorraine; & pour tel apprentissage, il ne desire autre gloire & los : donc cela seul suffise. Il apprit très-bien soubs luy de bonnes leçons qu'il pratiqua avec beaucoup de réputation, pour le service des Roys ses maistres. Il eut soubs eux charge de deux Compaignies de gens de pied. Il fut en son vivant Chevallier de l'Ordre du Roy de France, comme j'ai dit, & de plus Chevallier de l'Ordre de Portugal, qu'on appelle l'Habito de Christo, qu'il alla querir & recepvoir là luy-mesme & avoir du Roy Don Sébastien, qui l'en honora au retour de

(a) D'après ce fait articulé par Brantôme, il paroît qu'en 1557, il resta peu de tems sous les ordres du Maréchal de Brissac, & qu'il alla servir dans l'armée du Duc de Guise.

la conqueſte de la ville de Belis & ſon Pignon en Barbarie, où ce grand Roy d'Eſpaigne, Don Philippe, avoit dreſſé & envoyé armée de cent galleres, & douze mille hommes de pied. Il fut après Gentil-Homme ordinaire de la Chambre des deux Roys Charles IX & Henry III, & Chambellan de Monſieur d'Allençon, leur frere : & outre fut penſionnaire de deux mille livres par an dudit Roy Charles IX ; dont en fut très-bien payé tant qu'il veſquit ; car il l'aymoit fort, & l'euſt fort advancé s'il euſt plus veſcu, que ledit Henry III. Bien qu'il les euſt tous deux très-bien ſervis, l'humeur du premier s'addonnoit plus à luy faire du bien & des grades, plus que l'autre. Auſſi que la fortune ainſi le vouloit. Pluſieurs de ſes compaignons, non eſgaux à luy, le ſurpaſſerent en bienfaits, eſtats & grades, mais jamais non en valeur & mérite. Le contentement & le plaiſir ne luy en ſont pas moindres. Pourtant, adieu, Paſſant. Retire-toy. Je ne t'en puis dire, ſinon que tu laiſſes jouyr de repos celuy qui en ſon vivant n'en eut, ny d'ayſe, ni de plaiſir, ny contentement. Dieu ſoit loué pourtant du tout, & de ſa ſainte grace.

Je ne veux ſur-tout, qu'en mon enterrement ſe faſſent, comme j'ay dit, aucunes pompes ny magnificences funebres, & ſur-tout ny feſtins, ny mangeailles, ny convoy, ny aſſemblées de parents & amis, ſinon d'une vingtaine de pauvres, avec leurs (a) efcuſſons de mes armoiries, habillés en deuil de gros drap noir, & qu'on leur donne l'aumofne accouſtumée, enfemble aux autres pauvres qui s'y affembleront. Je dis non-feulement pour ce jour de l'enterrement, mais à la huitaine, & quarantaine, & bout de l'an, autant.

Je donne & legue à Maiſtre Pierre Petit, dit le S^r. Contanho, la fomme de cinq cent livres, avec deux de mes meilleurs chevaux qui fe trouveront en mon efcurie à l'heure de mon trefpas, & le meilleur de mes manteaux, avec deux de mes meilleures harquebufes à rouet & à mefche. Plus luy donne le moulin, fes appartenances, & rente deue fur yceluy, appellé le Moulin de la Rode, fitué en ma Terre & Paroiſſe de Saint Crefpin, fur le ruiſſeau de Houlou, autrement, appellé de Belefme, en faire & difpofer comme de fa chofe propre : & ce pour avoir eſté bon Commandataire (b) de l'Abbaye de Brantôme pour moy, dont pourtant il m'a baillé beaucoup de peines & de traverfes, & tourments d'efprit, en ce négoce ; mais je luy pardonne : & s'il eſt

(a) En recommandant la fimplicité dans fes funérailles, Brantôme laiſſe percer ce grain de vanité qu'il portoit au fond du cœur. L'antiquité de fa nobleſſe étoit fon idole; & jufqu'au dernier foupir il lui diſtribua fon encens.

(b) C'étoit apparemment fon confidenciaire à cette époque : car il en eut trois fucceſſivement.

habile, en pourra tirer beaucoup après ma mort, selon le brevet du Roy, qu'il trouvera dans mon petit coffre d'Allemaigne, qui est sur ma table à la Tour-Blanche.

Je legue au Seigneur Laurentio Splanditeur la somme de deux cent livres pour estre mon ancien serviteur, bien qu'il n'en aye besoin; car il est riche, & a gaigné assez avec moy; mais afin qu'il aye souvenance de moy tant qu'il vivra.

Plus, je legue à tous mes serviteurs & servantes, demeurant, tant à la Tour-Blanche, Richemond, que Brantôme, qui se trouveront lors de mon trespas, la somme de cinq cent cinquante livres une fois payée, pour estre despartie entre eux, selon la qualité desdits serviteurs & servantes, comme mes héritiers & héritieres y auront l'œil, ou bien personnes déléguées pour cela y adviser; de sorte que je les prie les en rendre tous contents & contentes de leurs services & peines.

Outre-plus, je legue & donne à mes serviteurs principaux, qui me servent à la chambre, & autres lieux honorables, comme Secretaires, Pages, tous mes manteaux, habillements, linges; c'est-à-dire, des chemises, mouchoirs, chaussettes, sans toucher aux linceuils, ny serviettes, ny nappes aucunement; desirant que cela demeure parmy les meubles de la maison, pour la succession de mes héritiers.

Outre

Outre mes serviteurs susdits, je legue & donne à mes (a) soldats, qui sont à ma porte, pour chasque teste, à chascun cinq escus, & leurs gages payés.

Plus, je legue & donne à Messire Helie de Haut-marché, dit Moserogallard, Abbé Commendataire de Saint-Sevrin, la somme de cent cinquante livres une fois payée.

J'en donne & legue autant à Lombraud, mon Recepveur de présent, qui m'a bien servy jusques ici, & qu'il continue, outre ses gages, dont il se paye tous les mois par ses mains, comme il paroist par ses comptes.

Je legue & donne à Messire Arnaud Barbut, Vicaire de Brantôme, la somme de dix escus seulement, une fois payée, bien que luy aye bien payé tous ses gages, comme il paroist par mes comptes, qu'il y a beaucoup gagné en faisant son service divin, & par ce n'aye pas grand besoin de récompense, mais afin qu'il aye souvenance de moy.

(a) On montoit la garde à sa porte ; c'étoit un droit que les seigneurs châtelains s'étoient arrogé. Ces usurpations des droits & des honneurs régaliens ne cessèrent que sous le ministère du cardinal de Richelieu. La verge de fer du prélat despote écrasa tout ce qui pouvoit donner de l'ombrage à la souveraineté.

Et de tous ces susdits légats (a), je veux & ordonne estre fait aux personnes vivantes seulement lors de mon décès, & nullement à leurs héritiers.

Je veux aussi & en charge expressément mes héritiers, héritieres, de faire imprimer mes Livres que j'ay faits & composez de mon esprit & invention, & avec grande peine & travaux, escrits de ma main, & transcrits & mis au net de celle de Mathaud, mon Secrétaire à gages, lesquels on trouvera en cinq volumes couverts de velours, tant noir, verd, bleu, & un en grand volume, qui est celuy des *Dames*, couvert de velours verd, & un autre couvert de velin, & doré par-dessus, qui est celui des *Rotomontades*, qu'on trouvera tous dans une de mes malles de clisse, curieusement gardez, qui sont tous très-bien corrigez avec une grande peine & un long-temps ; lesquels j'eusse plustot achevez & mieux rendus parfaits, sans mes fascheux affaires domestiques, & sans mes maladies. L'on y verra de belles choses, comme *Contes*, *Histoires*, *Discours*, & *Beaux-Mots*, qu'on ne desdaignera, s'il me semble, lire, si l'on y a mis une fois la veuë. Et pour les faire imprimer mieux à ma fantaisie, j'en donne la charge, dont je l'en prie, à Madame la Comtesse de Duretal (b), ma chere niepce, ou autre,

(a) C'est-à-dire legs.
(b) Jeanne de Bourdeille, comtesse de Duretal, étoit

si elle ne veut : & pour ce j'ordonne & veux qu'on prenne sur ma totale hérédité l'argent qu'en pourra valoir l'impression ; & ce, avant que mes héritiers s'en puissent prévaloir de mondit bien, ny d'en user avant qu'on n'aye pourveu à ladite impression, qui ne se pourra certes monter à beaucoup. Car j'ai veu force Imprimeurs, comme il y a à Paris & à Lyon, que s'ils y ont mis une fois la veue, en donneront plustost pour les imprimer, qu'ils n'en voudroient recepvoir ; car ils en impriment plusieurs *gratis* (a), qui ne valent les miens. Je m'en puis bien vanter, mesme que je les ay monstrez, au moins une partie, à aucuns, qui les ont voulu imprimer sans rien ; s'asseurant qu'ils en tireront bien profit : voire encore m'en ont prié ; mais je n'ai voulu qu'ils fussent imprimez durant mon vivant. Sur-tout, je veux que ladite impression en soit en belles & grandes (b)

___

l'aînée des enfans du vicomte de Bourdeille, frère de Brantôme. Elle épousa en 1584, Claude d'Espinay, comte de Duretal, petit fils, par sa mère, du Maréchal de Vieilleville.

(a) Brantôme sentoit sa force, mais est-il permis de le dire ?

(b) Il s'en faut bien que, pendant longtems son vœu ait été accompli : le format de ses œuvres ressembloit plutôt à un joujou de toilette, qu'à un livre de bibliothéque.

lettres & grand volume, pour mieux paroiſtre, & avec privilege du Roy, qui l'octroyera facilement, ou ſans privilege (a) s'il ſe peut faire. Auſſi prendre garde que l'Imprimeur n'entreprenne ny ſuppoſe autre nom que le mien, comme cela ſe fait. Autrement, ſerois fruſtré de ma peine, & de la gloire qui m'eſt deue. Je veux auſſi que le premier Livre qui ſortira de la preſſe, ſoit donné par préſent, bien relié & couvert de velours, à la Reyne Marguerite, ma très-illuſtre maiſtreſſe, qui m'a fait ceſt honneur d'en avoir veu aucuns, & trouvé beaux, & fait eſtime.

Je veux & ordonne que mes debtes ſoient payées & en charge mes héritiers & héritieres, leſquelles ſont petites. Je recommande eſpécialement celle de Monſieur de la Chaſtaigneraye (b), mon nepveu, qui eſt pour la ſomme de cinq cent eſcus, que Madame de la Chaſtaigneraye, ma bonne couſine, me preſta; laquelle avant ſa mort, un mois, l'étant allé voir exprès à la Chaſtaygneraye, & luy parlant de cette debte, & l'en remerciant de la courtoiſie, & la priant d'attendre un peu que je ne faudrois la payer à ma premiere commodité, elle m'en renvoya bien loin de la main & de la pa-

(a) Sans doute il craignoit les contradictions : l'hiſtoire des priviléges en fut toujours la ſource. Son eſprit libertin craignoit juſqu'à l'ombre des entraves.

(b) Son neveu à la mode de Bretagne.

role, & que je ne luy en parlasse jamais, & qu'elle me la quittoit fort librement, car elle m'aymoit plus cent fois que la debte : comme de vray, à cause de l'amitié entre nous deux jurée & entretenue toujours dès notre jeune aage, aussi qu'elle m'avoit de l'obligation d'ailleurs, que je ne dis. Monsieur des Roches (a) y estoit présent qui l'ouyt, & me l'a ramenteu souvent, qui en pourroit servir de tesmoin : mais il est mort depuis, & la vérité est telle : que si pourtant mesdits héritiers & héritieres en sont recherchez & contraints de les payer, il faut rabattre sur lesdits cinq cent escus, deux cent que je prestay au fils aisné, Monsieur Danville (b), mon nepveu, à la Cour à Paris à sa grande nécessité, dont j'en ay cedulle dans mon petit coffre d'Allemaigne, où elle s'y trouvera. Que si on en demande les intérests desdits trois cent escus rabattus, bien qu'on ne men aye sommé jusques ici, faut rabattre aussi & desduire sur les deux cent escus de Monsieur Danville de mesme les intérests. Mais je pense qu'on ne viendra pas là ; car nous sommes trop proches & bons parens & amis.

Je veux aussi & ordonne qu'on paye à Monsieur

(a) Nous présumons que ce sieur des Roches étoit Philippe de Chasteau-Brient, seigneur des Roches-Baritaut.

(b) C'étoit encore un neveu de Brantôme à la mode de Bretagne, & ce neveu appartenoit à la maison de Vivonne.

du Preau (a), Gouverneur & Lieutenant de Roy à Chastelleraud, la somme de trois cent escus, qu'il m'a prestée très-volontierement, & qu'on luy en paye ses interests raisonnables. Mais je croys qu'il n'yra à la rigueur, pour l'avoir nourry & élevé de telle sorte, que c'est un des honnestes & vaillants Capitaines de la France ; & qu'il m'en a ceste obligation.

Je dois aussi à Monsieur de la Chambre (b) quelques six ou sept vingt livres, que je veux & ordonne luy estre payées, bien que je suis cause en partie de tout le bien qu'il a, pour luy avoir fait espouser sa premiere femme, qui avoit force bien, & sur-tout force escus.

Pour mes autres debtes, elles sont fort petites ; & par ainsi aysées à payer, & que je veux estre bien payées : & croys que après ma mort, on trouvera encore dans mes coffres, s'il plaist à Dieu, argent assez pour les payer, & m'en acquitter ; voire quasi payer tous mes susdicts légats nommez : & au défaut, faudra vendre de mes chevaux, & quelques-uns de mes meubles ; qui sont tous assez

(a) René, seigneur de Préaux, échanson du duc d'Orléans, en 1541, étoit son père.

(b) Ne seroit-ce pas Jean de la Chambre, seigneur de Villeneuve-la-Comtesse, & de Champagne-Mousson, qui épousa Jacquine de la Rochefoucaut. (Histoire des grands Officiers par Anselme, Fol. 1470, Tome II).

baſtants pour me deſacquitter, s'il plaiſt à Dieu, qu'il ne m'envoye autre inconvénient.

Or, je ne doubte point que mes héritiers & héritieres ne trouvent mes légats & debtes grands & grandes, comme je ſçay qu'aucuns en ont fait leurs comptes; les ayant ſceu par teſtament que j'avois fait & paſſé par Galopin, Notaire, que poſſible l'avoit veu; & diſoit que je les chargeois de trop de légats & debtes; & parce que je ne leur laiſſois grande part de mon hérédité.

A cela je leur reſponds, & leur dis que je ſuis libre & franc de diſpoſer du mien comme il me plaiſt, ſans en rendre compte à aucuns. Auſſi que je leur laiſſe plus de cinq fois autant, voire plus; que je n'ay jamais eu de legitime de ma Maiſon, qui ne s'eſt pu monter à plus haut de treize mille livres, à ſavoir, du pere huit mille livres & de la mere cinq mille livres, comme leurs teſtamens portent partage : certes, fort peu, pour une ſi grande & noble Maiſon que la noſtre; ſi que le moindre cadet de Périgord & de Poictou en euſt eu & hérité ſix fois davantage.

De plus, j'ai quitté mon frere aiſné, Monſieur de Bourdeille, pour les deux légitimes de mes deux freres morts & leurs ſucceſſions, pour ſi peu de choſe qui ne valoit pas la peine d'en parler; ne voulant tirer de luy ce que j'euſſe peu par juſte droit : mais je luy ay eſté toujours très-bon frere,

& regarde toujours la grandeur de la Maison. J'ay eu aussi grand respect & amitié à Madame de Bourdeille, ma belle-sœur & bonne, qui me rendoit la pareille.

De plus, j'ay laissé l'espace de douze ans jouyr à mondit frere & disposer de tout mon bien comme il luy a pleu, dès la mort de ma mere, tant que j'estois jeune & aux estudes, sans la jouyssance qu'il a toujours euë des bénéfices de Saint-Vincent-lès-Xainctes, du Doyené de Saint-Yriers en Limousin, & du Prioré de Royan. Il a jouy comme il lui a pleu, & en estoit quitte à ne m'en donner que quatre cent livres par an pour mon entretien aux estudes. Lesquels susdits bénéfices, le brave Capitaine Bourdeille, mon frere, me donna & résigna, ne les voulant plus tenir, ny estre d'Eglise. Je puis jurer, & bien affirmer, que mondit frere, Monsieur de Bourdeille, a jouy du reste, qui montoit fort bien le revenu à plus de deux mille livres; & ce jusques à mon retour de mon premier voyage d'Italie, lequel je fis pour une coupe de bois de la forest dudit Yriers, dont le Roy m'en donna la permission, & en tiray cinq cent escus, dont j'en fis le voyage, sans autre argent; dont bien me servit de le bien mesnager. Et si mondit frere a esté si mauvais mesnager, & un peu joueur; de sorte que son bien a beaucoup diminué, tant de son vivant qu'après sa mort, je n'en puis; mais me contentant en mon ame d'avoir fait le debvoir d'un très-bon frere. Si diray-je pourtant de luy, nonobstant son mauvais mesnage, ç'a esté bien un fort homme-de-bien, d'honneur, de valeur, & fort splendide, magnifique, & libéral, comme je l'ay veu paroistre tel à la Cour & armées.

Ce n'est pas tout que ceste susdite bonté; car pour agrandir & maintenir dans son antique splendeur nostre Maison, j'ai sacrifié & quitté ma bonne fortune. Car je puis me vanter avoir esté autrefois à la Cour aussi-bien venu, aymé & favorisé de mes Roys & grands Princes, & cognu d'eux pour un homme de mérite & de valeur : si que sur le point de me ressentir de leurs bienfaits & faveurs & estats & beaux grades du feu Roy Henry III, je quittay tout, après la mort de mon frere, pour assister à Madame de Bourdeille, ma belle & bonne sœur, en son veufvage, & l'empescher de se remarier, comme estant recherchée de force grands & hauts partis, tant pour sa beauté & de corps & d'esprit, que pour ses grands moyens, biens & richesses, & belles maisons, comme chacun sçait. Je me rendis si bien subject à elle & si près, qu'aucun n'osa s'approcher d'elle pour la vouloir servir, si-non par ambassades sourdes & secrettes (a) : mais

(a) Voilà bien les aveux les plus formels du despotisme qu'il exerça sur la vicomtesse de Bourdeille, sa belle-sœur.

par ma prévoyance & vigilance, j'en rompis tous les coups, menées & actes; de telle forte, que si elle se fust remariée, estant en l'aage de trente-sept ans, & pour porter encore force enfans, ceux-là qui sont aujourd'huy si riches & aysés n'auroient pas mille livres de rente. Je n'en plains que leur peu de recognoissance en mon endroit; & mesme de l'aisné (a), dont je laisse à Dieu la vengeance, lequel je prie qu'elle soit petite & légere, car je luy pardonne.

Une chose y a-t-il. C'est que, par le premier testament de Madame de Bourdeille, paroist comme elle me recognoist quatre mille deux cent escus, par moy prestez à elle. Comme de vray le sont estez, par plusieurs fois qu'elle avoit affaire, sans jamais avoir voulu prendre cedulle; car aussi-tost qu'elle me demandoit, aussi-tost prest. Comme quand mes nepveux allerent en Italie, & y demeurerent. Une autre fois que je lui prestay cinq cent escus pour payer ma sœur (b) de Bourdeille, &

(a) Henri qui le premier de sa famille prit le titre de comte de Bourdeille : il fut sénéchal de Périgord comme son père ; & dans les mémoires qui suivront, nous aurons occasion de parler de lui plus d'une fois.

(b) Madeleine de Bourdeille, sœur de Brantôme, avoit eû pour son partage environ onze mille liv. Son crime fut d'en demander le paiement : elle entra dès 1554, au service de Catherine, en qualité de l'une de ses demoiselles : elle y

la jetter hors de la maifon, qu'elle ne faifoit que l'importuner du refte de fon total payement, & oncque puis ne l'avons veuë. Je preftay auffi trois cent efcus pour mon nepveu le Vifcomte, pour aller faire fon ferment à Bourdeaux de fon eftat de Sénefchal de Périgord. Le petit Chabanes, qui vit encore, les vint prendre & toucher des mains du Sieur Laurentio à Brantôme; que nous y allafmes difner exprès, mondit nepveu Monfieur le Vifcomte & moy, partant de Bourdeille; de forte que, fans cet argent & diligence que nous y fifmes pour y aller, poffible n'euft-il fait là fi bien fes affaires pour des raifons qui fe difoient & s'alléguoient pour lors, que je ne veux dire.

Et d'autant que le codicille, que fit puis après fon teftament premier madite Dame de Bourdeille à Archiac, fans que j'en fceuffe jamais rien, fi-non après fa mort qu'on me le fit fçavoir, dont j'en fus fort eftonné; car elle me difoit & conferoit

---

refta jufqu'en 1585. En vieilliffant à la cour avec ce titre elle s'expofa aux mauvaifes plaifanteries. On verra dans les mémoires du fieur d'Aubigné qu'il l'appeloit une des trois antiquités. On la perfiffla beaucoup fur fa virginité. Brantôme qui ne l'aimoit pas, n'a point rougi de la comprendre tacitement fous l'anathême qu'il prononce contre les mauvaifes mœurs de fes compagnes. Elle mourut en 1618, & voulut être inhumée au couvent des Religieufes de l'*Ave Maria* à Paris.

de plus grandes choses, voire tous ses premiers secrets ; elle fit pour l'advis du Sieur Dumas, lequel y fit mettre ceste clause & article que madite Dame desire, que lesdits quatre mille deux cent escus tournent après ma mort à Monsieur le Viscomte, son fils aisné, & à sa maison. Ce fut donc ledit Sieur Dumas qui en minuta ou en fit faire ledit contract, estant lors près d'elle, & ce pour faire son accord avec mondit nepveu, d'autant qu'il l'avoit persuadé & poussé à lui laisser quelques rentes proches & commodes à luy & du tout ennoblies, dont madite Dame fut fort en colere, & mal contente contre luy, comme je le vis, & contre son fils, Monsieur le Viscomte, pour l'avoir fait sans son sceu, qui n'estoit non plus content dudit Sieur Dumas, de l'avoir ainsi abusé & trompé : & pour ce, ledit Dumas, pour faire son accord avec Madame & son fils, fit mettre ceste susdite clause & article dans ledit codicille ; ce qui me rendit fort estonné, quand je vis cedit codicille & article après sa mort, & de quoy il m'avoit esté ainsi celé & caché ; de sorte que quasi j'entray en doubte si ledit codicille estoit vray ou faux, & si le suis encore, dont je m'en rapporte aux consciences des personnes. Tant y a, d'autant que cestedite clause & article me touche grandement, & à mon honneur, pour des raisons que je ne veux alléguer ny desduire, très-bonnes & pertinentes, que le monde fçauroit fort bien auſſi defduire, au moins aucuns, je veux & ordonne que mes héritiers & héritieres (a) participent tous unanimement & efgalement aufdits quatre mille deux cent efcus, & les partagent enſemble doucement & par bons accords & arbitres; eſtant une contradiction par le premier teſtament, qui dit & advoue par madite Dame, qu'elle avoit eu de moy par preſt lefdits quatre mille deux cent efcus, comme il eſt vray; & puis, par le codicille, me les oſter, eſt quaſi comme les defadvouer; en quoy il y va de l'honneur de madite Dame & de moy, & que c'eſt une vraye fourbe. Par-quoy mefdits héritiers & héritieres en pourroient paſſer à l'amiable, afin que l'honneur de madite Dame & le mien en cela ſoit conſervé, ainſi que je l'ai bien conſulté par bon conſeil de Paris & Bourdeaux: & par ainſi, je veux mon bien en cela eſtre efgalement defparty, tant aux uns qu'aux autres; auſſi que mondit Sieur de Bourdeille m'a fort maltraité & fait force traits & frafques inſupportables, & peu dignes d'un bon nepveu (b). Dieu luy pardonne! Mais Madame ſa

(a) Avec la permiſſion de Brantôme, c'étoit laiſſer à ſes collatéraux une vraie matière à procès. Mais il falloit que ſon eſprit de tracaſſerie ſurvécût même après lui.

(b) Si Brantôme eût été animé d'un véritable eſprit de

sage mere ne lui avoit pas recommandé cela, ains de m'aymer & m'obéyr comme si j'estois son pere, & me porter pareil respect ; non pas m'assister d'une seule sollicitation pour mes procès, & principalement pour celuy de la Conseigneurie de Brantôme, contre le Sieur du Peraux, ni contre la Borde, dit Servart.

Je sçay bien que mondit nepveu me voudra mal de cet article, & qu'il en dira prou après ma mort ; mais s'il veut considérer bien le tout, il trouvera que j'ay beaucoup de raison ; & qui ne se contentera de si peu de bon bien, qu'il le quitte ; il fera plaisir aux autres, qui s'en contenteront bien, & ne le desdaigneront point.

Il y a encore une autre clause & article dans ledit codicille, que par mesme coup, & mesmes raisons que j'ay dit, ledit sieur Dumas y fit mettre & inférer, comme ma susdite Dame desire, que la Conseigneurie de Brantôme retourne à la maison du sieur de Bourdeille. Dieu me soit tesmoin & juge du conseil qu'en cela je luy donnay, pour l'avoir & acquérir pour elle, à cause de la nourriture de la Damoiselle Delisle l'espace de vingt ans, & pour autres raisons ; & puis jurer que madite Dame mesprisoit cela sans moy ; si qu'elle me dit :

---

charité & de concorde, il auroit dû commencer lui-même par pardonner à son neveu.

*frere, je désire donc cet acquet, mais je veux qu'il
soit pour vous ; je vous le donne, faites en vostre
profit comme vous pourrez, car il est près de vous à
Brantôme.* Pour si peu qu'elle vesquit après, je
n'en jouis de quasi rien, car le bien estoit tout
brouillé & en litige : & ceux qui prétendoient,
comme le Seigneur du Peraux & autres, n'y osoient
pourtant que peu toucher ; car c'estoit une Dame
de si grande authorité, qu'on la craignoit plus que
l'espée de son fils, comme il parut après sa mort :
dont long-temps après s'en accorderent, tellement
quellement, dont j'en fus bien-ayse, non pour un
grand profit que j'en aye tiré, mais pour la commodité qui sera après ma mort audit Seigneur de
Bourdeille ; & veux fort bien que la Conseigneurie
tombe à luy, & à nuls autres, pour agrandir
toujours nostre Maison, bien qu'elle m'ait beaucoup
cousté d'en tirer quelques petits fruits. Car ledit
sieur de Peraux intimidoit les tenanciers à ne payer,
bien que Monsieur de Bourdeille, par la transaction qui se fit entre nous deux, estoit tenu de
m'en garantir & poursuivre le procès, ce qu'il n'a
jamais fait, non pas seulement le faire solliciter.
Je passe donc ledit article & clause de cestedite
Conseigneurie fort légérement, mais non celle
des quatre mille deux cent escus qui me sont fort
deus, & en puis fort bien disposer après ma mort,
autrement il y va fort bien de mon honneur,

comme j'ay dit. Ce que ne voulant desbattre, lors de madite tranfaction, pour n'entrer en procès & conteftation avec luy fi-toft après la mort de feue madite Dame, craignant de perturber fes honorables manes fi-toft après fon décès, je me contentay feulement de la jouiffance de la Tour-Blanche, à mon regret pourtant : car j'euffe mieux aymé mefdits quatre mille deux cent efcus, pour m'ofter de ce Pays fort fafcheux à moy, & m'en aller fi loin qu'on ne me vift jamais, car j'eftois défefpéré de la mort de cefte honnefte fœur & Dame Madame de Bourdeille, & m'accorday de cefte façon avec luy : & auffi, qu'il n'avoit nul moyen de me donner argent. Il avoit d'autres affaires d'ailleurs à me payer, & de plus que je penfois qu'il me deuft eftre meilleur nepveu qu'il n'eft, & mieux recognoiffant les bons offices & fervices que je luy ay faits. Dieu luy pardonne fes ingratitudes, car j'ay crainte qu'il l'en puniffe, eftant un vice que cefte ingratitude fort défagréable à fa divinité ; entr'autres, en voicy une qui leve la paille. Un jour eftant à la Tour-Blanche, dans la falle, il dit tout haut, devant force Gentilshommes & autres, fur le fubjet qu'il n'avoit obligation à homme au monde qu'au fieur de Marouatte, (a)

(a) Voici en peu de mots l'explication du délit que Brantôme reproche ici à fon neveu : on a vu dans la notice que Brantôme & le Vicomte de Bourdeille fon frère, qui luy avoit fait avoir la résignation à Monsieur de Perigueux de son Evesché, pour l'y avoir poussé & persuadé, dont je cuyday partir de colere contre luy; mais je me commanday & m'arrestay, de peur de scandale : lequel mondit Evesque j'avois fait & créé tel, par la nomination & brevet du Roy ; car ce fut moy qui la luy demanday pour mon frere & pour moy, ayant veu ledit Evesque un chétif petit Moyne de Saint-Denys, & l'avoir ainsi tel créé contre l'opinion de Madame de Dampierre, ma tante, qui ne le vouloit, en me disant plusieurs fois, que j'en maudiray l'heure de le colloquer en si haut lieu, *ce vilain Moyne*, usant de ces propres mots, & que son pere avoit fait souvent pleurer ma mere. Croyez que ceste honneste Dame prophétisa bien ce coup ; car il fut aussi ingrat en mon endroit, que son cousin, ledit Monsieur le

avoient obtenu la permission de nommer leur cousin à l'évêché de Périgueux. Tant que le vicomte vécut, il jouit d'une partie des revenus de la mense épiscopale. Après sa mort, son fils hérita des mêmes droits. Afin de les perpétuer dans sa famille, il détermina son cousin qui étoit vieux, à résigner. En vertu d'un brevet de Henri IV, en date du 25 Octobre 1594, le neveu nomma à l'évêché Jean Martin, official de Périgueux. Le sieur de Marouatte, du nom de Montagrier, servit à cette belle opération. Cela déplut à Brantôme. *Inde irae.*

Viscomte, que ceste fois m'alla payer de ceste sorte, pour n'avoir obligation qu'au sieur de Marouatte, nullement certes comparable à moy en obligation, ny en valeur & mérite, pour n'avoir esté jamais autre *qu'un amasseur de deniers*, & que j'ay veu parmy les bonnes compagnies, qu'on nommoit que *petit Brodequin*, nom à luy donné par Messieurs de Coustures & la Boue-Saunier, bien contraire à mon nom tant bien cognu & estimé parmy la France & ces grands & autres Pays estrangers, pour avoir tant battu de terres & mers, que l'on faisoit beaucoup de cas de moy.

Et pour parler de ceste grande susdite obligation de Marouatte, ne faut douter, que si j'eusse voulu m'opposer à ladite résignation, pour après estre faite en demander (a) la moitié de ladite Evesché, je l'eusse pu faire aysément, & en estois sur mes pieds pour en avoir jouissance, selon l'Ordonnance de nostre grand & bon Roy d'aujourd'huy & de son Conseil, par la mort du titulaire, qui ne dérogé rien au droit du Gentilhomme qui a sa

---

(a) N'étoit-ce point là la cause du grand courroux de Brantôme ? S'il eût daigné pourtant examiner la chose de près, il se seroit convaincu que tous les bénéfices dont il jouissoit indûment suffisoient à son avidité, & qu'il n'étoit pas sage de surcharger sa conscience d'un dol de plus exercé sur les pauvres.

part, comme paroiſt par mon brevet du Roy Henry III, & comme Sadite Majeſté me donne la moitié de ladite Eveſché, & à mon frere l'autre. Et ſi l'on vouloit alléguer la tranſaction faite entre moy & l'Eveſque, c'eſt une chanſon ; car qu'on la liſe bien, elle ne fait rien contre mon droit ny que j'en quitte ma moitié. Bien eſt vray que par paroles, je promis que tant qu'il vivroit, (a) je luy quittois madite moitié, & ne luy demandois rien en ſon vivant. N'eſtois-je pas donc, luy mort, toujours ſur mes pieds d'en répéter madite moitié, & m'oppoſer à la ſuſdite réſignation, & la demander par le dire du Conſeil privé, & ſelon l'Edit & l'Ordonnance du Roy pour pareille choſe ? D'autant que le titulaire mort, le Gentilhomme, qui a ſur ſa piece ſa moitié, ou ſa part & penſion, ne la perd nullement. Cela eſt très-ſeur. Voylà pourquoy on peut bien conſidérer la gratification que j'ay faite en cela à mondit ſieur de Bourdeille, ſans l'avoir nullement inquietté ſur ceſtedite moitié, comme j'ay trouvé fort bien par le conſeil meſme du Conſeil privé, laquelle dite Eveſché bien aſſemblée, vaut fort bien quinze mille livres de revenu, comme je l'ay fait valoir cela, quand

---

(a) Cela fut fort heureux : car ſans cela il auroit fallu que le bon prélat mendiât.

je la faifois mefnager par mes mains, par lefquelles tout fe paffoit, comme l'ayant demandé & obtenu du Roy & de la Reyne fa mere: en fis faire toutes les depefches, tant de Leurs Majeftez, que de Rome, à mes defpens. Voilà donc fi ledit fieur de Bourdeille devoit avoir fi grande obligation au fieur de Marouatte plus qu'à moy. Et quand ledit Evefque euft *fait de l'afne*, comme il eftoit, je l'euffe bien fait tourner au bafton, & jouyr de fon Evefché, en luy donnant quelque part, comme j'avois fait d'autres fois, felon le brevet du Roy que j'ay vers moy, & Monfieur de Bourdeille, mon frere, ne l'eut jamais; & fi Monfieur de Bourdeille fe fuft fié en moy, & m'euft conféré de toute cefte affaire, nous en euffions bien eu la raifon, & de l'Evefché; car il me craignoit comme la créature fait fon créateur, que luy eftois tel, dont il m'en fuft ingrat, ingratiffime. N'en parlons plus.

Or, venons maintenant à mon hérédité. Je fais & inftitue mes héritiers & héritieres univerfels & univerfelles, Meffire Henry de Bourdeille, & Meffire Claude de Bourdeille, mes nepveux; Madame Jehanne de Bourdeille, Comteffe de Duretal, ma niece, & Mefdames d'Ambleville(a)

_____

(a) Ifabelle de Bourdeille, fille du frère aîné de Bran-

& de S. Bonnet (a), mes autres nieces. Je défire auffi que Madame d'Aubeterre Hipolite Bouchard en aye quelque part en mon hérédité: non pour confidération de David Bouchard, fon pere; car il ne m'ayma jamais, ny moy luy, bien qu'il me fuft fort obligé, mais pour l'amour de Madame fon honnefte & bonne mere Renée de Bourdeille, ma chere niece, qui m'a toujours aymé & fort honoré. Auffi je l'ay aymée & honorée de mefme & la regrette tous les jours. Mais je veux & entends qu'au cas que mefdits nepveux & nieces, héritiers & héritieres, tant qu'ils & qu'elles, que leurs enfans, ne me portent le refpect & amitié qu'ils & qu'elles me doivent ou leurs maris, ainfi que Madame leur très-fage mere le vouloit, & leur commandoit, & confidéroit, & qu'ils ne faffent cas de moy en ma caduque vieilleffe fi par cas j'y parvienne, que Dieu ne le veuille toutesfois, en cela fa volonté foit faite: je veux & entends, le dis-je encore, que ceux & celles qui m'auroient maltraité & abandonné, fans faire cas de moy, ny prefté

tôme, avoit époufé François de Juffac, feigneur & baron d'Ambleville.

(a) Adrienne de Bourdeille, fœur d'Ifabelle, & connue fous le nom de la demoifelle de Maftas, étoit femme de Léonard Defcars, feigneur de Saint Bonnet, & de Saint Ibar.

ayde, ny fait de bons offices en ma vie, & donné des mefcontentemens, n'ayent aucune part ny portion en madite hérédité & fucceſſion; ains qu'elle aille & tourne à ceux & celles qui ne m'auroient abandonné, & fait de bons & pieux offices, & eu pitié de moy jufques à ma mort; & dis bien plus, que fi par cas je viens avoir & recevoir quelque injure, offenſe & attentat, voire l'exécution fur ma vie, tant des miens que d'aucuns eftrangers, dont je n'en puiſſe avoir raiſon ny revanche, à cauſe de ma déboleſſe & foibleſſe d'aage, ou autrement, je veux & entends que meſdits nepveux & nieces, ou leurs maris, en pourfuivent & faſſent la vengeance toute pareille que j'euſſe faite en mes jeunes & vigoureuſes années, pendant leſquelles je me puis vanter, & en rends graces à mon Dieu, n'en avoir jamais reçeu aucunes fans aucun reſſentiment ny vengeance, ainſi qu'à la Cour & aux armées on eſt fort fubjet d'avoir des querelles, foit de gayeté ou autrement: & ceux & celles de mes héritiers & héritieres, ou leurs maris, qui en négligeront ladite vengeance, & ne la feront, foit par les armes ou la juſtice, je veux qu'ils n'ayent rien de mondit bien, ains qu'il aille tout à ceux & celles qui s'en reſſentiront. Et fi tous & toutes, ou aucuns ou aucunes, ce que ne puis croire au moins de tous & toutes, ne s'en ressentent, je veux que tout mon bien aille aux pauvres, aux quatre Mendians & Hostel-Dieu de Paris. J'en avois donné une partie ainsi aux Religieux de Brantôme: mais j'en révoque la donation, d'autant qu'eux par trop ingrats des bénéfices reçeus de moy, pour curieusement les avoir garantis & conservés des guerres passées, comme un chacun sçait, m'ont suscité des procès, & plaidé contre moy; & par ainsi, faut punir leur ingratitude par trop grande.

Et d'autant que le sieur de la Barde de Saint Crespin, dit Guillaume Mallety, à cause de sa foire de Saunier, m'a fait plaider & tant chicaner l'espace de douze ans, tant pour son hommage à moy deu, que pour autres devoirs deus à ma Terre de Saint Crespin & Chasteau de Richemond, dont le procès est encore pendant en la Cour de Bourdeaux, qui m'a cousté fort bien mille escus, tant pour ses délais, remises, subterfuges, cavillations, & chicanneries, & faveurs dudit Bourdeaux, je veux & entends que mes susdits héritiers & héritieres en poursuivent ledit procès à toute outrance, s'il n'est avant ma mort assoupy, soit par accord ou par arrest, & le menent jusques à la derniere fin, m'asseurant tant en mon droit, qu'ils en tireront fort bien la raison: jusques-là qu'ils en pourront retirer la maison de la Barde; car il me peut devoir fort bien plus de douze mille livres, n'eſtant raiſonnable de laiſſer en repos ce petit galland, extrait de belle famille, ſon grand-pere ayant eſté Notaire, dont s'en trouve force contrats encore en Périgord, ſignez MALLETY. Et ceux & celles de meſdits héritiers & héritieres qui ne pourſuivront vivement ledit procès, je les deshérite, & en donne leurs parts aux autres qui s'en reſſentiront mieux, (a) & le perſécuteront à toute outrance, & en prendront mieux l'affirmative.

Je ſçay bien que Monſieur de Bourdeille, & le Seigneur d'Ambleville, l'ont ſouſtenu autrefois; mais je m'en remets à eux ſur leur honneur & conſcience, car ledit la Barde eſtoit fort proche dudit ſieur d'Ambleville, à cauſe d'une ſienne grande-tante, (b) mariée avec ledit Mallety, Notaire, comme je luy ay oüy dire. Mon nepveu le Baron l'a auſſi ſouſtenu & aymé, dès le voyage de Provence: mais je laiſſe le tout ſur ſon ame, & des autres auſſi.

Je ne veux ny entends que ma maiſon & beau chaſteau de Richemond, que j'ay fait baſtir cu-

_____

(a) Vit-on jamais plus de colère & d'animoſité?

(b) Nous le demandons au lecteur: Avons-nous eu tort d'accuſer Brantôme de morgue & de vanité? S'il eût vécu de nos jours, il auroit fait un beau tapage.

tieusement & avec peine & grand coust, s'alliene, se vende, ny s'engage autrement, pour nécessité aucune qui soit, à aucun estranger, car je veux qu'elle demeure à la maison dont je suis sorty en signe de mémoire. Car je serois bien marry, si estant là-haut, où Dieu me fera la grace de m'y recevoir s'il luy plaist, je visse ceste belle maison & chasteau, que j'ay fait bastir avec si grand travail, eust changé de main, & tombé entre une estrangere. Cependant je veux & entends que madite niece la Comtesse de Duretal ayt ledit chasteau avec ses préclautures du parc & du jardin, & ses basse-cours, pour sa demeure tant qu'elle vivra seulement, & demeurera veufve sans qu'elle se remarie; (a) & ce pour n'avoir aucune demeure en ce pays près de la maison dont elle est sortie, & pour s'approcher aussi de ses proches, bien qu'elle aye sa maison la Vasouziere de son douaire, mais elle est par trop loin des siens, & de plus que l'air y est très-beau, bon & salutaire, qui luy a fait grand bien, & à sa tante, tant qu'elle s'y est tenue.

(a) Brantôme n'aimoit pas que les femmes dans sa famille convolassent en de secondes noces. Le systême de la population n'entroit point dans ses principes. Il avoit l'opinion de bien des gens de tout sacrifier à l'illustration de sa maison. C'est pourtant là une des bases de la plupart de nos coutumes. Ce régime barbare ne sera-il donc pas aboli!

Mais eſtant remariée, elle aura d'autres maiſons de ſon mary, où elle s'y tiendra le plus ſouvent, & n'en voudra d'autres : & puis s'eſtant remariée, ou bien morte, qui ſera quand il plaira à Dieu, je veux & ainſi l'ordonne : je veux auſſi, & en charge madite niece Comteſſe, d'entretenir la maiſon comme il faut, ſans la laiſſer deſmolir ny dépérir, & qu'elle la laiſſe auſſi entiere & belle comme je la luy laiſſe, cela s'entend tant qu'elle y demeurera, & ne ſe remariera; car autrement elle en auroit la conſcience chargée, & me feroit tort, & à ſon petit nepveu CLAUDE DE BOURDEILLE (a), qui eſt ſi bien né, & ſi joly, qui, je m'aſſeure, l'entretiendra très-bien, & en célébrera ma mémoire pour tout jamais, en diſant : *voilà un préſent que mon grand oncle me fit.*

Je veux auſſi que la moitié des plus grands Livres de ma Bibliotheque ſoient mis & ſerrez dans un cabinet de Richemond, & conſervez très-curieuſement, ſans les diſſiper deça, de-là, & n'en donner pas un à quiconque ſoit : car je veux que ladite Bibliotheque demeure chez moy, pour perpétuelle mémoire de moy, dans un cabinet de Richemond.

(a) Ce Claude de Bourdeille eſt le comte de Montréſor, dont un jour nous publierons les mémoires intéreſſans.

Je veux de mesme qu'aucunes de mes plus belles armes demeurent aussi en un cabinet de Richemond, & y soient en mesme garde, comme mes espées, & surtout une argentée, que Monsieur de Guise, mort & massacré dernierement me donna au siege de la Rochelle, me déférant cet honneur de dire qu'elle m'estoit bien deuë pour la sçavoir bien faire valoir, & telles armes, ainsi qu'il avoit veu. Il y a aussi d'autres & longues belles Espaignolles, toutes de combat, & bonnes, & esprouvées. Plus, deux arquebuzes de mesche, que j'ay fort aymées & portées en guerre, & fait valoir. (a) Plus, mes armes complettes, tant de la curiasse, brassard, sallade & cuissot, que le Seigneur Contanho me garde en sa chambre de Brantôme. Plus, une rondelle couverte de velours noir à preuve, que feu Monsieur le Prince de Condé me donna au siege de la Rochelle, au moins après ne s'en servant plus, & me pria de la garder pour l'amour de luy, & porter en guerre, ce que j'ay fait & bien gardé, comme j'ay fait l'espée susdite de Monsieur de Guise, & leur promis les garder tout durant ma vie & après ma mort. Je veux aussi qu'on me garde,

(a) Voilà une singulière collection pour un abbé; mais alors on étoit ce qu'on vouloit.

avec les susdites armes, un chapeau de fer, couvert d'un feutre noir, avec un cordon d'argent, que je portois à pied aux sieges de places, où je me suis trouvé assez; & s'il est possible, appendre toutes les susdites armes dans ma chapelle de Richemond, je le voudrois fort, ainsi qu'on faisoit jadis aux anciens Chevalliers. La mémoire en seroit beaucoup plus honorable. Je laisse cela à Madame la Comtesse ma niece, qui en aura le soin, puisque la demeure luy est assignée, si elle ne se remarie, comme j'ay dit ci-devant.

Et de tout ce que dessus pour maintenir & bien entretenir, je fais exécuteur de mondit testament, Monsieur de la Chastaigneraye, mon cher nepveu, s'il luy plaist, & l'en prie, ensemble Monsieur du Preau, Lieutenant du Roy & Gouverneur à Chastelleraud, que j'ay nourry Page, & s'est si bravement & généreusement poussé à ceste digne Charge, par ses belles armes & bon courage, avec Monsieur Thommasson, Avocat en la Cour Présidiale de Périgueux, mon principal & ordinaire conseil, que j'eslis pour assister Messieurs mondit nepveu & du Preau, & les relever d'autant de peine, en ce qu'on luy paye ses peines & salaires, comme de raison, au dire de mesdits sieurs exécuteurs : les suppliant trèstous de tenir main bonne & forte à mon intention & totale difpofition.

Sur-tout je caſſe & révoque par ceſtuy-cy dernier tous autres teſtaments & difpofitions par moy faits & faites cy-devant, enſemble toutes donnations qu'on pourroit ſuppoſer & prétendre par moy faites. Je n'en fis jamais, ny prétends d'en faire, dont j'en protefte devant Dieu. Pour teſtament, j'en ay fait un, paſſé par les mains de *Galopin*, Notaire de Brantôme, mais je le caſſe & révoque du tout par ceſtuy-cy, enſemble le codicille paſſé par le meſme *Galopin*. Et fi l'on en produit d'autres, je dis qu'ils font faux, & les caſſe comme tels & nuls; car je ſçay bien que beaucoup de Notaires d'aujourd'hui s'aydent de telles fauſſetez, auſſi-bien pour les grandes Maiſons, que pour les petites, pour eſtre menacés & contraints; & pour ce, je prie Meſſieurs les exécuteurs d'y adviſer. Et pour ce, par ces raiſons, j'ay fait cedit teſtament ſolemnel, eſcrit & ſigné de ma main.

Pour totale fin, je donne mes bagues & petits joyaux à mes ſuſdits nepveux & nieces, de très-bon cœur, & les prie de les garder & porter pour l'amour de moy, tant que leur vie durera, en ſouvenance de moy, leur bon oncle, qui les ay aymez & honorez d'une amitié très-ferme & fidelle. Sur ce, je fais fin à cedit teſtament, au nom du Pere,

& du Fils, & du Saint-Esprit, & de la bénite Vierge Marie, & Madame Sainte-Anne, comme l'ay commencé.

Je ne doute point que plusieurs personnes ne trouvent cedit testament par trop long & prolixe. Tel a esté mon vouloir & mon plaisir. J'en ay veu d'autres en ma vie bien aussi longs. J'en ay pris le modelle sur ce grand Chancelier Monsieur de l'Hospital, de mesme aussi long, que j'ay inféré dans mes livres; (a) mais si l'ay-je un peu abrégé de plus, je suis nay d'une grande & illustre Maison. J'ay le cœur grand, qui me l'a donné, & que j'ay fait paroistre en plusieurs beaux & divers endroits. J'ay eu de l'ambition ; je la veux encore monstrer après ma mort. Aussi que je n'ay voulu me confier mes volontez, & dire à ces petits Notaires, qui, la pluspart du temps, ne sçavent dire ny repré-senter nos intentions & vouloirs; & en eusse dit encore plus, sans la trop grande prolixité. Je fais donc fin, selon mon vouloir & contentement, & y eusse mis & ajousté de beaux & gentils exemples, pour mieux adoucir le tout, mais c'est assez.

Ainsi signé,

P. DE BOURDEILLE.

(a) On trouve ce testament de Michel l'Hôpital dans ses Capitaines françois, à l'article du Connétable Anne de Montmorency (Discours LXII).

PREMIER CODICILLE.

J'ADJOUSTE à ce fufdit Teftament les foubf-
dits articles, par forme de Codicille, que
j'aurois oubliés, dont je me fuis advifé, que je
veux & entends que mes fufdits neveux & nieces,
héritiers & héritieres, foient recompenfez de feize
mille efcus une fois payés, en récompenfe &
déduction de l'eftime du baftiment beau de Richemond, qui fe pourroit eftimer à beaucoup,
jufques à vingt mille efcus, veu ce que m'a coufté
à le faire baftir, & rendre en fa beauté, avec le
parc, & le jardin, & les préclautures, que le tout
m'eft venu en defpenfe de grand argent, comme
un chafcun peut juger, veu la grandeur & fuperbité dudit chafteau; & pour ce, ladite récompenfe
fe pourra prendre defdits feize mille efcus francs
fur aucunes rentes & meftairies, qui en font defpendantes, que l'on pourra vendre & engager,
felon qu'elles font appréciées; n'y comprenant en
cela Madame de Duretal, ma niece, à caufe de
la jouiffance qu'elle aura durant fa vie, fi ne fe
remarie, que pour n'avoir auffi d'enfants, ny en
aage ny eftat d'avoir: & par ainfi, je veux que
mes autres nepveux & nieces, héritiers & héritieres,
qui ont des enfants, s'en reffentent; cela s'entend
de ceux & celles qui m'auront aymé, & fait cas

de moy, ny fait de frafques, de mauvais offices ; autrement, rien pour eux, ny elles, ny leurs enfants.

J'avois auſſi oublié à dire que le grand pont de Brantôme, dont l'on va au jardin, & le champ où font plantez les ormeaux & le jardin, je prétends qu'ils font à moy, & en ma totalle difpofition, parce qu'ils furent acquis de Meſſire Pierre de Mareuil, Monſieur l'Evefque de Lavaux & Abbé de Brantôme, & en achepta le champ des bonnes gens qui avoient là leurs chanvres, qui luy couſterent bon ; mais pour fa faveur, (a) il fallut qu'ils luy laiſſent avec bon argent ; avec auſſi le petit pré auprès de la riviere, que j'ay mis maintenant en un *Cherebaud*. Monſieur d'Auzances, mon bon couſin, qui courut ladite Abbaye pour moy, après la mort dudit Monſieur de Lavau, fon oncle, comme fon héritier, en prétendit lefdits pont, jardin, & autres fufdits champs, eftre acquets faits dudit fon oncle, & pour ce le tout appartenir à luy, & l'euft très-bien contefté contre quelque autre qui euſt eu l'Abbaye que moy : mais pour la parenté & bonne amitié qu'il me portoit, il acquiefça, & m'en fit don librement du tout, fans

(a) Dès ce tems-là on ufurpoit donc le bien d'autrui ? car c'eft ufurper que de forcer un malheureux à vendre fa propriété. En vérité un acte de cette efpèce n'étoit ni honnête, ni évangélique.

jamais

jamais plus en parler; & pour ce, je m'en appropriay & jouys toujours comme de mon propre, & véritablement à moy très-bien donné, & non comme appartenant à l'Abbaye; mesme après la mort dudit Monsieur d'Auzances, mon bon cousin, Madame de Sansac, sa sœur & son heritiere, m'en voulut inquietter & demander le tout, pourtant par forme de risée, car elle m'aymoit; me disant, *que si c'estoit un autre que moy, qu'elle desbattroit le-tout par bon procès, & m'en priveroit.* Mais je luy rompis le coup, tout en ryant aussi, & fus quitte de luy donner un diamant de cent escus que j'avois au doigt. Par ainsi, nous demeurasmes bons cousins & amis, & le plus souvent m'appelloit mon cousin *Monsieur du Pont*, ou *Monsieur du Verger*. Et Voilà pourquoy je veux & entends que cedit grand pont, la place des ormeaux, le beau grand jardin, & le pré qui en despend au-dehors, se partagent entre mes héritiers & héritieres, ainsi qu'ils verront, & en fassent leur profit. Car tel Abbé qui viendra après ma mort, sera bien-ayse d'acheter le tout, (a) & beaucoup, pour une si belle commodité. Mesme

(a) Si la force & la faveur s'en étoient pourtant mêlées, les vues de Brantôme auroient pu être trompées. Sans doute il comptoit sur le crédit qu'auroient ses héritiers; avouons qu'il donnoit une belle idée de son siécle.

que je fus une fois & long-temps en deſſein d'y faire baſtir un chaſteau en forme de citadelle, par deſpit, pour commander aux environs & chemins, & avois là desjà fait le marché d'un champ là auprès, qui appartenoit à *Raſteau*, à cauſe de ſa femme: mais la deſpenſe qu'il m'a fallu faire aux guerres, à la Cour, & aux voyages, me retrancha ceſte deſpenſe, qui fuſt eſtée grande & belle choſe à voir. Et par ainſi meſdits héritiers & héritieres ſe pourront prévaloir de meſme, & y pourſuivre ce meſme deſſein s'ils veulent; & n'eſt à meſpriſer d'y baſtir au lieu où il y a eu autrefois un chaſteau, dont les ruynes qui paroiſſent, pourroient ſervir; car c'eſt un beau bien qui mérite bien une jolie maiſon.

Ainſi ſigné,

P. DE BOURDEILLE.

Acte Notarial pour ce Testament.

Cejourd'huy trentieſme du mois de Décembre mille ſix cent neuf, après-midy, au Chaſteau de la Ville de Brantôme, par-devant moy Notaire Royal ſoubſigné, & en préſence des teſmoins bas nommez, a eſté préſent Meſſire PIERRE DE BOURDEILLE, Conſeigneur de Brantôme, Baron de Richemond, demeurant pour le préſent au Chasteau de Brantôme, lequel a dit & déclaré, en présence de moydit Notaire soubsigné, & tesmoins bas nommez, ce présent papier & escrit cy-dessus estre son *Testament & derniere volonté*, escrit & signé de sa propre main; voulant ycelui estre valable, & cassant tous autres; & a requis à moy Notaire soubsigné en faire & passer instrument après son décès à tous ceux qu'il appartiendra, ce que luy ay octroyé. Ledit *Testament* est clos & fermé, & scellé du sceau dudit sieur, en présence de LAURENS SPLANDITEUR, Escuyer; Maistre ESTIENNE DU CHASSAING, Juge de Brantôme; Maistre VICTOR RICHARD, & JEAN GIBRY, Prestre; Maistres JEAN & JACQUES MATHAUD, Praticiens, & JEAN GIRY, Greffier dudit Brantôme, tous habitans de ladite Ville de Brantôme, tesmoins cognus & appellez par le sieur Testateur, qui a signé ces présentes à l'original avec lesdits tesmoins & moy.

Ainsi signé,

LOMBRAUD, *Notaire Royal.*

DERNIER CODICILLE.

Du 5 Octobre 1613.

SÇACHENT tous qu'il appartiendra, que comme il y a quelques années que je fis & escris de ma propre main mon *Teſtament*, ſolemnel & autentique, avec quelques petits *codicilles* de ma meſme main, dont je faiſois mes héritiers & héritieres compris dans leſdits *teſtamens & codicille*, & veux qu'il ſoit du tout entierement tenu & exécuté : & d'autant que les exécuteurs contenus audit teſtament ſont décedez, comme Monſieur de Lauzan, mon bon couſin, Monſieur du Preau, Gouverneur de Chaſtelleraud, mon grand amy, & Monſieur Thommaſſon, Avocat à Perigueux, mon principal conſeil, ſont morts, je me ſuis adviſé m'inſtituer Madame la Comteſſe de Duretal, ma chere niece, très-ſage & très-adviſée, d'en eſtre exécutereſſe, en y appellant tel ſage & adviſé perſonnage qu'elle ſçaura bien choiſir pour luy aſſiſter, d'autant auſſi qu'elle eſt l'aiſnée de tous ſes freres & ſœurs.

Et pour mieux approuver ce fait, j'ay donné toutes mes clefs, tant grandes que petites, tant celles de Brantôme que d'icy, à Monſieur Couſtancie, pour les bien garder & ſerrer fidellement, juſques à ce qu'il les ayt commiſes fidellement entre les mains de madite Dame la Comteſſe ; lequel me l'a ainſi juré & promis de le faire, ſans les autrement commettre en autres mains que de madite Dame, luy enchangeant ſur-tout la récompenſe de mes ſerviteurs compriſe & eſcrite dans mon teſtament.

Et d'autant que le terme ſeroit trop long pour

faire l'ouverture dudit testament solemnel, & faire trop attendre mes pauvres serviteurs & servantes pour leur vie, je veux qu'ils vivent & soient entretenus de mes biens qui me sont deus, & rentes de la Saint Michel, lesquelles me sont deues, & vivent céans, comme si j'estois en vie, jusqu'à ladite ouverture, & qu'ils y fassent bonne chere. Car, Dieu mercy, je laisse force vivres, tant icy qu'à Brantôme, tant de bled que de vin.

Et pour ma sépulture, il y a long-temps que je l'ay faite bastir, & choisir ma Chapelle de Richemond : & deux jours après ma mort, que mon corps soit mis dans une caisse bien proprement comme il faut, & la faire charger sur mes mulets, accompaignez d'aucuns de mes serviteurs & Officiers de Saint Crespin, de Richemond & de Brantôme, & là y faire un Service honneste pour la sépulture, y appelant Messieurs les Religieux, auxquels j'ay laissé un honneste légat dans ledit *testament*, le tout sans pompe & solemnité.

Et ce que dessus, & qui est enclos en mondit *testament & codicille*, veux & entends estre suivy selon sa teneur. Et pour plus ample tesmoignage, ay prié & requis les soubsignez de signer à ma requeste au Chasteau de la Tour-Blanche, le 5 Octobre 1613, & outre ay prié & requis Monsieur DE BOURDEILLE de prendre & gouverner le tout, ainsi que par ceste-cy je luy donne pouvoir, en présence de Monsieur DOMMINGE, Prestre, & Monsieur GIRARD, Médecin, & de Maistre GUILLAUME, Apotiquaire.

PRÉFACE

Ou LETTRE de Brantôme à son Neveu Henry de Bourdeille, Chevalier de l'Ordre, Conseiller d'Etat, Capitaine de cent hommes d'ordonnances, Lieutenant général, Sénéschal & Gouverneur du Périgord.

Vous voulez donc, mon Vicomte & cher Nepveu, savoir de moi, par la prière que m'en avez faite aucuns traits & faits de la vie de feu Monsieur de BOURDEILLE mon pere & vostre grand-pere, afin de l'en imiter & mieux ressembler. Et vrayment de bon cœur j'en mets icy la main à la plume, pour vous en raconter aucuns, que je luy ay veu faire & ouy dire aux vieux qui l'ont veu & cognu; car j'étois fort jeune, & de l'aage de sept ans quand il mourut.

Ce petit traité donc vous servira de sa représentation & image, que vous arregarderez quelquefois, & y compasserez vos actions, lesquelles vous seront toutes louables, si les rendez semblables aux siennes, ainsi que j'espere que Dieu vous en fera la grace : & aussi que je vois votre

PRÉFACE.

semblance & naturel (a), qui s'y rapporte fort, tant à l'air & trait du visage, qu'à aucunes façons, plus que tous nous autres quatre ses enfans, qui sont mon frere, le Capitaine BOURDEILLE, mon frere (b) d'ARDELAY & moi. Je dis en aucuns linéamens de visage & aucunes actions. Car pour la valeur & la vertu, il ne nous en eust sceu rien reprocher, s'il nous eust pu voir en la perfection de nos aages & valeurs. Il faut que nous nous vantions jusques-là ; & crois que son ame qui repose en Paradis, s'en est beaucoup & souvent resjouye.

Sur cela je brise, & m'en vais accommencer ce que desirez sçavoir, après vous avoir baisé les mains, mon vicomte & cher nepveu, & asseuré qu'à jamais je vous suis un humble & obeyssant oncle,

BOURDEILLE.

(a) L'oncle & le neveu n'étoient pas brouillés alors. La manière dont Brantôme lui parle ici, est bien différente des duretés qu'il lui distribue dans son testament.

(b) Le vicomte de Bourdeille, père du jeune Henri, vivoit probablement lorsque Brantôme redigea ce morceau.

VIE
DE
FRANÇOIS DE BOURDEILLE.

Messire François de Bourdeille, voſtre grand-pere, fut fils de Meſſire François de Bourdeille & de Ylaire du Fou en Poictou.

Je ne m'amuſeray point à vous raconter l'antiquité de la maiſon de Bourdeille, ny des hauts faits & beaux exploits de guerre, qu'ont accomplis nos peres, grands-peres, ayeux, biſayeux & anceſtres, aux guerres qui ſe ſont faites, tant à la Terre-Sainte, que de-là & de-çà les monts, ſoubs nos braves & vaillans Roys, qui eſtoient pour lors.

Je ne m'amuſeray non plus à vous parler de l'antiquité de la maiſon du Fou, venue de Bretaigne, & fort agrandie par le Roy Louis XI, & autres Roys qui ſont venus après; meſme du Roy François I, qui fit eſpouſer l'héritiere du Fou, niece de ma grand-mere, & la filliole & couſine de voſtre grand-pere, à Meſſire Antoine Deſprez (a), & le fit Mareſchal de France, d'où ſont

(a) Antoine de Lettes, dit Deſprez, ſeigneur de Montpezat, devint maréchal de France en 1543; l'origine de ſa fortune ſe trouvera dans les mémoires de Brantôme.

fortis Messire de Montpezat que l'on voit aujourd'huy.

Je ne m'amuseray donc à discourir de toutes les antiquitez de ces deux nobles Maisons de Bourdeille, ny du Fou, ny de leurs faits & gestes: car cela seroit trop long, & n'aurois jamais fait; bien que, quand je l'aurois entrepris, j'en penserois venir à bout aussi-bien que l'homme de nostre race. Venons donc au point.

Messire François de Bourdeille, donc vostre grand-pere, fut fils de ces deux illustres pere & mere que je viens de dire. Après qu'il vint à estre grand & en aage, son pere le donna Page à la Reyne de France, Anne, Duchesse de Bretaigne, & y fut huit ans & avoit cet honneur d'estre son premier Page, (ainsi luy parloit tousjours,) & de monter sur son mulet de devant, qui estoit un très-grand honneur & faveur de ce temps-là, pour les Pages des Reynes & grandes Princesses, pour estre en cela préférez à tous autres. Et le bon-homme feu Monsieur d'Estrées (a), Grand-Maistre de l'Artillerie, grand homme digne de sa Charge, que nous avons veu, alloit sur le

(a) Jean d'Estrée, grand maître de l'artillerie, célèbre par son zèle pour la religion protestante, & par sa fidélité pour son souverain. Il eut l'art pendant nos guerres civiles, d'allier ces deux choses à la fois, ce qui n'étoit pas aisé.

mulet de derriere, ainsi qu'il me l'a conté souvent, & que bien souvent tous deux ils avoient esté foüettez (a) l'un pour l'amour de l'autre.

Car vostre grand-pere faisoit toujours quelques petites natretez, ainsi que son esprit prompt, vif & gentil l'y conduisoit; & sur-tout, quand il faisoit aller le mulet de devant plus viste qu'il ne falloit. C'estoit lors à la Reyne à cryer: *Bourdeille, Bourdeille, vous serez foüetté, je vous en asseure, & vostre compaignon*; & tant n'y failloient pas, car l'un se remettoit sur l'autre, & disoit que la faute venoit de son compaignon, que le devant s'advançoit trop, & qu'il falloit faire suivre l'autre; & l'autre disoit, que le derriere advançoit & passoit l'autre de devant; & pour ce, de compaignie, sans ouyr leurs excuses & raisons, estoient bien foüettez; mais Monsieur d'Estrées m'a dit que toute la faute venoit de vostre grand-pere, qui faisoit tout le mal.

Il demeura donc ainsi Page, l'espace de huit ans; ce qui luy nuisit un peu à sa taille, qui estoit très-belle; & la rendit un peu voustée quand il vint sur l'aage: & luy-mesme le confessoit & s'en plaignoit, & que son pere l'avoit voulu oster de-là,

(a) Ce châtiment avec lequel on punissoit les pages, fut long-tems usité. (Voyez les mémoires de Mergey, Tome XLI de la collection, pag. 18.)

s'il eust pu trouver quelque honeste excuse, ou qu'il eust osé ; mais il apprit aussi que la Reyne l'aymoit bien-fort, ensemble & l'une de ses sœurs qu'elle avoit fille ; mais elle mourut jeune à l'aage de quinze ans à la Cour, qui fut fort regrettée, & du Roy, & de la Reyne (a) ; car elle estoit l'une des plus belles filles de la Cour, & la tenoit-on pour un petit Ange, & du plus beau esprit, & qui disoit & racontoit des mieux. Elle fut enterrée à côté du grand autel des Cordeliers à Paris, & en ay veu le tombeau engravé de bronze : mais lorsque l'Eglise des Cordeliers se brusla, il y a vingt ans (b), il fondit tout, & n'en reste plus aucune vestige. Elle s'appelloit LOUISE DE BOURDEILLE, & le Roy estoit son parain, & l'aymoit si très-tant, que, à l'aage de huit ans qu'elle fut menée à la Cour, le Roy la trouva si belle, si jolie, & qui causoit des mieux, qu'estant *petite garse* (c), l'espace de trois ans il la faisoit quasi ordinairement manger à sa table, quand la Reyne n'y mangeoit, & la faisoit causer, si bien qu'il l'appelloit son *petit perroquet*, & luy faisoit ainsi

(a) Lisez ci-après les Femmes illustres de Brantôme, à l'article d'Anne de Bretagne.

(b) *En* 1580. *Voyez le* Journal de Henri III, *sous cette année.*

(c) Ce mot, pris aujourd'hui en mauvaise part, équivaloit à celui *de petite fille.*

passer le temps. Mais quand elle fut grandette, il la mit sur la sagesse & la réputation. Car à un enfant ou fille, il est bien séant de dire & faire tout ; mais quand on vient sur l'aage, il ne faut pas faire toujours de l'enfant. Si faut-il que je fasse ce conte d'elle.

Comme j'ay dit, elle estoit des plus belles qu'on eust sçeu voir, & des plus aymables de la Cour. Par cas, un Pere Cordelier, qui preschoit ordinairement devant la Reyne, en devint tellement amoureux, qu'il en estoit perdu en toute contenance : & quelquefois en ses sermons se perdoit, quand il se mettoit sur les beautez des saintes Vierges du temps passé ; jettant tousjours quelque mot couvert sur la beauté de madite tante, sans oublier ses doux regards, qu'il fichoit sur elle : & quelquefois en la chambre de la Reyne prenoit un grand plaisir de l'arraisonner, non de mots d'amour pourtant, car il y fust allé du fouet, mais d'autres mots ombragés tendans à cela. Ma tante n'approuvoit nullement ses discours, & en tint quelques propos à la Gouvernante d'elle & de ses compaignes. La Reyne le sçeut, qui ne le put croire ; à cause de l'habit & saincteté de l'homme ; & pour ce coup, dissimula jusques à un Vendredy-Saint qu'il prescha la Passion à l'accoustumée devant la Reyne, & d'autant que les Dames & Filles estoient placées & assises devant le beau Pere, comme est l'ordinaire, & qu'elles se representoient à plein devant luy, & par conséquent ma tante, le beau Pere, pour l'introït & thesme de son sermon, il commença à dire: *Pour vous, belle nature humaine, & c'est pour vous pour qui aujourd'huy j'endure, dit à un tel jour Nostre-Seigneur Jesus-Christ:* & enfilant son sermon, il fait rapporter toutes les douleurs, maux & passions que Jesus-Christ endura à sa mort pour nature humaine, & à la croix, à ceux & celles qu'il enduroit pour celle de ma tante; mais c'estoit avec des mots si couverts & paroles si ombragées, que les plus sublimes y eussent perdu leurs sens. Quelle méditation pourtant! La Reyne Anne, qui estoit très-habile, & d'esprit & de jugement, mordit là-dessus: & en ayant consulté les vrayes paroles de ce sermon tant avec aucuns Seigneurs & Dames, que sçavantes gens qui y assistoient, trouverent que le sermon estoit très-escandaleux, & le Pere Cordelier très-punissable; ainsi qu'il fut en secret bien chastié & fouetté, & puis chassé sans faire escandale. Voilà la récompense des amours de ce Monsieur Cordelier, & ma tante bien vengée de luy, duquel elle estoit souvent importunée de parler à luy: car de ce temps, il ne falloit pas sur peine desdire ny refuser la parole à telles gens, que l'on croyoit qu'ils ne parloient que de Dieu & du salut de l'ame (a).

Après madite tante Louyse, vint en sa place sa sœur, & ma tante ANNE DE BOURDEILLE, laque estoit fillolle de la Reyne Anne; & de ce temps les grands Seigneurs, & mesme mon grandpere, estoient fort-curieux que les grands Roys ou Princes, ou Reynes & Princesses, tinssent leurs enfants sur les fonts; ce qu'ils n'offroient à toutes Maisons, sinon aux grandes. Cette Anne de Bourdeille fut mariée après à la Cour avec Monsieur le Baron de Maumont (b), l'une des grandes Mai-

(a) Brantôme a repété cette anecdote en d'autres termes dans ses sermens espagnols. Il y déclare la tenir de M. de Pons, qui la tenoit (disoit-il) de madame de Pons sa mère, gouvernante de madame Renée de France, depuis duchesse de Ferrare. *Je pense* (ajoute Brantôme,) « que » si madame de Nemours sa fille, vouloit aujourd'hui » s'en ressouvenir, elle le pourroit assurer ».

(b) Dans le XV de ses opuscules, qui a pour titre.. *Role de mes neveux, petits neveux, ou arrière petits neveux..* Brantôme l'appelle Marie de Bourdeille. Il nous apprend qu'elle étoit sœur de son père, & qu'elle eut de son mariage avec le baron de Maumont, un fils & deux filles. Le fils se consacra aux belles-lettres, & mourut garçon: Ronsard en fait un grand éloge. Une des filles fut la maîtresse du Dauphin, empoisonné (a-t-on dit,) par Montementi. C'est sur elle qu'on fit la chanson... *Brunette suis, jamais ne serai blanche....* Les demoiselles de Maumont épousèrent les sieurs de Charlus & de Canillac.

sons de Limosin. Elle ne fut si belle que sa sœur, qui l'estoit en perfection : mais elle l'en approchoit fort, sinon en taille; car elle estoit fort petite, & Louyse l'avoit grande & belle, comme son frere Monsieur de Bourdeille.

J'ay fait ceste digression, mon nepveu, car il faut que vous sçachiez des nouvelles aussi-bien des uns que des autres, qui vous sont si proches.

Pour retourner à vostre grand-pere, estant sorty hors de Page, il demeura quelque temps à la Cour : & puis ses pere & mere, qui estoient vieux, envoyerent le quérir, pour le voir & les resjouyr ; car ils en avoient ouy dire beaucoup de bien, (ainsi qu'est la plus grande joye aux peres & meres, quand ils voyent leurs enfants vertueux.) Et de fait, vostre grand-pere fut trouvé tel, & si fort, qu'ils ne le voyoient pas à demy, & estoit leur enfant bien chéry : de sorte que le pere le tenoit si fort subjet près de luy, qu'il ne le vouloit eschapper, ny donner congé pour tourner à la Cour, ny aller à aucun voyage de guerre, craignant de le perdre par son courage trop hazardeux.

Enfin, ceste subjection & ceste délicatesse fascha fort à vostre grand-pere ; & entendant que les François faisoient tant de belles choses au Royaume de Naples, où la guerre pour lors estoit, ayant emprunté, qui de-çà, qui de-là, de ses amys, quelque deux cent escus, feignant un bon matin

aller

aller à la chaſſe, & ayant pris deux des meilleurs & bons travailleurs courtauts qu'il euſt, ſans faire bruit, partit avec ſon valet de chambre ſeulement, & un laquais, & avec tous ſes chiens & levriers, s'en alla juſqu'à une demye lieuë dans ſa Terre, touſjours chaſſant: & eſtant venu à un village, il fait entrer tous ſes chiens dans une grange, & les bien renfermer léans, & donner bien à manger, & commande au maiſtre de la maiſon & de la grange, que ſur la vie il ne leur ouvre en façon du monde juſqu'à ce qu'il ſoit de retour, qui pourroit eſtre ſur le ſoir; ou ſi de cas il ne revenoit, qu'il ne failliſt de leur ouvrir ſur le ſoir, & qu'il les laiſſaſt aller ſeulement; car ils s'en retourneroient à Bourdeille; ce que le payſan ne faillit. Cependant, mon pere gagne chemin, & fait douze grandes lieuës d'une traite, tirant vers Lyon.

Son pere, le ſoir, voyant ſon fils n'eſtre tourné, s'en eſtonne, croyant qu'il ne fuſt trop amuſé à la chaſſe. Mais le lendemain au matin, quand on luy vint rapporter que tous ſes chiens & levriers eſtoient à la porte du Chaſteau, il fut en peine & allarme, & deſpeſcha auſſi-toſt gens par-tout, pour ſçavoir ce qu'il eſtoit devenu, qui luy rapporterent au vray l'hiſtoire qu'ils avoient appriſe du payſan qu'ils luy amenerent, qui confirma le tout. Soudain il ſongea qu'il s'en eſtoit allé à l'adventure voir le monde, & auſſi-toſt il envoya vers

Lyon & vers la Cour, pour en sçavoir nouvelles; se doutant qu'il prenoit l'un de ces deux chemins.

Cependant, son fils gagne Pays, & ne demeura que six jours depuis Bourdeille jusqu'à Lyon, où l'homme de son pere le trouva, qui luy dit la peine en laquelle le pere & la mere estoient pour luy, & luy voulant persuader qu'il tournast. Il luy dit seulement: *Recommandez-moy à mon peré & à ma mere, & dites-luy que je fais ce qu'il a fait d'autrefois : & que je m'en vais voir le monde, & chercher guerre au Royaume de Naples. Il ne me verra jamais, que je ne soye plus honeste homme que je ne suis, ny ne serois, si je voulois le croire, & me faire tenir cher dans une boëte pleine de coton comme une relique.* Il envoya aussi ses recommandations à sa mere & ses freres & sœurs, & ainsi s'en alla vers Naples (a), où estant venu, il fut très-bien receu de tous les grands Seigneurs & Capitaines François qui y estoient, & principalement de Louys, Comte d'Armagnac, son parent, de Messieurs de la Palisse, de Louys d'Ars, de Monsieur de Bayard, & plusieurs autres.

Il n'eut pas fait long séjour en ces Pays & guerres, qu'il s'y fit recognoistre pour estre très-

---

(a) Probablement ce fut en 1502.

brave & vaillant, & sur-tout pour emporter la réputation d'estre le meilleur & le plus rude homme d'armes (a) de tous les François. Car il estoit un très-bon homme de cheval, & n'y avoit cheval, tant rude fust-il, & allast tant haut & incommodement qu'il pust, qui luy fist jamais perdre l'estrieu; & de ce temps-là, les chevaux n'estoient dressés ni alloient à temps, comme despuis. Et ay ouy dire à un Gentilhomme de nostre maison, que sur tel cheval, rude qu'il fust, ne refusa jamais à monter dessus, ny que luy fit perdre les estrieux, sur lesquels il mettoit ordinairement des doubles ducats, & gageoit, qu'en cas qu'il défemparast l'estrieu, & qu'ils tombassent en terre, il les perdoit par gageure faite; & s'ils ne tomboient, ils estoient pour luy: & disoit ce Gentilhomme, qu'en sa vie il luy avoit veu faire plus de deux cent gageures toutes pareilles, & jamais ne les perdoit. Outre qu'il estoit ainsi fort adroit, & bon homme de cheval, il estoit grand, de belle haute taille, fort puissant, & nerveux; ce qui le

(a) C'est de lui que la Colombière parle dans son Théâtre d'honneur, page 197, lorsqu'il fait mention d'un sieur de Bourdeille, se mesurant avec Bayard au tournoy de 1514, que le duc de Valois (depuis François I,) célébra à l'occasion du couronnement de Marie d'Angleterre, troisième femme de Louis XII.

rendoit encore plus furieux & rude homme de cheval.

Or, il demeura au Royaume de Naples (a) en tout environ quatorze à quinze mois, jufqu'à ce que les François en furent chaffés par le grand Capitan (b), qui obtint fur eux plufieurs victoires, & mefme à la rencontre du Garillan (c), là où mon pere fit très-bien, & y fut bleffé, fans que l'hiftoire de Belle-Foreft en cet endroit le raconte. Je l'ai auffi ouy dire aux vieux, & en portoit auffi la marque & la playe. En ce combat, il fecourut & feconda fi bien Monfieur de Bayard, qu'il dit fouvent defpuis, qu'il penferoit tousjours avec Monfieur de Bourdeille fon fecond, de combattre fix Efpaignols & les défaire, eftant à cheval. Toutesfois Monfieur de Bayard eftoit petit, & non fi fort ny advantageux que mon pere. Voilà donc les François chaffés & renvoyés de Naples.

La guerre s'efmeut en la Romanie (d), où le Roy envoya fecours au Pape Jules, pour le

(a) Ces événemens fe pafsèrent en 1503.

(b) *Le grand Capitaine*, dont il s'agit ici, étoit le célèbre Confalve de Cordoue, qui chaffa les François du royaume de Naples.

(c) Garigliano.

(d) La Romagne.

recouvrement de Boulogne, contre les Bentivogles; ce que très-mal defpuis & fort ingratement il recognut (a), comme il fe trouve parmy les Hiſtoires. Monfieur de Bourdeille faifoit toujours parler de luy en quelque belle faction, & fe rendoit fort aymable & agréable à un chacun: car il eftoit avec fa valeur un très-beau jeune homme, & fur-tout de fort bonne converfation, & qui difoit fort bien le mot.

Le Pape le prit donc en amitié, & prenoit plaifir de caufer & de jouer avec luy; car il eftoit bon compaignon, & familier. Un jour, ils jouerent enfemble, qu'il gaigna à mon pere quelques trois cent efcus, & fes chevaux, qui en avoit de beaux, & tout fon équipage. Après quil eut tout perdu contre luy, & qu'il luy en faifoit la guerre, il luy dit: *Chadieu Beniſt* (b), (car c'eftoit fon jurement quand il eftoit fafché; & quand il eftoit en fes bonnes, il juroit: *Chardon Beniſt*,) *Pape joue-moy cinq cent efcus fur une de mes oreilles racheptable dans huit jours. Que fi je ne la rechepte, je te la baille à couper, & en faffes un paſté, fi tu veux, & le manges*. Le Pape le prit au mot, & confeffa après que s'il ne l'euſt ra-

(a) Cette guerre commença en 1508.
(b) Le ton grenadier du père de Brantôme, n'étoit pas fait pour effaroucher Jules II. Ce pontife avoit plutôt lui-même les goûts d'un foldat que ceux d'un prêtre.

G iij

cheptée, il ne luy eust pas fait couper; mais il l'eust obligé tellement à luy, qu'il l'eust contraint de ne bouger d'avec luy de six mois, pour luy tenir compaignie, qu'il trouvoit très-aymable comme vous oyrez cy-après. Mais mon pere s'asseuroit si bien de son fait, & du recouvrement de son oreille, qu'il ne s'en soucyoit point quand il l'eust perdue, comme il luy dit despuis; car il avoit tant d'amys à l'armée, qu'il eust trouvé tousjours plus de deux mille escus à emprunter. Ils se remirent donc à jouer, & la fortune voulut que mon peré se racquitast de tout, fors d'un fort beau coursier, & d'un fort beau petit cheval d'Espaigne, & une fort belle mule, que le Pape coupa queuë au jeu, & garde ces trois, & ne voulut plus jouer. Mon pere luy dit: *Eh, chadieu, Pape, laisse-moy donc mon cheval d'Espaigne pour de l'argent,* (car il l'aymoit fort,) *& garde le coursier pour te faire tomber & rompre le cou, si tu y montes dessus, car il est trop rude pour toy. Et pour la mule, garde-la, & F... la, si tu veux; mais garde qu'elle rue, & qu'elle ne te rompe une jambe.* Le Pape ryoit si fort, qu'il ne s'en put arrester, tant il prenoit plaisir à ses naïfvetez & paroles. Le Pape après luy dit: *Je feray mieux. je vous rendray vos deux chevaux, mais non la mule, & vous en donneray deux autres beaux, si vous me* voulez tenir compaignie jufqu'à Rome, & y demeurer deux mois avec moy. Et pafferons bien le temps, fans qu'il vous en coufte rien. Mon pere luy refpondit : *Chadieu, Pape, quand tu me donnerois ta mitre & ta calotte, je n'en ferois rien : & pour ton bien, je ne quitterois pas Mon Général ny mes compaignons. Adieu vous, garniment.* Et le Pape à rire, & les grands Capitaines François & Italiens, qui s'eftonnoient & ryoient auffi de la franchife de parler de mon pere, lefquels fi révéremment parloient toujours à Sa Sainĉteté. Enfin, le Pape voulant partir, luy fit un adieu le plus honnête du monde, & luy dit : *Que voulez-vous de moy ? vous l'aurez.* Le Pape, penfant qu'il vouluft demander fes chevaux, il ne luy demanda autre chofe, fi-non une licence & difpenfe de manger en Carefme du beurre, d'autant qu'il ne pouvoit manger l'huile d'olive, ny de noix ; ce que le Pape luy octroya ayfément, & luy en fit defpecher une bulle pour luy & les fiens, qu'on a veue au tréfor de noftre maifon long-temps, je ne fçay fi elle y eft encore.

La guerre de Lombardie continua, où mon pere s'y trouva toufjours, & puis en la bataille de Ravenne (a), où il fut encore bleffé, & ayant demeuré l'efpace de trois ans en ces Pays & guerres,

(a) En 1512.

il s'en retourna avec ses compaignons en France, & à la Cour, où il trouva à dire la Reyne Anne (a) sa bonne maistresse morte, qui l'attrista grandement; car elle estoit toute son esperance & son support. Elle l'aymoit & l'appelloit *sa nourriture*, & estoit fort ayse quand elle oyoit dire tant de bien de luy. Le Roy en fit grand cas, & luy fit très-bonne chere.

Il s'en vint en sa maison voir son pere & sa mere, qui le receurent ne faut point demander avec quelle joye; & n'y vint point gueux nullement, ny en l'équipage qu'il alla; car les grands chevaux, & tout l'équipage valoient plus de deux mille escus, qui estoit beaucoup de ce temps-là, avec de fort honnestes gens. Entre autres, il mena un honneste maistre Pallefrenier qui s'entendoit bien en chevaux, qui estoit de ce temps comme un créat d'aujourd'hui. Il a vescu cent ans. Je l'ay veu, mais fort vieux; encore montoit-il quelquefois à cheval tout vieux qu'il estoit. Il s'entendoit très-bien à la maladie des chevaux, & nous l'appellions le *bon-homme*, & qui nous racontoit bien des jeunesses & vaillances de mon pere. Il devint aveugle de vieillesse, & laissa des

(a) François de Bourdeille ne revint donc en France qu'en 1514, puisque la Reine Anne de Bretagne mourut le 9 Janvier de cette année.

enfans assez honnêtes gens, mais non pareils à lui.

Le Roy Louys XII mort (a), que ce beau voyage du Roy François se présenta delà les monts pour la journée de Marignan, mon pere y va. Car ny pere, ny mere, ny tout le monde ne l'eust pas sçeu retenir. Car il estoit du tout à luy, & ne vouloit être subject à personne du monde, & ne voulut jamais avoir charge ny de Capitaine, ny de Lieutenant, ni d'Enseigne, ny de Guydon; rien de tout cela, tant il s'aimoit, & luy & sa douce liberté : ainsi que tous nous autres, & sur-tout moy, avons esté de ceste humeur, dont mal m'en a pris pour mon advancement. Il se trouve donc à ceste guerre & bataille de Marignan (b), combattant sous l'estendart de Monsieur de Bourbon, qui l'aymoit extrêmement, pour des raisons que diray ci-après, & en fit au Roy de très-bons & hauts rapports : ainsi qu'il se fit ce jour-là paroistre à clair, & le Roy luy voulut dès-lors donner Charge, & le faire Lieutenant des cent Hommes d'armes de son oncle René Bastard de Savoye (c) ; mais point. Après la ba-

(a) *Le pere du peuple*, (car l'histoire lui a décerné ce beau nom,) mourut le premier Janvier 1515.

(b) On combattit pendant deux jours à Marignan, le 13 & le 14 Septembre 1515.

(c) On ne voit point que le sieur de Bourdeille ait eu

taille gagnée, il demeura à Milan quelque temps avec Monsieur de Bourbon, Lieutenant-Général du Roy, & puis s'en retourna en France avec lui.

Estant en France, sa mere s'advisa de le marier, car son pere estoit mort, pour le retenir, afin qu'il fust arresté, & n'allast plus traverser ny vagabonder le monde, & trotter tant qu'il avoit fait, & que le seul mariage, disoient ses parens, le pourroit arrester. Sur ce, il espousa ANNE DE VIVONNE, ma mere, une fort honneste & sage Damoiselle, & pour lors fille d'une des bonnes & riches Maisons de Guyenne, voire de France, & fille de Messire André de Vivonne, Sénéschal de Poictou, Chambellan du Roy, & Gouverneur de Monsieur le Dauphin, & fille aussi de Madame Louyse de Daillon, sa mere, de ceste grande Maison du Lude, Dame d'honneur de la Reyne

---

d'autre grade que celui d'homme d'armes. Il servit d'abord dans la compagnie du duc de Valois. Après l'avénement de ce prince à la couronne, cette compagnie passa au bâtard de Savoye, comte de Villars ; au surplus, Bourdeille avoit pour compagnons François de Mareuil, Guy de Laval, Descars, Polignac, Vivonne, Clermont, &c. Alors on ne prétendoit pas être mestre de camp, ou colonel au sortir de la bavette. Avant d'aspirer à commander, on apprenoit l'art difficile pour des François de savoir obéir. Cet usage ne dura pas ; l'empire des femmes l'abolit sous les règnes suivans.

de Navarre, Marguerite, sœur du Roy François. Ceste fille, Anne de Vivonne, fut fort aymée & chérie de son pere & sa mere : & falloit bien qu'ils eussent en grande estime Monsieur de Bourdeille, & que Monsieur le Séneschal, qui estoit un des habiles hommes de son temps, & qui avoit beaucoup veu, mesme avoit fait le voyage du Royaume de Naples avec le Roy Charles VIII, l'avoit cognu & remarqué pour un fort honneste homme & de grande valeur. Et bien qu'il fust recherché de fort grands partis, & plus riche que Monsieur de Bourdeille, si est qu'il eut la préférence sur tous autres de sa fille : car il disoit qu'il estoit d'une très-grande & des plus anciennes Maisons de Guyenne, & très-brave & vaillant, & sur-tout très-homme de bien & d'honneur. Pour toutes ces raisons, il lui bailla sa fille, qui n'avoit que treize ans quand il l'épousa, qu'on craignoit qu'il la gastast, & ne pust jamais avoir enfants ; car il avoit un advitaillement si grand & avantageux, qu'il eust fait peur & appréhension à une femme d'un plus grand age.

Lorsqu'il l'épousa, il n'eut pas de mariage, que vingt mille francs, qui estoient beaucoup pour lors, & comme aujourd'hui quarante mille ; mais son pere la rappella puis après, ainsi qu'en est la coustume de Poictou : & depuis, en hérita de plus de soixante mille escus, tant en terres que les beaux meubles d'Amville, qui eſtoient lors des plus beaux qui fuſſent en maiſon de Guyenne.

Elle fut ſuperbement habillée pour ſes nopces : car la Reyne Anne, qui eſtoit ſa maraine, & qui aymoit ſinguliérement Monſieur le Séneſchal, voire d'amour (a), luy légua par teſtament deux robbes de drap d'or, deux de toille d'argent, & deux de damas rayé d'or & d'argent, ainſi que ceſte façon en couroit pour lors. Elle luy ordonna auſſi deux paires de brodures, belles & riches, ainſi que la façon en couroit pour lors.

Monſieur le Séneſchal ſon pere, & Madame la Séneſchale ſa mere, qui en avoit eu des belles de Madame de Bourbon, avec qui elle avoit eſté nourrie fille, & l'aymoit fort, luy firent auſſi de beaux préſents, tant de robbes que brodures. Les nopces (b) furent fort ſomptueuſes & magnifiques, & bien fort auſſi les amenances, qui ſe firent à la Tour-Blanche & à Bourdeille. Car, ainſi que j'ay ouy dire à ma tante de Grezignat, allerent au-devant de la mariée juſqu'aux portes

---

(a) Brantôme auroit bien dû s'expliquer ſur cet amour : s'agiſſoit-il de cet attachement pur & délicat, que les loix de la chevalerie autoriſoient. En admettant le contraire, Brantôme ſeroit en contradiction, avec tout ce qu'il dit ailleurs d'avantageux, ſur le compte d'Anne de Bretagne.

(b) Ce mariage ſe fit le 9 Mars 1518.

d'Angoulesme trois cent Gentilshommes en deux bandes, l'une menée par Monsieur de Bourdeille, & l'autre par Monsieur de Grezignat, son frere. Ceux de Monsieur de Bourdeille estoient vestus de grandes casaques de velours cramoisy à l'Albanoise, & les chevaux bardez de mesme. Ceux de Monsieur de Grezignat, de velours jaune, parce que c'estoient les couleurs de la mariée jaune & rouge: le tout pourtant aux despens de mon pere. La mariée estoit montée sur une hacquenée blanche, harnachée de velours cramoisy & argent, fort superbement; & la faisoit très-beau voir à cheval, car elle s'y tenoit fort bien, & paroissoit très-belle comme de vray elle l'estoit, & fort agréable, ainsi que tesmoigne son portrait représenté dans le Sépulchre d'Amville, & ceux de Catherine & Jehanne, l'une Religieuse à Fontevaux, & Jehanne qui fut Madame de Dampierre, toutes trois représentant les trois Maries.

Ladite Dame de Bourdeille avoit six Damoiselles après elle, toutes montées sur hacquenées, que mon pere avoit données, avec harnois de velours noir. Entre autres estoient à elle les deux Marignys, l'aisnée mariée à Urfé, & l'autre à Chemeraut, d'où sont sortis MM. de Chemeraut qui sont annuit (a), une fille de Saveille, riche

(b) Vieux mot qui signifie *aujourd'hui*.

héritiere, & mourut à la Tour-Blanche, & enterrée à Cercles, paroisse de ladite Tour-Blanche.

Elle avoit aussi trois Pages, dont un de la Maison de Lammary, parent de la Maison de Bourdeille, qui estoient vestus de velours rouge pourpre, doublé de blanc, avec des bandes de velours noir bordé d'argent, parce que c'estoient les couleurs de la Maison de Bourdeille : blanc, noir & rouge (a).

Bref, le convoy de ces nopces fut des plus pompeux & superbes qu'on avoit vus il y avoit long-tems en Maison de Guyenne.

Or, chacun pensant que cette belle femme arrestast mon pere de ne plus trotter, & que ce lien de mariage le liast tellement qu'il ne bougeast plus sans aller tant voyager, il les trompa bien tous ; car ayant touché argent frais, (bien que son pere durant son vivant ne luy espargnast jamais rien, quand il le vit si honneste homme pour paroître sur tous ; car mon grand-pere estoit très-riche de grands biens & moyens, & luy donnoit un entretien très-grand & digne d'un petit

―――――――――

(a) Ces trois pages & livrée de Bourdeille, au mariage d'Anne de Vivonne, ont été tirés de six grandes mains de papier écrites de la main de Brantôme, qu'on a perdues à la mort de Quinet, directeur de l'opéra vers 1712, à qui on les avoit données pour faire imprimer la *vie de Brantôme*.

Prince ;) il tourne encore delà les monts trouver M. de Lautrec, qui l'aymoit extrêmement, & qui estoit lors (a) Lieutenant de Roy, & y va avec un fort beau & riche équipage de guerre, & avec luy six ou sept Gentilshommes de ses Terres, dont le Sieur du Plessac en estoit un, à qui j'en ay ouy discourir.

Ne faut point demander si Monsieur de Lautrec luy fit bonne chere, se voyant renforcé d'un si honneste & brave Gentilhomme, lequel il voulut plusieurs fois honorer de Charges ; mais rien moins ; il n'y voulut entendre, & demeura par-delà un an & demy sans en bouger, faisant toujours quelque beau coup digne de sa main. Mesme un jour, ainsi que m'a dit une fois Monsieur de Brouillac, qui estoit aussi avec luy, près de Cremone, il y eut un Capitaine Espaignol, ou Italien, qu'on tenoit pour un très-bon Gendarme, qui demanda à donner un coup de lance, ayant un ruisseau entre deux, & assez gros, si qu'on ne pouvoit aller à luy sinon sur un petit pont de bois, que les tables trembloient toutes, & à demy-usées. Feu mon père prend un cheval d'Espaigne, sans dire garre, & passe sur ce pont, si viste & si légérement, avec la plus grande course de son cheval qu'il luy put donner de l'esperon,

(a) En 1521.

qu'il passe de-là, va à son homme, luy donne un si grand coup de lance, qu'il le porte d'un costé par terre à demi-mort, la selle de son cheval va d'un autre costé, & le cheval de l'autre ; & ayant fait cela, s'en retourne sur le mesme pont, avec mesme vistesse & prestesse qu'il avoit fait en allant, avec un grand estonnement de tous les regardans, & crainte que luy & son cheval ne fondissent & pont & tous dans l'eau, & tourne sain & gaillard, & dit depuis, que s'il ne fust advisé de prendre ce cheval léger & viste, & en eust pris un plus fort, ou coursier, ou roussin, & ne fust allé ainsi viste, & d'aller le pas, il se fust rompu le cou, ou noyé, & tombé & le cheval & tout. Il fut fort estimé de ce coup, & des François, & des Espaignols & Italiens : & parla-t-on fort de la bonne & rude lance du Seigneur de Bourdeille, ensemble de son espée & de son bras ; car il l'avoit fort robuste & fort nerveux, sans trop garniture de chair.

Ayant de mesme de-là les monts esté en très-bonne réputation, & fort aymé des François ; car il tenoit très-bonne table, despensoit tout, donnoit fort, estoit fort libéral ; quand il voyoit un honneste homme, qui avoit faute d'un bon cheval, ou autre qui lui en demandoit un, aussi-tost il luy donnoit. J'ay ouy compter à M. de Brouillac, que le premier cheval de guerre & d'ordonnance

qu'eut

qu'eut jamais Monsieur de Burie, mon pere le-luy bailla. Aussi ne le celoit-il pas, & le disoit souvent, & honoroit fort mondit pere, & le venoit voir souvent en sa maison quand il y fut retiré, & luy portoit grand honneur & respect, & parloit toujours du bon temps avec toutes les louanges de mondit pere, bien qu'il eust eu dans le Piedmond & au Royaume de Naples, de belles charges. J'ay veu cela, estant fort petit garçon, une fois à la Feuillade. Aussi mon pere luy pourchassa son mariage avec sa femme, qui estoit sa cousine germaine, de la maison de Belleville ; & jamais mondit pere ne l'appelloit que cousin, ou castron, parce qu'il estoit de Sainctonge ; car il avoit ceste humeur & coustume, que guieres il n'appelloit les personnes par leur nom ou surnom, ou de leurs Seigneuries, mais leur en imposoit quelqu'un, comme souvent il se verra en ce Discours.

Pour retourner encore à sa libéralité, feu Monsieur d'Essé (a), ce grand Capitaine depuis eut aussi de luy son premier cheval de guerre qu'il eust jamais, & luy donna avec une très-belle & bonne espée dorée. Il le disoit par-tout, comme

(a) André de Montalembert, sieur d'Essé, célèbre par la défense de Landrecy, & par beaucoup d'autres exploits. Il ne lui manqua pour arriver aux grandes places, que d'être courtisan : avec François I il falloit l'être.

Tome LXIII. H

je l'ay ouy compter à Madame de Dampierre, & à ma sœur *de la Chapelle* (a), qui luy ont ouy dire souvent. Aussi ne fut-il jamais ingrat; car tant qu'il a vescu, il a toujours fort honoré nostre Maison, d'autant qu'il avoit esté nourry Page de feu Monsieur le Sénefchal mon grand-pere, & disoit avoir bercé cent fois ma mere : & ne voulut jamais laver avec Madame la Sénefchale ma grand-mere, bien qu'il fust esté Lieutenant de Roy en Escosse, & ne lavoit jamais qu'avec ses deux filles, ma mere & ma tante de Dampiere. Mon pere ne l'appelloit jamais que *Landrecy*, parce qu'il avoit léans tenu le siege, avec le Capitaine la Lande, si bravement contre l'Empereur Charles.

Mon pere aussi donna son premier cheval de guerre, pour aller aux Ordonnances sous Monsieur de Montpezat à Foussan (b), à Monsieur de Saint-Martin de Lisle de Périgord, d'où sont sortis ceux de Lisle-Dieu ; & me souviens de l'avoir veu une fois à la Feuillade, qui vint voir mon pere,

---

(a) Ce passage de Brantôme sembleroit résoudre le problème qu'ont élevé les éditeurs de ses œuvres, (Tome I, de l'édition de Bastien, page 26,) en disant que dans les titres de la famille de Bourdeille, il n'est fait aucune mention d'une troisième sœur de Brantôme, qu'on prétend avoir épousé, le seigneur de la *Chapelle-Faucher* en Périgord.

(b) Fossano.

& ne se voulut jamais (a) laver avec luy, tant il luy portoit honneur & respect, & le disoit estre cause de son advancement, quand il l'envoya aux Ordonnances, & le bailla à Monsieur de Montpezat, son cousin, qu'il luy recommanda fort. Aussi luy bailla-t-il la commission d'aller le premier parlementer à Foussan avec Antoine de Leve. Et puis, quand la Savoye fut conquise, il fut fait Gouverneur & Capitaine du Chasteau de Montmelian. Voilà son advancement par le moyen de mon pere, lequel ne l'appelloit jamais que grand vilain pendard, non qu'il ne fust de très-bonne Maison, mais parce qu'il estoit grand, gros, puissant, & fort comme un vilain (b). C'est assez pour le coup parler de ses libéralitez, jusqu'à une autre fois.

Quand l'entrevue du Roy François, & Roy Henry d'Angleterre, se fit à Ardres (c), mon pere s'y trouva, où il y eut de grandes magnifi-

(a) C'étoit une grande marque de respect de ne pas se laver les mains avec celui qu'on regardoit comme son supérieur. De nos jours l'étiquette est plus commode : chacun en arrivant à table, a soin d'avoir les mains nettes.

(b) Le reproche est assez plaisant : pour avoir l'air noble faut-il être exigu & fluet ? En ce cas nos jeunes seigneurs sont bien partagés de ce côté là.

(c) Ce fut en 1520.

cences, & sur-tout de joustes & tournois. Madame la Régente lui fit commandement exprès de n'entrer en tournois, & luy deffendit la jouste, sous peine de grande désobeyssance, & principalement contre le Roy son fils, bien qu'il fust un des bons Hommes d'armes de son Royaume : mais mon pere l'estoit bien plus, & souvent en avoient fait la preuve, & s'estoient essayez & tastez ; & Madame la Régente craignoit qu'il ne le fist chanceller, & quitter l'estrieu, & par ainsi qu'il en eust receu une honte devant une si belle assemblée.

Cette deffense fascha fort à mon pere ; car il se vouloit fort faire paroistre pour tel qu'il estoit. Au pis aller, ne pouvant mieux, & les mains luy démangeant, il se mit un jour sur les rangs, & comparoist sur un de ses mulets de coffre, & avec ses sonnettes il fait trois ou quatre courses sur ledit mulet qui couroit bien, & rompt trois ou quatre lances d'une grande & belle force & roideur, & puis se retira. J'ay ouy compter cela à ma mere, qui lors y estoit, & sur l'eschaffaut des Dames qui arregardoient, que quand l'on vit entrer ce Gendarme, & en tel équipage, & qu'on eut dit que c'estoit le Seigneur de Bourdeille, elle en demeura si fort estonnée, qu'elle se mit à rougir & demeurer un peu muette, & dire après qu'elle eust voulu avoir donné beaucoup, qu'il n'euſt ainſi comparu, de peur qu'il ne fiſt quelque faute. Mais quand elle vit qu'il eut ſi bien fait, elle ſe raſſeura, & ſe resjouit bien fort, mais bien encore plus, quand il y eut un grand Anglois fort & puiſſant Gendarme, qui esbranſloit tous nos François, & luy fut commandé par le Roy, & Madame la Régente, d'aller parler un peu à luy. Il monta ſoudain ſur un grand courſier fort, & alla à luy. De la premiere courſe, il le fit chanceller, & luy fait toucher la lice ; de la ſeconde, il le porta par terre tout-à-trac, dont le monde s'en esbahit fort ; car il eſtoit l'une des rudes lances de l'Angleterre ; & à mon pere reſta une grande gloire.

Et pour ce, le Roy Henry (a) le prit en ſi grande amitié, qu'il ne le voyoit pas à demy, & le mena avec luy en Angleterre, pour un mois, paſſer le temps : là où il le menoit ſouvent à la chaſſe des oyſeaux & des chiens ; & parce qu'il vit que les ſiens n'eſtoient pas des bons, ny pour la perdrix, ny pour le lievre, il luy dit, qu'il luy en vouloit bailler une demy-douzaine des ſiens, qui eſtoient bien autres en beauté & bonté, & tous noirs comme taupes. De quoy le Roy fut fort ayſe, & l'en pria de les luy envoyer quand il ſeroit de re-

(a) Henri VIII, Roi d'Angleterre.

tour chez luy; à quoy mon pere ne faillit. Et après avoir pris congé du Roy, il luy fit préfent de deux belles boëtes d'Angleterre & voulut qu'il fift mettre fes armoiries dans l'Eglife de Saint-Paul à Londres, fur le grand vitrail; ce qu'il fit: & les y ay vues paroiftre bien avec ces deux grandes pattes de griffon, qu'il faifoit beau voir, lefquelles mon frere d'Ardelay & moy vifmes & remarquafmes quand nous eftions en Angleterre.

Mon pere donc eftant de retour à la Cour, le Roy François luy fit bonne chere, & luy demanda force nouvelles de celle que le Roy Henry luy avoit faite, & puis il luy dit : *Vous gouverniez paifiblement le Roy mon frere. Il n'y a que pour vous.* Mon pere luy dit : *Ah! Chadieu, il eſt vray, Sire Roy, je le gouverne mieux que je ne vous gouverne, & l'euſt encore mieux gouverné, ſi j'euſſe voulu demeurer avec luy. Car il m'a préſenté de meilleurs partis que vous ne me ferez jamais. Mais ny moy ny les miens ne fufmes jamais Anglois, ny traiſtres. Pour tous les biens du monde, je ne vous le feray jamais, ny à vous, ny à mon Pays, bien que ne me donnez pas grande occaſion de me contenter de vous.* Le Roy ſe mit à rire, & luy dit, qu'il ne tiendroit qu'à luy qu'il ne fuſt content de luy, & qu'il luy demandaſt. *Ah! Chadieu beniſt!* dit-il, *vous autres Roys vous promettez prou, quand vous avez affaire des gens-de-bien ; & puis rien : mais que vous ayez vos petits mignons près de vous, vous ne vous souciez de personne.*

Or, mon pere estant retourné en sa maison, il ne faillit pas d'envoyer audit Roy Henry le présent de ces chiens noirs, qui furent à la demy-douzaine des plus grands & forts Espaigneuls que l'on eust sceu voir, & des plus beaux, & des meilleurs. Il y avoit quatre chiens & deux chiennes, tous couplez bien gentiment. La Souche, qui avoit esté son laquais de-là les monts, & estoit pere de Pechonpe, les mena. Ne faut point demander comment le Roy les trouva beaux & bons, après les avoir essayés, & en loua cent fois mon pere. Il bailla à la Souche cinquante escus pour s'en retourner, & une chaisne de cinquante escus qu'il portoit au cou. Quand il arriva, il se présenta à mon pere avec son habillement de velours noir ; que mon pere l'avoit ainsi habillé avant que de partir ; si bien qu'on l'eust pris pour un Gentilhomme ; car il estoit de fort belle & haute taille, & avoit encore amené une fort belle Guilledyne (a) à mon pere, que le Roy luy envoyoit. J'ay ouy faire ce discours au bon homme feu Lieutenant de la Tour-Blanche, qui avoit vescu quatre-vingt ans, qui estoit présent

(a) Jument Angloise.

à l'arrivée dudit la Souche, qui faisoit si bien sa mine, & se targuoit & se roguoit (il m'usoit de ce mot) qu'il ne faisoit cas de personne avec sa belle cadene, & la portoit ordinairement, & disoit qu'il avoit gouverné le Roy Henry à la chasse, & par-tout, & qu'il ne luy faisoit que souvent demander des nouvelles de son maistre, & qu'il le desiroit cent fois près de luy : & disoit que c'estoit un bon Roy, & qu'il avoit vescu toujours en sa maison Royale, & avoit commandé de luy faire boire de bon vin; car ces Gascons, disoit-il, l'ayment autant que les Anglois, leurs anciens freres & compagnons.

Cedit Lieutenant me fit ce conte à propos qu'un jour, parlant & devisant avec luy, je luy dis que j'avois veu parmy les Espaigneuls de la chasse de la Reyne d'Angleterre deux douzaines de chiens noirs, les plus beaux que je vis jamais, & que j'avois opinion que mon pere en eust tiré de-là la race des siens. Ce bon homme Lieutenant me repliqua : *Ah ! Monsieur, c'est tout au rebours ; car feu Monsieur vostre pere y envoya cette race, puisqu'elle y dure encore* : & puis me fit tout ce conte de cy-dessus.

Et quand la bataille de Pavie (a) se donna, mon

_____
(a) En 1525.

pare s'y trouva sans aucune Charge; car il n'en vouloit pas, mais pour son plaisir. Il y fit très-bien, comme il.....

Nous ajouterons au récit de Brantôme que François de Bourdeille, son pere, fut blessé dangereusement à la bataille de Pavie. Il combattoit à côté du vertueux la Tremoille (a) qui y perdit la vie. François de Bourdeille fut présenté à la Cour par André de Vivonne son beau-pere, qui alors y étoit fort accueilli. Cela lui valut une des places de Pannetier de François Ier: ce titre, & la modicité des gages qui montoient à 400 liv. par an, n'offrent rien d'imposant, si on en juge par comparaison avec les traitemens de toute espece accordés de nos jours. Mais on doit se rappeller qu'à cette époque on recherchoit moins le lucre, que l'honneur d'approcher de la Personne du Souverain. On n'avoit point encore contracté l'habitude de tout mesurer au poids de l'or. Le noble, fier & vertueux, auroit rougi d'accroître sa fortune aux dépens du fisc. Quant au titre de *Pannetier*, dont François de Bourdeille étoit revêtu, quels sont ceux de nos modernes élégans, qui ne se feroient pas honorés d'avoir pour collegues dans l'office en question Antoine de la Rochefoucaut, Sei-

(a) Voyez ses mémoires, Tome XIV de la collection, page 235.

gneur de Saint-Amant ; André de Cruſſol, Sénéchal de Beaucaire ; Jean de Lévis, Seigneur de Mirepoix ; Louis de Rochechouart, Seigneur de Mortemar, & tant d'autres qu'il eſt inutile de nommer ? Nous obſerverons encore que Blaiſe de Montluc (depuis Maréchal de France) avoit été Gentilhomme (a) ſervant du Roi, & qu'il conſidéra cette place comme une récompenſe. Enfin qu'on parcourt l'état de la Maiſon de nos Rois juſqu'à l'extinction de la Dynaſtie des Valois, on ſe convaincra que ce ſervice perſonnel fut l'objet des vœux de tout ce qu'il y avoit de plus diſtingué en France. L'inſtitution étoit calculée ſur des motifs d'utilité publique : on vouloit que des hommes fiers des vertus & des hauts faits de leurs ancêtres, nourris dès le berceau du deſir ardent de leur reſſembler, entouraſſent le Monarque. L'âpreté de leur caractere, & la conſcience de ce qu'ils valoient, ſembloient devoir éloigner du trône les flagorneries & l'adulation. Le Prince apprenoit à connoître ceux qui devoient être ſes Généraux, ſes Miniſtres, & les Agens du pouvoir exécutif. Il retrouvoit ces mêmes hommes, qui le ſervoient, à côté de lui dans les combats. Pour que ces vues ſe fuſſent toujours accomplies, il auroit fallu que

---

(a) Liſez ſes mémoires, Tome XXII de la collection, page 434.

la Cour ne devînt point un cloaque de corruption.
Une Reine apporta d'Italie l'art de l'intrigue, &
celui de travailler les peuples en finance. La dépravation des mœurs datoit déjà du regne précédent. Tous ces maux s'amalgamèrent. Les courtisans eux-mêmes s'avilirent : on ne réuffit plus
qu'en devenant bas valet, ou lâche flatteur. François de Bourdeille ne fut témoin que du commencement de ces défordres. S'il étoit tel que fon fils
Brantôme nous le repréfente, *fcabreux, haut à la
main, mauvais garçon*, il n'eft point furprenant
que la Cour lui ait déplu, & qu'il fe foit éloigné
d'un lieu, où, pour avoir des fuccès, il falloit
ramper. Peut-être l'efpece de difgrace qu'éprouva
fon beau-pere (André de Vivonne) influa-t-elle
fur fes dégoûts. Vivonne avoit été lié intimement
avec la mere de François Ier avant fon avénement
au trône. Alors Louife de Savoye, qui careffoit
tout le monde, & fur-tout la Nobleffe, appeloit
Vivonne *fon bon coufin & fon voifin*. Du moment
qu'elle eut porté le titre de Régente, elle établit
vifiblement une ligne de démarcation entre elle &
fes anciens amis. L'orgueilleufe Princeffe n'eut plus
de *coufins*. Vivonne demanda quelques graces, &
fut refufé. L'altier Sénéchal de Poitou, s'irrita.
Bleffé de ce qu'il nommoit ingratitude, il ne ménagea pas fes expreffions. Louife de Savoye ne
pardonnoit jamais; & on étoit fûr d'avoir to-

auprès de François Ier, quand on vivoit mal avec sa mere, ou avec ses maîtresses. Vivonne, regardé de mauvais œil, se retira. Son gendre prit le même parti. La Dame de Bourdeille cependant, en restant toujours attachée à la Reine de Navarre (Marguerite, sœur de François Ier) conserva une portion de crédit, qui réjaillit sur son époux. On l'employa dans diverses expéditions. Mais il n'en résulta pour François de Bourdeille ni grades, ni récompenses. On ignore la date précise de sa mort; tout ce que l'on sait, c'est que la considération dont sa veuve continua de jouir, fut utile à ses enfans, qui par leur courage se montrerent dignes de leur pere.

Fin de la Vie de François de Bourdeille.

DAMES ILLUSTRES FRANÇOISES ET ÉTRANGERES.

DISCOURS PREMIER.

De la Reine Anne de Bretagne.

Puisqu'il me faut parler des Dames, je ne me veux amuſer aux anciennes, dont les Hiſtoires ſont toutes pleines ; & ne ſeroit qu'en chafourer le papier en vain : car il y en a aſſez d'eſcrit ; & meſme ce beau Bocace en a fait un beau Livre à part (a). Je me contenteray d'en eſcrire d'aucunes, particuliérement & principalement des noſtres de France, & de celles de noſtre temps, ou de nos peres, qu'ils n'ont pu raconter.

Je commenceray donc par noſtre Reyne Anne de Bretagne, la plus digne & la plus honorable

---

(a) Cet ouvrage de Bocace, a pour titre *De claris Mulieribus Liber*, imprimé à Ulm, par *Jean Zainer*, dès 1473, *in-folio*, qui l'imprima auſſi la même année en Allemand. On le traduiſit peu après en François ſous ce titre : *Des nobles & cleres Femmes* ; il fut ainſi imprimé à Paris, chez *Ant. Verard*, en 1493, *in-folio*, & diverſes autres fois depuis.

Reyne qui ait efté depuis la Reyne Blanche, mere de St. Louis, fi fage & fi vertueufe, jufques à fon regne.

Cette Reyne Anne donc fut riche héritiere de la Duché de Bretagne, qu'on tient une des plus belles de la Chreftienté, & pour ce fut recherchée des plus Grands. Monfieur le Duc d'Orléans, qui depuis fut le Roy Louis XII, en fes jeunes ans la rechercha fort, & pour elle fit de beaux faits d'armes en Bretagne (a), & mefme en la bataille de Saint-Aubin, où il fut pris combattant à pied, & à la tefte de fon Infanterie. J'ay ouy dire que cette prife fut caufe qu'il ne l'efpoufa (b) alors ; fur laquelle intervint Maximilian, Duc d'Auftriche, depuis Empereur, qui l'efpoufa par les mains du Prince d'Orange fon oncle, dans la grande Eglife de Nantes : mais le Roy Charles

(a) La bataille de Saint-Aubin fe livra en 1488, (voyez les mémoires de la Tremoille, Tome XIV de la collection, page 105 & 142).

(b) La captivité de Louis XII, (alors duc d'Orléans, naifit certainement aux fpéculations qu'il pouvoit faire par rapport à la main d'Anne de Bretagne : mais il avoit perdu fon plus grand appui en ce pays-là, par la mort de Landais, favori du duc de Bretagne. Ce Landais, que les Bretons pendirent, avoit imaginé cette alliance pour affermir fon crédit. (Commentaires de Beaucaire, page 108).

VIII, ayant advisé avec son Conseil, qu'il n'estoit pas bon d'avoir un si puissant Seigneur, ancré & empiété dans son Royaume, rompit le mariage qui s'estoit fait entre lui & Marguerite de Flandres, & osta ladite Anne à Maximilian son compromis (a), & l'épousa; de sorte qu'aucuns ont conjecturé là-dessus, que le mariage de l'un & de l'autre, ainsi noué & desnoué, fut malheureux en lignée.

Or, si elle a esté desirée pour ses biens, elle l'a esté autant pour ses vertus & mérites : car elle estoit belle & agréable, ainsi que j'ay ouy dire aux Anciens qui l'ont veüe, & selon son pourtrait que j'ay veu au vif, & ressembloit au visage de la belle Damoiselle de Chasteau-neuf (b), qui a esté à la Cour tant renommée en beauté; & cela suffise pour dire sa beauté, ainsi que je l'ay veu figurer à la Reyne-Mere.

Sa taille étoit belle & médiocre. Il est vray qu'elle avoit un pied plus court l'un que l'autre,

(a) C'est-à-dire son conjoint. Maximilien n'oublia jamais cet affront, & c'étoit là le premier article inscrit sur ce qu'il appeloit son livre rouge.

(b) Veut-on connoître la belle Châteauneuf; nous invitons à lire les observations sur les mémoires du duc de Bouillon, Tome XLVII de la collection, page 458 & 459.

le moins du monde ; car on s'en appercevoit peu, & mal-aifément le connoiſſoit-on : dont pour tout cela ſa beauté n'en eſtoit point gaſtée ; car j'ai veu beaucoup de très-belles femmes avoir cette légere défectuoſité, qui eſtoient extrêmes en beauté, comme Madame la Princeſſe (a) de Condé, de la Maiſon de Longueville.

Encore dit-on, que l'habitation d'ycelles femmes eſt fort délicieuſe, pour quelque certain mouvement & agitation qui ne ſe rencontre pas aux autres. Voilà la beauté du corps de cette Reyne.

Pour celle de l'eſprit, elle n'en eſtoit pas moindre ; car elle eſtoit très-vertueuſe, ſage, honneſte & biendifante, & de fort gentil & ſubtil eſprit. Auſſi avoit-elle eſté nourrie par Madame de Laval (b), très-habile & accomplie Dame, qui lui avoit eſté donnée par le Duc François ſon pere pour Gouvernante. Au reſte, elle eſtoit très-bonne, fort miſéricordieuſe, & fort charitable, ainſi que j'ay ouy dire aux miens. Vray eſt, qu'elle eſtoit fort prompte à la vengeance, & pardonnoit mal-aifément, quand on l'avoit offenſée de ma-

(a) Françoiſe d'Orléans, ſeconde femme du prince de Condé, tué à la bataille de Jarnac.

(b) Françoiſe de Dinan, comteſſe de Laval, répondit à la confiance du père d'Anne de Bretagne. (Voyez ſon éloge, Tome XIV de la collection, page 282.

lice;

Discours I.

lice; ainsi qu'elle le monstra au Mareschal de Gié (a), pour l'affront qu'il luy fit, lorsque le Roy Louis, son Seigneur & Mary, fut si fort malade (b) à Blois, qu'on le tenoit pour mort. Elle, voulant pourvoir à son affaire & à son fait, en cas qu'elle vînt à estre veufve, fit charger sur la riviere trois ou quatre bateaux de tous ses plus précieux meubles, bagues, joyaux, & argent, pour les transporter en sa ville de Nantes. Ledit Mareschal, rencontrant les bateaux entre Saumur & Nantes, les fit arrester & saisir, comme par

(a) Pierre de Rohan, seigneur de Gié, a été loué par beaucoup d'écrivains, relativement à la conduite qu'il tint en cette occasion. Ils l'ont attribuée à un zèle vraiment patriotique : mais en lisant les commentaires de Beaucaire, (Liv. X, pag. 288 ;) on y trouve le mot de l'énigme. Cet historien qu'on ne connoît pas assez, nous apprend, que le maréchal de Gié agit à l'instigation de Louise de Savoye, mère de François I; ainsi ce n'est plus comme citoyen, mais comme courtisan, qu'il faut le considérer. En servant les intérêts d'une femme contre ceux d'une autre, il en fut la victime ; ces événemens ne sont point rares à la Cour.

(b) Un contemporain, en parlant du zèle de tous les ordres de l'état, à prier Dieu pour le Roi, dit que le cardinal d'Amboise *se voua à Notre-Dame de Clery, & Louis de la Tremoille à Notre-Dame de Liesse, promettant y aller à pied : chacun pour lui promettoit sa chandelle au saint où sa dévotion étoit....* (Extrait de la chronique manuscrite de France, par Jean d'Anthon).

Tome LXIII. I

trop curieux de vouloir contrefaire le bon Officier & bon Valet de la Couronne; mais la fortune voulut que le Roy, par les prieres de son peuple, duquel il estoit vray pere (a), en eschappa.

La Reyne, dépitée de ce fait, ne chauma pas sur la vengeance, & l'ayant bien couvée, le fait chasser de la Cour. Ce fut lors que ce Mareschal, ayant achevé de faire bastir cette belle maison du Verger, & s'y retirant, dit *qu'à bonne heure la pluye l'avoit pris pour se mettre si à propos à couvert sous cette belle maison, qui ne venoit que d'estre faite.* Ce ne fut pas tout que ce bannissement de Cour (1): mais par de grandes recherches qu'elle fit faire par-tout où il avoit commandé, il fut trouvé qu'il avoit fait des fautes, concussions & pilleries, ainsi qu'aucuns Gouverneurs y sont sujets; si bien que l'ayant récusé en aucunes Cours de Parlement, eut celui de Thoulouse, où son procès avoit esté envoyé & évoqué pour des raisons, & aussi que cette Cour dès long-temps a esté fort juste & équitable, & point corrompuë. Là, son procès veu, fut convaincu; mais la Reyne, ne voulant sa mort, d'autant, disoit-elle, *que la mort est le vray remede de tous*

(a) Louis XII fut atteint de cette maladie au printems de l'année 1505. (Commentaires de Beaucaire, pag. 288, Lib. X).

maux & douleurs, & qu'eſtant mort, il ſeroit trop heureux, elle voulut qu'il veſcuſt bas & ravalé, ainſi qu'il avoit eſté auparavant grand : afin que, par ſa fortune changée de grande & haute où il s'eſtoit veu, en un miſérable eſtat bas, il veſcuſt en douleurs & triſteſſes, qui luy faiſoient plus de mal cent fois que la mort; car la mort ne luy dureroit qu'un jour, voire qu'une heure, & ſes langueurs qu'il auroit, le feroient mourir tous les jours.

Voilà la vengeance de cette brave Reyne. Elle fut un jour fort marrie contre Monſieur d'Orléans, de telle façon qu'elle ne s'en put appaiſer de long-temps; d'autant que la mort de Monſieur le Dauphin eſtant ſurvenue, le Roy Charles ſon mary, & elle, en furent ſi déſolez, que les Médecins, craignant la débilité & foible habitude du Roy, eurent peur que cette douleur pût porter préjudice à ſa ſanté, dont ils conſeillerent au Roy de ſe réjouir, & aux Princes de la Cour d'inventer quelques nouveaux paſſe-temps, jeux, danſes, mommeries, pour donner plaiſir au Roy & à la Reyne. Ce qu'ayant entrepris, Monſieur d'Orléans fit au Chaſteau d'Amboiſe une maſquarade avec une Dame, où il fit tant du fol, & y danſa ſi gayement, ainſi qu'il ſe dit & ſe lit, que la Reyne, cuidant qu'il démenaſt telle allégreſſe pour ſe voir plus preſt d'eſtre Roy de France, voyant Monsieur le Dauphin mort, lui en voulut un mal extrême, & lui en fit une telle mine, qu'il fallut qu'il sortist de la Cour, & s'en allast à son chasteau de Blois. On ne peut rien objecter à cette Reyne, sinon ce seul *si* de vengeance; si la vengeance est un *si*, puisqu'elle est si belle & douce : mais d'ailleurs elle avoit des parties très-louables.

Quand le Roy son mary alla au Royaume de Naples, & tant qu'il y fut, elle sçeut très-bien gouverner (a) le Royaume de France, avec ceux que luy avoit donné le Roy pour l'assister ; mais elle vouloit tousjours garder son rang, sa grandeur, sa primauté, & estre creuë, toute jeune qu'elle estoit, & s'en faisoit bien à croire; aussi n'y trouva-t-elle à redire.

Elle eut un très-grand regret à la mort du Roy Charles, tant pour l'amitié qu'elle lui portoit,

___

(a) Beaucaire dans ses commentaires, (Liv. V, page 132,) ne parle point de cette prétendue administration, exercée par Anne de Bretagne, pendant l'absence de Charles VIII. Il dit positivement que le Monarque attribua les fonctions de Viceroi à Pierre de Bourbon, sire de Beaujeu, & qu'il se mit en marche le 10 Septembre 1594. Comines ne s'explique point sur cet article dans ses mémoires ; il observe seulement que le duc Pierre de Bourbon & sa femme firent tout ce qu'ils purent pour dégouter le jeune Roi de cette expédition.

que pour ne fe voir qu'à demy-Reyne, n'ayant point d'enfans : & ainfi que fes plus privées Dames, comme je tiens de bon lieu, la plaignoient de la voir veufve d'un fi grand Roy, & mal-aifément pouvoit retourner à un fi haut eftat, car le Roi Louys eftoit marié avec Jeanne de France, elle refpondoit, qu'*elle demeureroit pluftoft toute fa vie veufve d'un Roy, que de s'abaiffer à un moindre que luy :* toutesfois qu'elle ne défefpéroit tant de fon bonheur, qu'*elle penfaft eftre un jour Reyne de France régnante, comme elle avoit efté, fi elle vouloit.* Ses anciennes amours luy faifoient dire ce mot, qu'elle voudroit rallumer en fa poitrine efchauffée encore un peu; ce qui arriva: car le Roy Louys (a), ayant répudié fa femme, fe fouvenant de fes premieres amours qu'il avoit portées à la Reyne Anne, & n'en ayant encore perdu la flamme, la prit en mariage, comme nous avons veu & leu. Voilà fa prophétie accomplie, qu'elle fondoit fur le naturel du Roy Louys, qui ne fe put jamais en garder de l'aymer toute mariée qu'elle eftoit, & la regardoit d'un bon œil tou-

(a) On a prétendu que Louis XII, quoique fortement épris d'elle, lui fit confeiller par Dunois, fon ami, d'époufer Charles IX, & qu'il y joignit fes follicitations. Malgré ce facrifice, commandé par la néceffité, il n'étoit point étonnant que ce prince eût confervé de l'inclination pour Anne de Bretagne.

jours, estant Monsieur d'Orléans: car mal-aisément se peut-on défaire d'un grand feu, quand il a une fois saisi l'ame.

Il estoit fort beau Prince, & très-aymable (a), & pour ce ne le haïssoit pas. L'ayant prise estant Roy, il l'honora beaucoup, luy laissant jouïr de son bien & de sa Duché, sans qu'il y touchast & en prist un seul sol; aussi l'employoit bien; car elle estoit très-libérale (b): & d'autant que le Roy faisoit des dons immenses, pour lesquels entretenir il eût fallu qu'il foulast son peuple, ce qu'il fuyoit

(a) On a opposé au témoignage de Brantôme, le portrait de Louis XII, consigné par Naudé, pag. 44 & 45 de son addition, à l'histoire de Louis XI, édition de 1630. Il est certain que ce portrait n'est pas flatté; Naudé l'avoit tiré d'un ancien livre intitulé... *Barth. Coeles, Lib. II, Physiogn. Quæstio XV*... mais une autorité de cette espèce peut-elle balancer le récit de Brantôme, fortifié par celui de Comines qui, en parlant de ce Monarque, l'appelle *homme jeune, & beau personnage*. (Lisez le Tome XII de la collection, page 162).

(b) Je n'ignore pas (a dit un de ses panégyristes) que quelques-uns ont écrit que ce bon Roi, voyant que cette princesse avoit une extrême passion de dominer, lui laissa paisiblement gouverner son duché de Bretagne, & qu'ayant su qu'elle tramoit quelque chose contre sa volonté & son service, il ne s'en voulut jamais venger, disant à ceux qui l'en pressoient... *Il faut donner quelque chose à la femme pudique*... (Hilarian de Coste; vies des Dames illustres, Tome I, page 6).

comme la peste, elle suppléoit à son défaut : car il n'y avoit grand Capitaine de son Royaume, à qui elle ne donnast des pensions, & fist des présens extraordinaires, ou d'argent, ou de grosses chaisnes d'or.

Quand ils faisoient quelque voyage, ou en retournoient, & mesme en faisoient de petits, selon leurs qualitez (a) : au moyen de quoy tous couroient à elle, & peu en sortoient d'avec elle mal-contents. Sur-tout, elle a eu cette réputation d'avoir aymé ses serviteurs domestiques, & à eux fait de bons biens.

Ce fut la premiere qui commença à dresser la Cour des Dames, que nous avons veües depuis elle jusques à cette heure : car elle en avoit une très-grande suite, & de Dames, & de filles, & n'en refusa aucunes ; tant s'en faut qu'elle s'enqueroit des Gentilshommes leurs peres qui estoient à la Cour s'ils avoient des filles, & quelles elles estoient. J'ay eu une tante de Bourdeille, qui eut cet honneur d'être nourrie d'elle (b) ; mais elle

(a) *Peut-être faudroit-il lire ainsi, à reprendre depuis :* car il n'y avoit grand Capitaine de son Royaume, à qui elle ne donnât des pensions, & fit des présens extraordinaires, ou d'argent, ou de grosses chaînes d'or, quand ils faisoient quelque voyage ou en revenoient ; & même en faisoit de petits, selon leurs qualités, &c.

(b) *Louise de Bourdeille*, fille d'honneur de la Reine

mourut en sa Cour en l'afge de quinze ans, & fut enterrée au derriere le grand autel des Cordeliers à Paris; & ay veu le tombeau & une fufcription, avant que l'Eglife fuft bruflée (a).

Sa Cour eſtoit une fort belle eſcole pour les Dames (2), car elle les faifoit bien nourrir & fagement, & toutes à fon modelle fe faifoient & fe façonnoient très-fages & vertueuſes : & d'autant qu'elle avoit le cœur grand & haut, elle voulut avoir fes gardes, & inſtitua la feconde bande de cent Gentilshommes, car auparavant n'y en avoit qu'une; & la plus grande part de fadite garde eſtoient Bretons, qui jamais ne failloient, quand elle fortoit de fa chambre, fuft pour aller à la Meffe ou s'aller promener, de l'attendre fur cette petite terraffe de Blois, qu'on appelle encore la Perche aux Bretons, elle-mefme l'ayant ainfi nommée. Quand elle les y voyoit : *Voilà mes Bretons*, difoit-elle, *fur la Perche, qui m'attendent.*

Anne en 1494, à 35 livres de gages. Voyez l'*Hiſt. de Charles VIII*, édition du Louvre, 1684, pag. 708. Là on compte jufqu'à vingt-huit de ces filles, dont les cinq premières font à 100 livres, & les autres à 35 : & feize Dames foit princeffes, foit filles ou femmes de la plus haute qualité, toutes à gages plus ou moins grands.

(a) Elle le fut le 19 Novembre 1580.

Asseurez-vous qu'elle ne mettoit point son bien en réserve, mais qu'il estoit bien employé en toutes choses hautes.

Ce fut elle qui fit bastir, par une grande superbité, ce beau vaisseau & grande masse de bois, qu'on appelloit *la Cordelliere* (a), qui s'attaqua si furieusement en pleine mer avec *la Régente* d'Angleterre, & s'accrocha si furieusement avec elle, qu'ils se bruslerent & se périrent, si bien que rien n'en eschappa, fust des personnes, ou fust de ce qui estoit dedans, dont on pust tirer des nouvelles en terre, & dont la Reyne en fut très-marrie.

Le Roy l'honoroit de telle sorte, que lui estant rapporté un jour que les Clercs de la Basoche du Palais, & les escoliers aussi, avoient joué des jeux où ils parloient du Roy & de sa Cour & de tous les Grands (3), il n'en fit autre semblant, si-non de dire qu'*il falloit qu'ils passassent leur temps*,

(b) Ce combat naval eut lieu en 1513; vingt vaisseaux normands & bretons se battirent contre quatre-vingt bâtimens anglois. L'amiral François qui montoit la *cordelière*, se voyant environné par dix à douze vaisseaux anglois, accrocha l'amiral ennemi. Les feux d'artifices qu'on lançoit de part & d'autre, embrâserent les deux bâtimens: vainqueurs & vaincus, tout périt. Les autres bâtimens effrayés de cette scène terrible, prirent le large. (Commentaires de Beaucaire, Lib. XIV, pag. 422).

& qu'il permettoit qu'ils parlassent de luy & de sa Cour, mais non pourtant déréglement; & surtout, qu'ils ne parlassent de la Reyne sa femme en façon quelconque, autrement, qu'il les feroit tous pendre. Voilà l'honneur qu'il luy portoit.

Depuis il ne venoit jamais en sa Cour Prince estranger ou Ambassadeur, qu'après l'avoir veu & ouy, il ne l'envoyast faire la révérence à la Reyne; voulant qu'on luy portast le mesme respect qu'à luy, & aussi qu'il connoissoit en elle une grande suffisance pour entretenir & contenter tels grands personnages, comme très-bien elle sçavoit faire, & y prenoit un très-grand plaisir : car elle avoit très-bonne & belle grace & majesté pour les recueillir, & belle éloquence pour les entretenir; & qui quelquefois, parmi son parler françois, estoit curieuse, pour rendre plus grande admiration de soy, d'y entremettre quelques mots estrangers, qu'elle aprenoit de Monsieur de Grignols, son Chevalier d'honneur, qui avoit bien veu son monde, & pratiqué & sçeu les langues estrangeres, & avec cela de fort bonne & plaisante compaignie, & qui rencontroit bien. Sur quoy la Reine luy ayant demandé un jour quelques mots en espagnol, pour les dire à l'Ambassadeur d'Espagne, & luy ayant dit quelque petite salauderie en riant, elle l'apprit aussi-tost : & le lendemain, attendant l'Ambassadeur, il en fit le conte au Roy, qui le trouva bon, connoiſſant ſon humeur gay & plaiſante ; mais pourtant il alla trouver la Reyne, & luy découvrit le tout, avec l'advertiſſement de ne prononcer ces mots. Elle en fut en ſi grande colere, quelque riſée qu'en fiſt le Roy, qu'elle cuida chaſſer Monſieur de Grignols, & luy en fit la mine, ſans le voir quelques jours ; mais Monſieur de Grignols luy en fit ſes humbles excuſes ; diſant que ce qu'il en avoit fait, n'eſtoit que pour faire rire le Roy, & luy faire paſſer le temps ; & qu'il n'euſt pas été ſi mal-adviſé de ne l'en advertir, ou le Roy, comme il avoit fait, lorſque l'Ambaſſadeur euſt voulu venir : & ainſi, par les prieres du Roy, elle s'appaiſa.

Or, ſi le Roy l'a aymée & honorée vivante, comme vous voyez, il faut croire qu'eſtant morte, il luy en a fait de meſme ; & pour manifeſter le deuil qu'il en fit, en font foy les ſuperbes & honorables funérailles & obſeques qu'il fit d'elle, leſquelles j'ay leus dans une vieille *Hiſtoire de France*, que j'ay veu traiſner en un cabinet dans noſtre maiſon, & dont on ne faiſoit point de cas ; & l'ayant amaſſée, je les y ay remarquées ; & d'autant que c'eſt une choſe qu'on doit noter, je l'ay voulu mettre ici de mot à mot comme dit le Livre, ſans en rien changer ; car encore qu'il ſoit vieux, le parler n'en eſt encore trop mauvais : & de la vérité de ce Livre j'en ay eſté informé par ma grand-mere, Madame la Séneschalle (a) de Poictou, de la Maison de Lude, qui estoit lors à la Cour. Ce Livre donc conte ainsi.

« Cette Reyne estoit une très-honorable Reyne
» & très-vertueuse, & fort sage, & la mere des
» pauvres, le support des Gentilshommes, le
» recueil des Dames & Demoiselles & honnestes
» filles, & le refuge des sçavants hommes : aussi
» tout le peuple de la France ne se peut souler
» de la pleurer.

» Elle mourut au Chasteau de Blois (b), le
» vingt-uniesme de Janvier l'an 1513 (c), sur
» l'accomplissement d'une chose qu'elle avoit plus
» désirée, qui estoit l'union du Roy son Seigneur,
» & du Pape & de l'Eglise Romaine, en abhor-
» rant le schisme & la division. Aussi elle ne
» cessa jamais après le Roy (d), qu'elle ne s'en

(a) Il s'agit ici de Louise d'Aillon du Lude, qui avoit épousé André de Vivonne, Sénéchal de Poitou : ainsi elle étoit la bisaïeule de Brantôme.

(b) Les historiens datent sa mort du 9 Janvier. Il est assez singulier que le président Hénault, en annonçant cette date cite l'autorité de Brantôme. (Voyez son abrégé chronologique, année 1514).

(c) C'est-à-dire, l'année 1514, selon le nouveau style.

(d) Aussi lui fit-elle commettre bien des fautes contre la saine politique. Alors on ne savoit pas distinguer dans la personne du pape le pouvoir temporel du spirituel : C'étoit là le bon tems ; mais il est passé.

» remift, dont elle eſtoit fort agitée & recherchée
» grandement des Princes & Prélats Catholiques,
» autant que le Roy en eſtoit haï.

» J'ay veu à Saint-Denis autrefois une grande
» chappe d'Egliſe, toute couverte de perles en
» broderie, qu'elle avoit fait faire exprès pour
» en faire un préſent au Pape ; mais la mort la pré-
» vint. Après ſon treſpas, ſon corps demeura par
» l'eſpace de trois jours dans ſa chambre, le viſage
» tout deſcouvert, qui ne ſe monſtroit nullement
» changé par l'hideuſe mort, mais auſſi beau &
» agréable que durant ſon vivant.

» A l'entour de ſon corps y avoit douze grands
» cierges de cire blanche, tous allumez touſjours,
» juſques à ce qu'il fuſt tout embaumé & mis en
» un très-riche cercueil ; & fut miſe en la grande
» ſalle pour aucuns jours, accompagnée touſjours
» de cierges & flambeaux, & de toute ſorte de
» Preſtres.

» Le vendredy 27 du mois de Janvier, fut ſon
» corps tiré hors du Chaſteau, fort honorablement
» accompagné de tous les Preſtres & Religieux de
» la Ville, porté par gens veſtus de deuil, &
» chaperons en teſte, avec vingt-quatre des plus
» groſſes torches.

» Eſtoient les Révérends Seigneurs & Prélats,
» Eveſques, Abbez, & Monſieur le Cardinal de
» Luxembourg, pour faire ledit Office, lequel

» leva le corps de ladite Dame du Chasteau de
» Blois.

» Puis marchoient les Huissiers en ordre, tous
» vestus de robbes noires & chaperons de deuil.

» Et après marchoient le Capitaine, Messire Ga-
» briel, & ses Archers; les Seigneurs de Concres-
» saut, Chastaing, & la Tour, accompagnés de
» leurs Archers.

» Après estoient les Héros (a) d'armes, revestus
» de leurs cottes & blasons d'armoiries. A la
» main droite marchoit le premier Maistre d'Hos-
» tel & les autres; à la main senestre estoient les
» Maistres des Requestes, & conséquemment mar-
» choit le Grand Escuyer de ladite Dame : car
» elle avoit sa grande escurie, & son Grand
» Escuyer, comme le Roy Charles au Royaume
» de Naples; mais il ne spécifie point le nom.
» Son corps estoit porté par les Gentilshommes &
» Officiers. Les coins ou quarrez du drap qui
» estoit sur le corps, estoient portez par le Sei-
» gneur de Saint-Paul, le Seigneur de Lautrec,
» le sieur de Laval, & Louys Monsieur de Nevers.
» Ceux qui portoient le poesle dudit corps, es-
» toient le Seigneur de Chasteau-Briant, Pierre
» Monsieur de Candale, & le Seigneur de Mon-
» tafilant (b).

(a). Hérauts.
(b) De la Maison de Laval.

„ Et après, estoit le Seigneur de Grignols,
„ Chevalier d'honneur de ladite Reyne.
„ Et à mener grand deuil estoient,
„ le Seigneur d'Angoulesme,
„ Le Seigneur d'Alençon,
„ Le Seigneur de Vendosme,
„ La Dame de Bourbon,
„ La Dame d'Angoulesme.
„ Et après icelles, la Dame de Mailly, Dame
„ d'honneur de ladite Reyne.
„ Et après alloient toutes les Dames & Da-
„ moiselles & filles d'honneur, honnestement
„ vestuës de robbes noires & de deuil.
„ Et après marchoit le Duc d'Albanie, avec
„ les Ambassadeurs & Seigneurs, Barons de Bre-
„ taigne, & autres plusieurs & notables Seigneurs,
„ Chambellans & Officiers, ainsi qu'ils devoient
„ aller, & chacun mis en son ordre. Enfin, fut
„ ledit corps ainsi porté en l'Eglise Saint-Sau-
„ veur, & là ne prit aucun sa place, hors qu'il
„ estoit ordonné par ceux qui avoient la charge,
„ & les Maistres des cérémonies ; & furent dites
„ Vigiles.
„ Le lendemain, qui estoit Samedy, fut fait
„ un service fort solemnel par plusieurs Prélats,
„ & ne furent à l'offrande fors Monsieur d'An-
„ goulesme & Monsieur d'Alençon, ausquels

» furent portées leurs offrandes par le Roy d'ar-
» mes Montjoye & Bretaigne.

» Et après le service accomply, chacun s'en
» alla disner; partit le corps hors la ville avec le
» luminaire & estat dessus dit, & toujours ainsi
» honorablement accompagné en beau & dévot
» ordre jusques au lieu de la sépulture, & touf-
» jours Vigiles; & le lendemain, en tous les
» lieux, villes & places où ledit corps & la com-
» pagnie arrivoient le soir & au giste; & tant
» que le Dimanche septuagésime, douziesme Fé-
» vrier, parvindrent jusques en l'Eglise Nostre-
» Dame-des-Champs aux fauxbourgs de Paris,
» là où le corps fut gardé par deux nuits avec
» grande quantité de luminaires, & le service
» dévot fut dit le Mardi ensuivant quatorziesme
» de Février; & furent au devant du corps les
» processions avec les croix de toutes les Eglises
» & Religion de Paris, & toute l'université en-
» semble.

» Aussi les Présidens & Conseillers de la sou-
» veraine Cour de Parlement, & généralement
» toutes les autres Cours & Jurisdictions & Offi-
» ciers de la ville, lesquels eux tous accompa-
» gnerent iceluy corps fort révéremment, avec
» les très-nobles Seigneurs & Dames en l'estat
» dessus dit; ainsi qu'ils partirent de Blois, &
» chacun

» chacun toujours en bel ordre entre eux, tous
» selon leurs degrez & devant le corps, entrerent
» à Paris par la porte Saint-Jacques, les pages
» d'honneur nue teste, tous vestus de velours
» noir & chaperon de deuil, montez sur les cour-
» siers & chevaux bardez de velours jusques en
» terre, à grands croix de satin blanc dessus, &
» puis un cheval d'honneur & haquenée, accous-
» trée de mesme.

» Estoient aussi menez & conduits par les laif-
» ses, qui est à dire en main, un chariot qui
» avoit amené le corps de ladite Dame jusques
» audit fauxbourg de Paris, avec six chevaux har-
» nachez & couverts de mesme couleur, à grands
» croix de satin blanc; le chariot estoit aussi cou-
» vert de velours, & une grande croix de mesme,
» & les quatre coins honnestement portez par
» quatre Seigneurs; & si estoient les charretiers
» & palefreniers vestus de velours & chaperons
» de deuil.

» L'effigie & représentation de la Reyne estoit
» posée dessus son corps, & estoit portée par plu-
» sieurs Gentilshommes dessus une litiere de
» bois toute couverte d'un riche drap d'or, trait
» & eslevé, fourré & enrichy d'hermines. Ladite
» effigie estoit fort richement accoustrée, vestuë
» dessus d'un costé de drap d'or, & dessus un
» grand surcot de velours cramoisy de pourpre

» fourré d'hermines. Une couronne mise en son
» chef dessus un coussin de drap d'or, un sceptre
» estoit en sa main droite, & à la senestre tenoit
» une main de Justice, & au-dessus estoit porté
» un riche poisle bleu en maniere de ciel, semé
» à l'entour d'escus de France & de Bretaigne, &
» estoit porté par les quatre Présidents de la Cour
» de Parlement, & des dessus-dits Seigneurs &
» Dames portant le deuil après le corps, & ainsi
» fut conduit jusques à la grande Eglise de Nos-
» tre-Dame de Paris, où fut fait un fort solem-
» nel service. Le lendemain, qui estoit le quin-
» ziesme de Février, fut aussi continuellement
» porté hors Paris en l'ordre & maniere que des-
» sus, pour être ensepulturé en la dévote Eglise
» de Saint-Denis en France; & ainsi furent les
» processions de Paris, pour conduire le corps
» jusques à une croix qui est un peu par-delà le
» lieu où l'on fait la foire du Lundy (a), où en
» ce lieu est la croix.

» Le Révérend Pere en Dieu Abbé, & véné-
» rables Religieux, avec les Prêtres des Eglises
» & Paroisses de Saint Denis, vestus de leurs
» grandes chappes, avec leurs croix, ensemble
» les manants & habitants de ladite ville, vin-

(a) Lisez Landy, & voyez Ménage, *Dict Etymol.*
au mot *Landy*.

» drent en procession pour recevoir le corps de
» ladite Reyne, lequel fut porté en l'Eglise Saint-
» Denis, & toujours accompagné honorablement
» par les dessus nommez très-nobles Princes &
» Princesses, Seigneurs, Dames & Damoiselles,
» & le train, ainsi que dessus.

» Le divin service fut fait pour l'ame de ladite
» Dame par le Cardinal du Mans, & firent l'of-
» fice de Diacre & sousdiacre, les Archevesques
» de Lyon & de Sens, accompagnés des Abbés
» de Sainte-Geneviefve & Saint-Magloire : &
» en ce dévot service assisterent toujours les des-
» sus-dits nommez Princes & Princesses, Sei-
» gneurs, Dames & Damoiselles, un chacun selon
» l'ordonnance des Maistres & Conducteurs des
» cérémonies; & après le service, fut fait & pres-
» ché un beau sermon par le vénérable Confesseur
» du Roy, Maistre Parvy, Docteur fameux, ès
» sacrez volumes; & le tout deuement accom-
» ply, le corps de ladite Dame, Madame Anne,
» en son vivant très-noble Reyne de France, Du-
» chesse de Bretagne, & Comtesse d'Etampes,
» fut honorablement inhumé & ensepulturé dans
» le sépulchre à elle préparé.

» Après, le Héros (a) d'armes, dit Bretagne,
» appella tous les Princes & Officiers d'icelle

(a Héraut.

» Dame, c'est à sçavoir, le Chevalier d'honneur,
» le grand-Maistre d'hostel, pour eux tous & un
» chacun d'eux accomplir les bénéfices envers
» ledit corps; ce qu'ils firent fort piteusement,
» & jettant larmes des yeux. Et ce fait, le pré-
» nommé Roy d'armes cria par trois fois à haute
» voix fort piteusement : *La Chrestienne Reyne*
» *de France, Duchesse de Bretagne, nostre sou-*
» *veraine Dame, est morte;* & puis un chacun
» s'en alla. Le corps demeura ensépulturé.

» Durant sa vie, & après sa mort, (a) elle fut
» honorée de tels titres comme j'ay déjà dit, la
» vraye mere des pauvres, le confort des Nobles,
» le recueil des Dames & Damoiselles & hon-
» nestes filles, & le refuge des sçavants hommes
» & de bonne vie; si-non que, parlant d'elle
» morte, on dit que c'estoit autant renouveller
» de deuils & de regrets par toutes ces personnes,
» aussi par tous ses serviteurs domestiques, qu'elle
» aymoit uniquement. Elle fut fort religieuse &
» dévote. Ce fut elle qui, la premiere, fit la fon-

___

(a) Voyez la confirmation de cet éloge, dans les observations sur les mémoires de Martin du Bellay, Tome
XVII de la collection, page 431... Voici l'éloge qu'en
fait Beaucaire dans ses commentaires, Liv. XIV, page
426... *Mulier pia in primis ac prudens idcircò que, non
solùm à suis Brittannis, sed ab universâ Galliâ multùm
diuque defleta.*

» dation des *Bons-hommes* près de Paris, & puis
» après celle de Rome, qui est si belle & noble,
» & où j'ay veu qu'il n'y avoit aucuns Religieux
» que François ».

Voilà de mot à mot les superbes obseques de ceste Reyne, sans rien en changer de l'original, de peur de faillir, ne pouvant dire mieux. Elles sont toutes pareilles à celles de nos Roys, que j'ay veu & leu, & celles du Roy Charles IX où j'estois, que la Reyne sa mere voulut faire belles & magnifiques, encore que les finances de France fussent lors courtes pour y despendre (a) tant, à cause du partement du Roy de Pologne, qui en avoit avec sa suite gasté & emporté.

Certes je trouve ces deux enterrements quasi tous semblables, fors en trois choses. L'une, que celuy de la Reyne Anne fut plus superbe; l'autre, que tout alla si bien d'ordre & si sagement, qu'il n'y eut aucune division ny contestation de rangs, ainsi qu'il arriva à celuy du Roy Charles : car son corps estant prest à partir de Nostre-Dame, la Cour de Parlement eut quelque picque de préféance avec la Noblesse & l'église, d'autant qu'elle alléguoit tenir la place du Roy qu'elle représentoit de tout en tout en l'absence du Roy, qui estoit hors du Royaume, sur quoy il y eut une

(a) Pour y dépenser.

K iij

grande Princesse de par le monde, & que je sçay bien, & qui luy touchoit de fort près, & ne la veux nommer......... dire qu'il *ne se falloit esmerveiller, si, durant le vivant du Roy, les séditions & les troubles avoient eu un si grand regne, que tout mort qu'il estoit, il esmouvoit, brouilloit, & troubloit.* Hélas ! il n'en pouvoit mais, le pauvre Prince, ny mort, ny vivant. On sçait assez qui sont les auteurs des séditions de nos guerres civiles. Cette Princesse, (a) qui prononça ces mots, depuis l'a trouvé bien à dire, & l'a bien regretté.

L'autre chose & derniere, (b) est que le corps du Roy fut quitté, estant à l'Eglise de Saint-Lazare, de tout le grand convoi, tant des Princes, Seigneurs, Cour de Parlement, & ceux de l'Eglise & de la ville, & ne fut suivy & accompagné que du pauvre Monsieur de Arozze, de Funcel, & moy, & de deux autres Gentilshommes de la chambre, qui ne voulusmes jamais abandonner nostre maistre tant qu'il seroit sur terre. Il y avoit aussi quelques Archers de la Garde : chose qui faisoit grand pitié à voir. Sur le tard, à huit

(a) A ces traits, il nous semble reconnoître Marguerite de Valois, reine de Navarre. On a remarqué dans ses mémoires avec quel enthousiasme Brantôme la célébroit.

(b) Cette anecdote recueillie par le président Henault, dans son abregé chronologique, n'a que Brantôme pour garant.

heures du soir, en Juillet, il fallut porter le corps, & ceste effigie si mal accompagnée.

Estant à la Croix, nous y trouvasmes tous les Religieux de Saint-Denis, qui l'attendoient; & avec les ceremonies de l'Eglise à ce requises, fut honorablement mené à Saint-Denis, où ce grand Monsieur le Cardinal de Lorraine le receut fort devotement & honorablement, ainsi qu'il sçavoit faire.

La Reyne fut en colere de ce que tout ce grand convoy n'avoit passé outre, ainsi qu'elle attendoit, fors Monsieur son fils, & le Roy de Navarre, qu'elle tenoit comme prisonniers. Le lendemain, pourtant, ils ne faillirent pas avec très bonne garde en coches, & Capitaines de Gardes avec eux, de s'en retourner au grand service solemnel, avec le grand convoy & compagnie d'auparavant; chose qui fut pitoyable à voir.

Après disner, la Cour de Parlement envoya dire & commander à Monsieur le Grand Aumosnier Amyot, de leur aller dire graces après disner, comme Roy; (a) lequel fit response, qu'il n'en feroit rien, & que ce n'estoit point devant eux qu'il les devoit dire. Ils luy en firent

___
(a) M. le président Henault, dit dans son abregé chronologique de l'histoire de France, au commencement du règne de Charles IX, que la même querelle se renouvella à l'enterrement de Louis XIV.

K iij

faire deux commandements consécutifs, & menaces; ce qu'il refusa encore, & s'alla cacher, pour ne leur respondre plus: mais ils jurerent qu'ils ne partiroient de-là, qu'il ne vînt; mais ne s'estant pu trouver, ils furent contraints de les dire eux-mesmes, & se lever avec des menaces grandes & injures qu'ils débagoulerent contre (a) ledit Aumosnier, jusques à l'appeller *marault & fils de boucher*. (b) J'en vis le progrès, & je sçay bien tout ce que Monsieur me commanda d'aller dire. Monsieur le Cardinal leur en alla parler; mais il ne gagna rien, se tenans toujours sur leurs opinions, & Royale Majesté & authorité. Je sçay ce que m'en dit Monsieur le Cardinal, & me dit, ce que je ne diray point; (c) que *c'estoient des vrais sots*: monsieur le premier Président de Thou, présidant alors, grand Sénateur certes, mais il

---

(a) La dispute qui s'éleva entre Amiot & le Parlement, est racontée d'une autre manière dans le journal de Henri III par l'Étoile. Cette querelle n'étoit point personnelle à Amiot. Il s'agissoit d'une préséance de rang, que disputoient aux magistrats les prélats, & plusieurs officiers de la couronne; le Parlement l'emporta après une scène fort scandaleuse.

(b) Lisez par rapport à la naissance d'Amiot, la note du vol. XXXIII de la collection, pag. 457.

(c) Brantôme, (on le voit,) observe fort bien les règles de la réticence.

avoit de l'humeur. Voilà une esmeute qu'il fit encore dire à ceste Princesse, & autres, de ce Prince vivant & mort, sur terre, & en terre, *que ce corps esmouvoit encore le monde, & le mettoit en sédition.* Hélas! il n'en pouvoit mais. J'ay fait ce petit incident peut-estre plus long qu'il ne falloit, & mé pourra-t-on respondre : mais je respondray que je l'ay fait, & mis ainsi qu'il m'est venu en fantaisie, & en souvenance ; qu'il est ainsi bien à propos ; & que je le pouvois oublier, me faisant estre une chose assez remarquable.

Or, pour retourner à nostre Reyne Anne, il paroît bien par ce beau devoir dernier de funérailles, qu'elle estoit bien aymée, & du monde & du Ciel, & bien autrement que ne fut ceste pompeuse & orgueilleuse Reyne Isabeau (a) de Baviere, femme du feu Roy Charles VI, laquelle estant morte à Paris, son corps fut tant méprisé, qu'il fut mis de son Hostel dans un petit bateau sur la riviere de Seine, sans autre forme de cérémonie & pompe, & fut passé par une si petite... (b)

_____

(a) Cette Reine, le fléau de la France, paya cherement les calamités dont elle fut une des principales causes: on peut lire ces détails dans le Tome VII de la collection, page 195 ; le même volume page 421, contient la relation de sa mort & de ses funérailles. On y voit que Brantôme n'a point exagéré.

(b) Porte, *apparemment.*

& si estroite, qu'à grande peine y pouvoit-il passer; & fut ainsi porté à Saint-Denis, en son sépulchre, ny plus ny moins qu'une simple Damoiselle. Il y avoit aussi bien de différence de ses actions à celles de la Reyne Anne; car elle mit les Anglois en France & dans Paris, mit le Royaume en combustion & division, & l'appauvrit du tout: & la Reyne Anne le tint en paix, & l'aggrandit de sa belle Duché & biens qu'elle luy apporta. Donc il ne se faut esbahir, si le Roy la regretta, & en demena un tel deuil, qu'il en cuida mourir au boys de Vincennes; & s'habilla long-temps de noir, & toute sa Cour; & ceux qui y venoient autrement, il les en faisoit chasser; & n'eust point oüy Ambassadeur, quel qu'il fust, qu'il ne fust habillé de noir. Et dit bien plus cette vieille *Histoire*, que j'ay alléguée, que « lors qu'il donna sa fille à
» Monsieur d'Angoulesme, depuis le Roy François, le deuil ne fut tellement quitté ny laissé
» en sa Cour, & le jour qu'ils furent espousez
» dans la Chapelle de Saint-Germain-en-Laye,
» le mary & la mariée n'estoient habillez, dit
» l'histoire, que de drap noir, honnestement, &
» en forme de deuil, pour le trespas de la susdite
» Reyne Madame Anne de Bretagne, en présence
» du Roy son pere, accompagné de tous les
» Princes du Sang, & nobles Seigneurs, &
» Prélats, & Princesses, Dames & Damoiselles,

» tous vestus de drap (a) noir en forme de deuil ».
Voilà comment le livre en parle, qui est une austérité estrange de deuil, qu'il faut noter, que le jour propre des nopces n'en put estre dispensé, pour après avoir esté repris le lendemain.

Par-là connoit-on que ceste Princesse estoit aymée, & digne d'estre aymée du Roy son mary, qui, quelquefois dans ses goguettes & gayetez, l'appeloit le plus souvent *sa Bretonne*.

Si elle eust vescu plus long-temps, (b) elle n'eust jamais consenty au mariage dessus dit ; & souvent y avoit bien répugné, & ledit Roy son mary, d'autant qu'elle haïssoit mortellement Madame d'Agoulesme, depuis Madame la Régente, n'estants leurs humeurs gueres semblables, & peu accordantes ensemble : aussi qu'elle vouloit colloquer sadite fille avec Charles d'Austriche, lors jeune, & le plus grand Seigneur de la Chrestienté, qui depuis fut Empereur, encore qu'elle vist bien Monsieur d'Angoulesme s'approcher fort de la

(a) Brantôme auroit dû ajouter que la Reine Anne fut la première Reine de France, qui après la mort de Charles VIII changea la couleur de l'habit de deuil porté par ses semblables ; c'étoit le blanc, & elle prit le noir.

(b) Ces faits s'accordent avec l'observation n°. 11, sur les mémoires de Fleuranges, ou du jeune aventureux, Tome XVI de la collection, pag. 325.

Couronne : mais elle ne songeoit pas en cela, ni n'y vouloit songer, se fiant d'avoir encore des enfants ; car lorsqu'elle mourut, elle n'avoit que trente-sept ans. De son temps & regne, regnoit ceste grande & sage Isabelle de Castille, bien accordante en mœurs avec nostre Reyne Anne. Aussi elles s'entr'aymoient fort, & se visitoient fort souvent par Ambassadeurs, lettres & présents ; & c'est ainsi que la vertu recherche toujours la vertu.

Le Roy Louis fut après contraint de se marier pour la troisiesme fois avec Marie, sœur du Roy d'Angleterre, très-belle Princesse, jeune, & trop pour luy, (a) dont le mal luy en prit : & se maria plus par nécessité, & pour faire la paix avec l'Anglois, & mettre son Royaume en repos, que pour autre chose : ne pouvant oublier jamais sa Reyne Anne : aussi commanda-t-il, à sa mort, qu'ils fussent couverts tous deux sous un mesme tombeau, ainsi qu'on le voit à Saint-Denis, tout de marbre blanc, aussi beau & supporté qu'il en soit point-là.

Or je m'areste en ce discours, & ne passe pas plus loin, m'en remettant aux lettres, (b) qui

---

(a) Lisez les mémoires de Fleuranges qu'on vient de citer, (Tome XVI de la collection, pag. 167 & suiv.)

(b) Lettrés, *apparemment*.

ont mieux escrit de ceste Reyne que je ne sçaurois faire : toutesfois, pour me contenter, j'ay fait ce discours.

Je diray encore ce petit discours, que c'est d'elle que nos Reynes & Princesses ont tiré l'usage de mettre à l'entour de leurs armoiries & escussons, *la Cordeliere*.

Or, je n'en dis plus, n'ayant esté de son temps : toutesfois proteste bien n'avoir parlé qu'en la verité, pour l'avoir apprise & d'aucuns livres comme j'ay dit, & de Madame la Séneschalle, (a) ma grand'mere, Madame de Dampierre (b) ma tante, un vray registre de la Cour, & aussi habille, sage & vertueuse Dame, qui entra à la Cour depuis cent ans, & qui sçavoit aussi bien discourir de toutes choses. Aussi dès l'age de huit ans y avoit esté nourrie, & n'avoit rien oublié : & la faisoit bon ouïr parler, ainsi que j'ay veu nos Roys & Reynes y prendre un singulier plaisir de l'ouïr parler. Car elle sçavoit tout, & de son temps & du passé : si bien qu'on prenoit langue d'elle comme d'un oracle. Aussi le Roy Henry, dernier

(a) Anne de Vivonne, dame d'honneur de Marguerite d'Orléans, Reine de Navarre, & épouse d'André de Bourdeille, sénéchal du Périgord, & grand père de Brantôme.

(b) Jeanne de Vivonne, femme de Claude de Clermont, baron de Dampierre.

mort, la fit Dame d'honneur de la Reyne sa femme. Des mémoires & leçons que j'ay appris d'elle, je me suis servy, & espere me servir beaucoup en ce livre. J'ay veu l'épitaphe de ladite Reyne ainsi fait (a) :

Cy gist ANNE qui fut femme de deux grands Roys;
En tout grande cent fois, comme Reyne deux fois.
Jamais Reyne comme elle n'enrichit tant la France.
Voilà que c'est d'avoir une grande alliance.

DISCOURS SECOND.

De la Reine-Mere de nos Rois derniers,

CATHERINE DE MÉDICIS.

JE me suis cent fois estonné & esmerveillé de tant de bons écrivains que nous avons veus de nostre temps en la France, qu'ils n'ayent esté curieux de faire quelque beau recueil de la vie & gestes de la Reyne mere, CATHERINE DE MEDICIS, puisqu'elle en a produit d'amples matieres, & taillé bien de la besogne, si jamais Reyne tailla : ainsi que l'Empereur Charles dit

---

(a) On peut comparer cette épitaphe avec l'autre qu'on trouva dans les mémoires de Fleuranges, Tome XVI de la collection, pag. 155.

Discours II.

une fois à Paulo Jovio, (a) à son retour de son triomphant voyage de la Goulette, voulant faire la guerre au Roy François, qu'il fist seulement provision d'encre & papier, qu'il lui avoit bien taillé de la besogne. Aussi de vray ceste Reyne en a taillé de si belle, qu'un bon & jeune Escrivain en eust fait une Iliade entiere : (b) mais ils ont esté paresseux ou ingrats ; car elle ne fut jamais chiche à l'endroit des sçavants, & qui escrivoient quelque chose. J'en nommerois plusieurs qui ont tiré des bons biens, en quoy d'autant ils sont accusez d'ingratitude.

Il y en a eu un pourtant qui s'est voulu mesler

(a) Paul Jove.

(b) La réflexion de Brantôme, prise dans un sens général est vraie ; la question se réduit a savoir le rôle, que dans cette *Iliade* Catherine de Médicis joueroit ; de grands crimes, de grands maux furent son ouvrage. Voilà en peu de lignes l'histoire de sa vie publique & privée. Comptera-t-on parmi ses vertus quelques actes de libéralité en faveur des Poëtes qui l'amusoient ? Il n'appartient de prononcer qu'à ceux qui ont lu attentivement nos observations sur les divers mémoires qu'on vient de publier, à partir de ceux du maréchal de Tavannes. C'est-là qu'on voit Catherine en action : c'est-là qu'il faut la suivre, interroger sa conscience, & pénétrer dans les replis de son ame. Brantôme, en faisant l'éloge de cette princesse, a recueilli des faits vrais & piquans ; mais un panégyriste (on le sait) n'est pas un historien.

d'en escrire, & de fait en fit un petit livre, qu'il intitula *de la Vie de Catherine*: (4) mais c'est un imposteur, & non digne d'estre creu; puisqu'il est plus plein de menteries que de véritez, ainsi qu'elle-mesme ledit l'ayant veu, comme telles faussetez sont apparentes à un chacun, & aisées à noter & rejetter. Aussi celui qui l'a fait lui vouloit mal mortel, & estoit ennemi de son nom, de son estat, de sa vie, & de son honneur & humeur. Voilà pourquoy il est à rejetter. Quant à moy, je desirerois fort sçavoir bien dire, ou que j'eusse eu une bonne plume, & bien taillée à commandement, pour l'exalter & louer comme elle le mérite. Toutesfois, telle qu'elle est, je m'en vais l'employer au hasard.

Ceste Reyne donc est extraite, du costé du pere, de la race de Medicis, une des nobles & illustres maisons, non-seulement de l'Italie, mais de toute la Chrestienté. Quoy qu'on en dist, elle estoit estrangere de ce costé. Comme les alliances des Grands ne se peuvent prendre communément dans leurs Royaumes, aussi n'est-ce pas quelquesfois le meilleur; (a) car les alliances estrangeres valent bien autant ou plus que les prochaines. La maison toutesfois de Medicis a quasi toujours

---

(a) Cela s'appelle décider, ce qui, au jugement de bien des gens, pourroit-être mis en question.

esté

Discours II.

esté alliée & confédérée avec la Couronne de France, dont encore en porte les fleurs de lis, que le Roy Louïs XI donna à ceste maison en signe d'alliance & confédération perpétuelle. De la génération maternelle, elle sortit originellement de l'une des plus nobles maisons de France, vraye Françoise de race, de cœur & d'affection, de cette grande maison de Boulogne, & Comtes d'Auvergne : de sorte qu'on ne sçauroit dire ny juger en quelle des deux maisons y a eu plus de grandeur & actes mémorables. Or, voicy ce qu'en dit Monsieur l'Archevesque de Bourges, (a) d'un aussi grand sçavoir & digne Prélat qui soit en la Chrestienté, (encore aucuns le dient un peu léger en créance, (b) & gueres bon pour la balance de Monsieur Saint-Michel, où il pese les bons Chrestiens au jour du jugement, ainsi qu'on dit) en l'Oraison funebre qu'il fit pour ladite Reyne à Blois. Du temps que ce grand Capitaine Gaulois, Brennus, mena son armée par toute l'Italie & Grece, estants avec luy en sa troupe deux Gentilshommes François, l'un nommé Felonius, l'autre

_____

(a) Renaud de Beaune. (Voyez son éloge dans les mémoires de M. de Thou, Tome LIII de la collection, page 239).

(b) Ce trait seul caractérise le goût de Brantôme pour les sarcasmes. De bonne foi la croyance du prélat n'est-elle pas ici un vrai hors d'œuvre ?

nommé Bono, qui, voyant le mauvais deſſein que prenoit Brennus, après ſes belles conqueſtes, d'aller envahir le Temple de Delphe, pour ſe ſouiller ſoi & ſon armée du ſacrilege de ce Temple, ils ſe retirerent tous deux, & s'en allerent en Aſie, avec leurs vaiſſeaux & hommes, où ils pénétrerent ſi avant, qu'ils entrerent en la terre des Medes, qui eſt proche la Lydie & de la Perſide, où ayant fait pluſieurs conqueſtes, & obtenu de grandes victoires, ſe ſeroient enfin retirez; & paſſants par l'Italie, eſpérants de revenir en France, Felonius s'arreſta dans un lieu, où eſt à préſent ſitué Florence, le long du fleuve d'Arne, qu'il reconnut aſſez beau & délectable, & de ſemblable aſſiette qui luy avoit pleu en ce pays de Medes une autre fois, & y baſtit une Cité, qui eſt aujoud'huy Florence ; comme auſſi ſon compagnon Bono baſtit la Ville Bononia, appelée Boulogne, toutes deux voiſines : & dès-lors, pour les conqueſtes & victoires que ce Felonius avoit eues en ce pays des Medes, fut appellé *Medicus* entre les ſiens, dont depuis le ſurnom a demeuré en la famille ; comme nous liſons de Paulus, qui fut ſurnommé *Macedonicus*, pour avoir conquis la Macédoine ſur Perſéus ; & Scipion, qui fut appellé *Affricanus*, pour avoir fait de meſme de l'Affrique. Je ne ſçay d'où a pris ceſte Hiſtoire ledit Seigneur de Beaune : mais il eſt vray-ſemblable que, devant

Discours II.

le Roy, & une telle assemblée qui estoit-là pour le convoy de la Reyne, il ne l'eust voulu alléguer sans bon Auteur. Voilà comme cette descente (a) est bien esloignée de cette moderne que l'on suppose & attribue sans propos à cette famille de Médicis, ainsi que fait ce livre menteur que j'ay dit de la vie de ladite Reyne. Puis, dit davantage ledit sieur de Beaune, qu'on lit dans les Croniques, qu'un nommé Everard de Médicis, sieur de Florence, après plusieurs années au voyage & expédition que fit Charlemagne en Italie contre Didier, Roy des Lombards, alla à son secours avec plusieurs de ses sujets; & l'ayant fort vertueusement secouru & assisté, fut confirmé & investy en ladite Seigneurie de Florence : & plusieurs années après, un Annemond de Médicis, aussi sieur de Florence, passa avec plusieurs de ses sujets au voyage de la Terre-Sainte, avec Godefroy de Bouillon, où il mourut devant le siege de Nice

(a) On ne refutera point cette généalogie fabuleuse, que Renaux de Beaune n'auroit pas dû adopter si légèrement ; ce qui convient à des recueils héraldiques, n'est pas toujours digne de la majesté de l'histoire, & encore moins de celle de la chaire de vérité. Au surplus en renvoye le lecteur aux observations sur les mémoires de Castelnau, Tome XLI de la collection, page 342. On y a discuté tout ce qui concerne l'origine de la maison de Medicis.

en Asie. Cette grandeur a tousjours continué en cette maison, jusques à ce que Florence réduit en République par guerres intestines en Italie d'entre les Empereurs & les peuples, personnes illustres de cette maison ont manifesté leur valeur & grandeur de temps en temps : comme nous voyons par ces derniers siecles le grand Cosme de Médicis, qui, par ses armées, navires & vaisseaux, a espouvanté les Turcs, jusques au fond de l'Orient & mer Méditerranée ; si bien que nul de son temps, tant grand qu'il fust, ne l'a surpassé, ny en forces, ny en valeur, ny en richesses, ainsi qu'en a escrit Raphaël Volateran.

Les temples & lieux sacrez par lui bastis, les hospitaux par luy fondez jusques en Hiérusalem, font ample preuve de sa piété & magnanimité.

Il y a eu aussi Laurens de Médecis, surnommé le Grand, pour ses actes vertueux : les deux grands & honorables Papes Léon & Clément; tant de Cardinaux si grands personnages de ce nom ; & puis ce grand Cosme de Toscane, comme de Médecis, sage & advisé s'il en fust onques (a).

Il a paru à se maintenir en son Estat, qu'il envahit & trouva fort troublé au commencement.

Bref, on ne sauroit rien desrober à cette maison

(a) Brantôme lui a consacré un article dans ses Capitaines étrangers.

de Médicis, qu'elle ne fuft illuftre, très-noble & grande de toutes parts.

Quant à la maifon de Boulogne & d'Auvergne, qui ne dira qu'elle ne foit très-grande, eftant fortie originairement de ce grand Godefroy de Bouillon, qui a porté les armes & armoiries avec un fi grand nombre de Princes, Seigneurs, Chevaliers & Soldats Chreftiens, jufques dedans Hiérufalem fur la fépulture de Notre-Seigneur & Sauveur, & ce feroit rendu & fait Roi par fon efpée & fes armes, avec la faveur de Dieu; Roy, non-feulement de Hiérufalem, mais de grande partie de l'Orient, à la confufion de Mahomet, des Sarrafins & Mahométans, tant & fi avant qu'il auroit donné eftonnement à tout le refte du monde, ayant replanté la Chreftienté en Afie, qui eftoit du tout à bas.

Au refte, recherchée d'alliance quafi de tous les Royaumes & grandes maifons, comme celle de France, d'Angleterre, d'Ecoffe, d'Hongrie, de Portugal : jufques-là que le Royaume luy appartient de droit, ainfi que j'ai oüy-dire au Premier Préfident de Thou (a), & que la Reyne mefme me fit cet honneur de me le dire à Bourdeaux, lorfqu'elle fçeut la mort du Roy Sébaftien, dernier mort, & fut reçeüe à débattre fon droit par juftice

(a) M. de Thou dit bien le contraire fur l'an 1578, Liv. IX de fon hiftoire.

en la derniere assemblée d'Estats tenuë audit Portugal, auparavant le décès du Roy Henry, celuy d'Espagne l'ayant lors usurpé; & ne s'en fut arrestée en un si beau chemin, sans des raisons que j'allégueray ailleurs une autre fois. Je vous laisse donc à penser si cette maison de Boulogne estoit grande : ouy, telle qu'une fois j'oüis dire au Pape Pie IV, estant à table, ainsi qu'il bailla à disner après sa création aux Cardinaux de Ferrare & de Guise, ses créatures, *qu'il tenoit cette maison si grande, qu'il n'en savoit en France, telle qu'elle fust, qui la surpassast en ancienneté, valeur, ny grandeur.*

C'est bien contre les malheureux détracteurs, qui ont dit que cette Reyne estoit Florentine, & de bas lieu : on peut voir le contraire. Au reste, elle n'estoit si pauvre, qu'elle n'ait apporté en mariage à la France des terres qui valent aujourd'huy six vingt mille livres, comme sont les Comtez d'Auvergne, de Lauraguais, de Leverous, Douzenac, Choussac, Gorreges, Hondocourt, & autres terres, toutes de la succession de sa mere : encore pour son dot eut plus de deux cent mille escus ou ducats, qui vaudroient aujourd'hui plus de quatre cent mille livres, avec grande quantité de meubles, richesses, & précieuses pierreries & joyaux, comme les plus belles & plus grosses perles qu'on ait veu jamais pour si grande quantité, que depuis elle donna à la Reyne d'Escosse, sa bru, que je luy ay veu porter.

Outre cela, force Seigneuries, maisons & prétentions qu'elle avoit en Italie.

Outre plus que tout cela, pour son mariage, les affaires de France, qui estoient si ébranlées par la prison du Roy, & ses pertes de Milan & Naples, commencerent à s'affermir.

Le Roi François le savoit bien dire, *que ce mariage avoit beaucoup servy à ses affaires.* Aussi donne-on à cette Reyne cette divise : l'arc-en-ciel qu'elle a porté tant qu'elle a esté mariée, avec ces mots grecs,

φῖος φερ ετ ἠ δε να δ'ανηυ :

qui est autant à dire, que, *tout ainsi* (a) *que ce feu & arc-en-ciel apporte & signifie le beau temps après la pluye, aussi cette Reyne estoit vray signe de clarté, sérénité, & tranquillité de paix.* Le grec est ainsi traduit.

Lucem fert & serenitatem (b).

Davantage, l'Empereur n'osa passer plus avant

(a) L'application de cette devise, quoi qu'en die l'auteur des mémoires, ne fut pas heureuse pour la France.

(b) C'est-à-dire ; *elle porte la lumière & la sérénité.*

son ambitieuse devise, *plus outre* : car encore que les treves fussent entre luy & le Roy François, si couvoit-il toujours son ambition, sous dessein de gagner toujours sur la France ce qu'il eust pu ; & s'estonna fort de cette alliance avec le Pape, le recognoissant habile, courageux, & vindicatif de sa prison faite par son armée impériale au sac de Rome. Et tel mariage luy déplut (a) tellement, que j'ay oüy dire à une Dame de vérité, lors à la Cour, que s'il n'eust esté marié avec l'Impératrice, qu'il eust pris l'alliance dudit Pape : lequel, s'il eust vescu ses ans naturels, luy eust vendu bonne, & luy eust fait couster cher sa prison, pour aggrandir sa niece, & le Royaume où elle avoit esté colloquée ; mais il mourut (b) fort jeune : encore pourtant tout ce profit ne demeura pour ce coup.

Voilà donc nostre Reyne, ayant perdu sa mere Magdelaine de Boulogne, & Laurens de Médicis, Duc d'Urbin, en bas âge, par après mariée par le bon oncle en *notre France* (c), où elle fut menée par mer à Marseille en grand triomphe, & ses nopces pompeusement faites en l'âge de quatorze ans. Elle se fit tellement aimer du Roy son beau-

(a) Le caractère connu de Charles-Quint ne répugne point à ce projet. S'il eût pu le réaliser, combien la France n'y auroit-elle pas gagné ?

(b) Clément VII mourut en 1534.

(c) Catherine de Médicis fut mariée en 1533.

pere, & du Roy Henry son mary, que demeurant dix ans sans produire lignée, il y eut force personnes qui persuaderent au Roy & à Monsieur le Dauphin de la répudier; car il estoit besoin d'avoir lignée en France; jamais ny l'un ny l'autre n'y voulurent consentir, tant ils l'aymoient: aussi dans les dix ans, selon le naturel des femmes de la race de Médicis, qui sont tardives à concevoir, elle commença à produire le petit Roy François deuxiesme. Sur ce j'ay oüy faire un conte, que lorsqu'il fut né, il y eut une Dame de la Cour, qui estoit de bonne compagnie, & disoit bien le mot, qui vint présenter un placet à Monsieur le Dauphin, par lequel elle le prioit *de luy faire donner l'Abbaye de Saint-Victor* (a), *qu'il avoit rendue vacante*, dont il fut estonné de tel mot: mais d'autant qu'on disoit à la Cour, qu'il ne tenoit pas tant à Madame la Dauphine, qu'à Monsieur le Dauphin, pourquoy il n'avoit d'enfants, parce qu'on disoit que Monsieur le Dauphin avoit son fait tort, & qu'il n'estoit pas bien droit, & que pour cela la femence n'alloit pas bien droit dans la matrice, ce qui empeschoit fort de concevoir; mais après que cet enfant fut né, on dit qu'il n'avoit pas son vi tort: & par ainsi

(a) Le lecteur honnête n'attend pas de nous des discussions sur cette grosse gaieté de Brantôme.

cette Dame ayant expliqué son placet à Monsieur le Dauphin, tout fut tourné en risée, & dit qu'*il avoit rendu l'Abbaye Saint-Victor vacante*, faisant allusion d'un mot à l'autre, que je laisse imaginer au lecteur, sans que j'en fasse plus ample explication.

Puis la Reyne d'Espagne nasquit, & après consécutivement cette belle & illustre lignée que nous avons veüe, & quasi aussi-tost née, aussi-tost perdüe, par trop grande fatalité & malheur; ce qui fut cause que le Roy & son mary l'en ayma davantage, encore qu'il l'aymast bien fort, & de telle façon que luy, qui estoit d'amoureuse complexion, & aymoit fort à aller faire l'amour, & aller au change, disoit souvent, *que sur toutes les femmes du monde, il n'y avoit que la Reyne sa femme*; en cela il n'en savoit aucune qui la valust. Il avoit raison de le dire; car c'estoit une belle Princesse, & aymable.

Elle estoit de fort belle & riche taille, de grande majesté, toutesfois fort douce quand il falloit, de belle apparence & bonne grace, le visage beau & agréable, la gorge très-belle & blanche & pleine, fort blanche aussi par le corps, & la charnure belle, & son cuir net, ainsi que j'ay oüy dire à aucunes de ses Dames, & un embonpoint très-riche, la jambe & la gréve très-belle, ainsi que j'ay oüy dire à ses Dames, & qui prenoit plaisir à se bien chauffer, & à avoir la chauffe bien tirée & eftendue. Du refte, la plus belle main (a) qui fuft jamais veue, fi crois-je.

Les Poëtes ont loué jadis Aurore pour avoir des belles mains & des beaux doigts; mais je penfe que la Reyne l'euft effacée en tout cela; & fi l'a tousjours gardée & tenue belle jufques à fa mort.

Le Roy fon fils, Henry III (b), en hérita beaucoup de cette beauté de main.

De plus, elle s'habilloit toujours fort bien & fuperbement, & avoit toujours quelque gentille & nouvelle invention. Bref, elle avoit beaucoup de beautés en foy, pour fe faire aymer. Sur quoy il me fouvient, qu'eftant allée un jour voir à Lyon un Peintre qui s'appelloit *Corneille*, qui avoit peint, en une grande chambre, tous les grands Seigneurs, Princes, Cavaliers, & grandes Reynes, Princeffes, Dames, & Filles de la Cour de France: eftant donc en ladite chambre de fes peintures, nous y vifmes cette Reyne paroître peinte très-

---

(a) On voit que Varillas dans le portrait qu'il a fait de Catherine de Medicis, a profité habilement de la defcription de Brantôme. On a configné ce tableau de main de maître, dans le Tome XLI de la collection, pag. 350.

(b) Cet héritage n'étoit pas fort important pour la nation : fi Henri III n'eut pas hérité d'une partie des défauts de fa mère, on lui pafferoit volontiers cette jolie main.

bien en sa beauté & en sa perfection, habillée à la *françoise* d'un chapperon avec ses grosses perles, & une robe à grandes manches de toile d'argent, fourrées de loup cervier, le tout si bien representé au vif avec son beau visage, qu'il n'y falloit rien plus que la parole, ayant ses trois belles filles auprès d'elle; à quoy elle prit un grand plaisir à cette veuë, & toute la compagnie qui y estoit, s'amusant fort à la contempler, admirer, & loüer sa beauté par-dessus toutes : elle-mesme s'y ravit en contemplation, si bien qu'elle n'en put retirer les yeux de dessus, jusqu'à ce que Monsieur (a) de Nemours luy vint dire : *Madame, je vous trouve-là fort bien pourtraite, & n'y a rien à dire. Il me semble que vos filles vous portent grand honneur ; car elles ne vont devant vous, & ne vous surpassent point.* Elle luy respondit : *Mon cousin, je crois qu'il vous ressouvient bien du temps, de l'âge & de l'habillement de cette peinture : vous en pouvez bien juger mieux que pas un de la compagnie, vous qui m'avez veuë ainsi, si j'estois estimée telle comme vous dites, & si j'ay esté telle comme me voilà.* Il n'y eut pas un de la compagnie qui ne loüast & n'estimast infiniment cette beauté, & ne dist que la mere estoit digne des filles, & les filles de la

---

(a) Jacques de Savoye, duc de Nemours, un des partisans de la maison de Guise.

mere : & telle beauté luy a duré, & mariée, & veufve, jufques quafi à fa mort ; non qu'elle fuft auffi fraifche comme en fes ans plus floriffants, mais pourtant bien entretenue & fort defirable & agréable.

Au refte, elle eftoit de fort bonne compagnie, de gaye humeur, aymant tous honneftes excercices, comme à la danfe, où elle avoit très-belle grace & majefté.

Elle aymoit la chaffe bien fort : fur quoy j'ay oüy faire le conte à une grande Dame de la Cour d'alors, que le Roy François ayant choifi & fait une troupe qui s'appelloit *la petite Bande des Dames de fa Cour*, des plus belles, gentilles, & plus de fes favorifées, fouvent fe dérobant de fa Cour, s'en partoit, & s'en alloit en autres maifons courir le cerf, & paffer fon temps ; & y demeuroit-il ainfi quelquefois retiré huit jours, dix jours, quelquefois plus, quelquefois moins, ainfi qu'il luy plaifoit, & l'humeur l'en prenoit. Noftre Reyne, qui eftoit lors Madame la Dauphine, voyant telles parties fe faire fans elle, que Mefdames fes belles-fœurs en eftoient, & elle demeuroit au logis, elle fit priere au Roy de la mener toujours quant & luy, & luy fift cet honneur de permettre qu'elle ne bougeaft jamais d'avec luy.

On dit qu'elle, qui eftoit fine & habile, le fit bien d'autant pour voir les actions du Roy, & en tirer les secrets, & escouter & sçavoir toutes choses, & ce autant pour cela, que pour la chasse, ou plus.

Le Roy François luy en sçeut si bon gré d'une telle priere, voyant la bonne volonté qui estoit en elle d'aymer sa compagnie, qu'il luy accorda de très-bon cœur : & outre qu'il l'aymoit naturellement, il l'en ayma toujours davantage, & se délectoit à luy faire donner plaisir en la chasse, en laquelle elle n'abandonnoit jamais le Roy, & le suivoit tousjours à courrir : car elle estoit fort bien à cheval & hardie, & s'y tenoit de fort bonne grace; ayant été la premiere qui avoit mis la jambe sur l'arçon, d'autant que la grace y estoit bien plus belle & apparoissante que sur la planchette, & a tousjours fort aymé d'aller à cheval jusques à l'âge de soixante ans ou plus, qui, pour la foiblesse, l'en priverent, en ayant tous les ennuis du monde. Car c'estoit l'un de ses grands plaisirs à faire des grandes traittes, encore qu'elle en fust tombée souvent au grand dommage de son corps; car elle en fut blessée (a) plusieurs fois jusques à rupture

(a) On a vu dans les mémoires de Castelnau particulièrement, les différentes chûtes qu'elle fit, & les alarmes que ces événemens causerent. Au milieu de l'anarchie où la France étoit alors plongée, on étoit réduit à trembler pour la vie de celle dont l'ambition avoit tout troublé.

de jambe, & bleſſure de teſte, dont il l'en fallut trépaner: & lorſqu'elle fut veufve, & eut la charge du Roy & du Royaume, accompagnoit tousjours le Roy, & le menoit avec elle & tous ſes enfants; & quand le Roy ſon mary vivoit, elle alloit quaſi ordinairement avec luy à l'aſſemblée du cerf, & autres chaſſes.

S'il joüoit au Pallemail, elle le voyoit le plus ſouvent joüer, & y joüoit elle-même. Elle aymoit auſſi fort à tirer de l'arbaleſte à tallet (a), & en tiroit fort bien : & tousjours quand elle s'alloit promener, faiſoit porter ſon arbaleſte ; & quand elle voyoit quelque beau coup, elle tiroit.

Elle inventoit tousjours quelque nouvelle danſe, ou quelques beaux ballets, quand elle voyoit le mauvais temps.

Elle inventoit auſſi des jeux, & y paſſoit ſon temps avec les uns & avec les autres, eſtant fort privée, (b) mais auſſi fort grave & auſtere, quand il falloit.

Elle aymoit fort à voir joüer des comédies, tragédies; mais depuis *Sophonisbe* (c), compoſée

(a) C'étoit une balle de terre cuite, pouſſée par le reſſort de l'arbalète. Voyez le dictionnaire de Nicot & de Borel.

(b) C'eſt-à-dire affable, & communicative.

(c) On parlera ailleurs de cette tragédie, & des événemens qui ſuivirent ſa repréſentation.

par Monsieur de Saint-Gelais, & très-bien représentée par Mesdames ses Filles, & autres Dames & Damoiselles, & Gentilshommes de sa Cour, qu'elle fit joüer à Blois aux nopces de Monsieur de Cypiere, & du Marquis d'Elbeuf, elle eut opinion qu'elle avoit porté le malheur aux affaires du Royaume, ainsi qu'il succéda ; elle n'en fit plus jouer ; mais oüy bien des comédies & tragi-comédies, & mesme celle de Zany & Pantalons : y prenoit grand plaisir, & y rioit son saoul, comme une autre ; car elle rioit volontiers, & aussi de son naturel elle estoit joviale, & aymoit à dire le mot, & où il y avoit à redire.

Elle passoit fort son temps, les après-disnées, à besogner après ses ouvrages de soye, où elle y estoit tant parfaite, qu'il estoit possible.

Bref, cette Reyne aymoit à s'addonner à tous honnestes exercices, & n'y en avoit pas un, au moins digne d'elle & de son sexe, qu'elle ne voulust sçavoir & pratiquer.

Voilà ce que je puis dire, pour parler briefvement, & fuir prolixité, de la beauté de son temps & de ses exercices.

Quand elle appelloit quelqu'un *mon amy*, c'estoit qu'elle l'estimoit sot, ou qu'elle estoit en colere : si bien qu'elle avoit un Gentil-Homme servant, nommé Monsieur de Bois-février, qui disoit le mot, quand elle l'appelloit *mon amy*. Ha !

Madame,

Discours II.

Madame, répondit-il, *j'aymerois mieux que vous m'appellaſſiez voſtre ennemy. Car c'eſt autant à dire que je ſuis un ſot, ou que vous eſtes en colere contre moy, ainſi que je cognois voſtre naturel dès-long-temps.*

Quant à ſon eſprit, il a eſté très-grand & très-admirable, ainſi qu'il s'eſt monſtré en tant de beaux & ſignalez actes, deſquels ſa vie eſt illuſtrée pour jamais. Le Roy, ſon mary, & ſon conſeil, l'eſtimerent tant, que lorſque le Roy alla en ſon voyage d'Allemaigne, il l'eſtablit & l'ordonna pour Régente & Gouvernante de tout ſon Royaume pendant ſon abſence, par déclaration ſolemnellement faite en plein Parlement de Paris : & en cette charge, ſe conduiſit ſi ſagement (a), qu'il n'y eut aucun remüement, changement ny altération en cet Eſtat, pour l'abſence du Roy ; mais au contraire, pourveut ſi bien aux affaires, qu'elle fit aſſiſter le Roy d'argent, de moyens & de gens, & de toute autre ſorte de ſecours, qui luy ſervit beaucoup à ſon retour, & même dans la conqueſte des villes qu'il fit en la Duché de Luxembourg,

---

(a) Ce fut-là l'époque où le déſir de dominer qui la tourmentoit, ſe développa ; on en trouve les preuves dans les obſervations ſur les mémoires de François de Rabutin, Tome XXXVII de la collection, pag. 409 & ſuiv. On y voit auſſi l'adreſſe avec laquelle Catherine ſe conduiſit.

Tome LXIII.

comme Yvoy, Monmedy, Dampvillers, Chimay, & autres.

Je vous laisse donc à penser si celuy qui en a escrit cette belle vie, que j'ay dite (a), a bien détracté de dire, que jamais le Roy, son mary, n'avoit voulu qu'elle mist le nez sur les affaires de son Estat. La faisant ainsi Régente en son absence, n'estoit-ce pas occasion ample d'en avoir pleine connoissance, & comme elle faisoit en l'absence du Roy, parmy tous ses voyages qu'il faisoit tous les ans, allant en ses armées ?

Que fit-elle après la bataille de Saint-Laurens, l'Estat estant ainsi esbranlé, & le Roy estant allé à Compiegne pour redresser nouvelle armée ? Elle espousa tellement les affaires, qu'elle excita & esmeut Messieurs de Paris à faire un prompt secours à leur Roy, qui vint très-bien à propos, & pour l'argent, & autres choses nécessaires pour la guerre.

Or, le Roy son mary blessé, ceux qui estoient de ce temps, & qui l'ont veu, ne peuvent ignorer le grand soucy qu'elle prit pour sa guérison, & les veilles qu'elle fit auprès de luy sans se coucher, les grandes prieres dont elle importunoit Dieu coup sur coup, & les processions & visitations

(a) La vie, actions, & déportemens de Catherine de Medicis, ouvrage attribué à Robert-Etienne.

d'Eglises qu'elle fit, & les postes qu'elle envoya par-tout pour querir Médecins & Chirurgiens. Mais heure estant venue, & ayant passé de ce monde en l'autre, elle en fit de telles lamentations, & jetta de telles larmes (a) que jamais elle ne les a taries ; & pour la souvenance, lors que l'on parloit de luy, tant qu'elle a vescu, en a tousjours jetté quelqu'une du profond de son cœur ; dont elle en prit cette devise propre & convenable à son deuil & à ses pleurs, qui estoit une montagne de chaux vive, sur laquelle les gouttes d'eau du ciel tomboient à foison, & disoient les mots tels en latin :

Ardorem extinctâ testantur vivere flammâ (b).

Les gouttes d'eau & les larmes monstrent bien leur ardeur, encore que la flamme soit esteinte. Telle devise prenant son allégorie sur le naturel de la chaux vive, laquelle, estant arrousée d'eau, brusle estrangement, & monstre son ardeur, encore que la flamme soit esteinte.

Par ainsi nostre Reyne monstroit son ardeur

(a) Elle avoit bien raison de pleurer ; jamais position ne fut plus embarrassante que la sienne en ce moment. (Lisez le Tome XLI de la collection, pag. 358. & suiv.)

(b) C'est-à-dire ; *elles témoignent que l'ardeur subsiste, quoique la flamme soit éteinte.*

& son affection par ses larmes, encore que la flamme, qui estoit le Roy son mary, fust esteinte, qui estoit autant à dire, que, tout mort qu'il estoit, elle faisoit paroistre par ses larmes, qu'elle ne le pouvoit oublier, & qu'elle l'aymoit tousjours.

Une quasi semblable devise portoit jadis Madame Valentine de Milan, Duchesse d'Orléans, après la mort de son mary, tué à Paris, dont elle eut un si grand regret, que, pour tout soulas & confort en gémissement, elle prit une chantepleure ou arrousoir pour sa devise sur le haut de laquelle étoit une S, en signe, ainsi qu'on dit, que seule souvent se soucioit & souspiroit; & autour du-dit chantepleure estoient escripts ces mots:

Rien ne m'est plus.
Plus ne m'est rien.

On voit encore cette devise dans l'Eglise des Cordeliers, à Blois, en sa Chapelle.

Le bon Roi René de Sicile, ayant perdu sa femme Isabeau, Duchesse de Lorraine, en porta si grand deuil, qu'il ne se pust jamais resjouir; & ainsi que ses plus privez amis & favoris luy remonstroient quelque consolation, il les menoit dans son cabinet, & là il leur monstroit peint de sa main, car il estoit excellent Peintre, un arc turquois, duquel la corde estoit brisée & rompuë, & au-dessous estoit escrit :

Arco, per lentare, piaga non sana (a).

Puis leur disoit : *Mes amis, par cette peinture, je responds à toutes vos raisons ; car ainsi que, pour détendre un arc, ou briser ou rompre sa corde, la playe qu'il a faite de sa flesche, n'en est rien de plustost guérie ; ainsi la vie de ma chere espouse estant par mort esteinte ou brisée, pour ce n'est pas guérie la playe du loyal amour dont elle vivante me navra le cœur.*

En plusieurs lieux à Angers, l'on voit en peinture ces arcs turquois, & ces cordes rompuës, & au-dessous ces mots :

Arco, per lentare, piaga non sana.

Et mesme aux Cordeliers, en la Chapelle Saint-Bernardin, qu'il a fait édifier : & prit cette devise après la mort de sa femme ; car, de son vivant, il en portoit une autre.

Or, notre Reyne, autour de sa devise que je viens de dire, y avoit fait mettre des trophées, des miroirs cassez, des éventails & pennaches

(a) C'est-à-dire ; *l'arc, pour être détendu, ne guérit point la plaie.*

rompus, des carquants brifés & des pierreries & perles efpandues par terre, & les chaînes toutes en pieces; le tout, en figne de quitter toutes bombances mondaines, puifque fon mary eftoit mort, duquel n'a jamais pu arrefter le deuil: & fans la grace de Dieu, & la conftance dont il l'avoit douée, elle euft fuccombé fous cette grande triftefle & ennuy. Auffi qu'elle voyoit tous fes enfants fort jeunes, & la France avoir grandement befoin d'elle, comme nous l'avons veu depuis par expérience: car, comme une *Semiramis*, ou une autre *Athalia* (a), elle entreprit, fauva, garantit & préferva fefdits enfants en leurs regnes, de plufieurs entreprifes qui leur eftoient préparées en leur bas aage, avec telle prudence & induftrie, que tout le monde la trouva admirable. Et ayant la Régence de ce Royaume après la mort du Roy *François* (b) fon fils, pendant la minorité de nos Roys, par l'ordonnance des Eftats d'Orléans (c), s'en fit bien accroire fur le Roy de Navarre : & fi elle euft paffé plus outre, elle le faifoit paffer atteint de crime de lèze-Majefté; &

(a) *Athalie...* Le parallèle n'eft peut-être point fi mal trouvé.

(b) François II.

(c) Catherine n'eut point le titre de régente. On lui en accorda le pouvoir; & c'étoit ce qu'elle vouloit. Brantôme n'eft pas le feul qui foit tombé dans cette erreur.

possible l'eust-elle fait sans Madame de Montpensier, qui la gouvernoit fort, pour les menées qu'on faisoit ou disoit avoir fait faire à M. le Prince de Condé sur l'Estat; si bien que ce fut audit (a) Roy de se contenter d'estre sous elle : & voilà un des sujets & habiles traits qu'elle fit pour son commencement.

Puis après, elle sçeut entretenir son grade & autorité si impérieusement, que nul n'y osa contredire, tant grand & remueur fust-il, jusques au bout de trois mois après, que la Cour estoit à Fontainebleau : ledit Roy de Navarre (b), se voulant ressentir son cœur, prit mescontentement sur ce que Monsieur de Guyse se faisoit porter les clefs du logis du Roy tous les soirs, & les gardoit toutes les nuits en sa chambre, comme Grand-Maistre, car c'est l'une de ses charges, & nul n'oseroit sortir sans luy, ce qui faschoit fort au Roy de Navarre, les voyant garder; mais en estant refusé, se dépita & se mutina de telle façon,

(a) Voyez dans les mémoires de Tavannes, Tome XXVII, page 295, les moyens violens qu'employa Catherine, pour forcer le Roi de Navarre à lui céder le pouvoir. Assurement on n'y trouvera pas matière à éloge pour elle.

(b) Ce prince ne soutint pas le rôle qu'il avoit commencé à jouer. Ses actions n'étoient que des boutades sans suite & sans effet.

M iv

que pour un matin vint prendre congé du Roy & de la Reine pour s'en aller hors la Cour, & amenoit avec luy tous les Princes du Sang qu'il avoit gagnés, avec Monsieur le Connestable & ses enfants & nepveux. La Reyne, qui ne s'attendoit nullement à cela, fut fort estonnée du commencement, & s'estant essayée tout ce qu'elle avoit pû pour rompre ce coup, & donné bonne espérance audit Roy de Navarre, qu'en patientant, il seroit un jour content ; mais par belles paroles elle ne put rien gagner sur ledit Roy, qu'il ne se mist en sondit partement. Sur ce, ladite Reyne s'advise de ce point subtil ; c'est qu'elle envoya faire commandement à Monsieur le Connestable, que comme le principal, premier & plus vieux Officier de la Couronne, il eust à demeurer près du Roy son maistre, ainsi que son devoir & sa charge luy commandoient, & n'eust à laisser le Roy. Monsieur le Connestable, sage & advisé qu'il estoit, & fort zélé à son maistre, & curieux de sa grandeur & de son honneur, ayant un peu songé à son devoir & au commandement qu'on luy avoit fait, le va trouver & se présenter à luy, prest de faire sa charge & son devoir, & ne bouger d'auprès de sa personne : ce qui estonna fort le Roy de Navarre, estant sur le point de monter à cheval, n'attendant que Monsieur le Connestable, qui luy alla remonstrer son commandement

& sa charge, & luy persuada de ne bouger luy-mesme, & ne partir; autrement, qu'il s'en pouvoit aller sans luy, ne le pouvant suivre pour son honneur & devoir : si bien qu'il alla trouver le Roy & la Reyne, à la suscitation de mondit sieur le Connestable. Et ayant conféré ensemble avec Leurs Majestez, le voyage du Roy Navarrois fut rompu, & ses mulets envoyez querir & contremandez, qui estoient déjà arrivez à Melun; & le tout s'appaisa au contentement dudit Roy de Navarre : non que Monsieur de Guise en diminuast rien de sa charge, ny en démordist rien de son honneur : car il garda tousjours la prééminence & ce qui luy appartenoit, sans s'estonner de rien, encore qu'il n'y fust le plus fort, estant l'homme du monde en ces choses qui s'estonnoit le moins, mais qui sçavoit bien braver & tenir son rang, & garder ce qu'il avoit. Il ne faut douter, ainsi que tout le monde le tenoit, que si ladite Reyne ne se fust advisée de cette ruse à l'endroit de Monsieur le Connestable, que toute cette troupe ne fust allée à Paris remüer; chose qui n'eust gueres vallu : en quoy il faut donner grand los à ladite Reyne (a) de ce trait. Je le

(a) Il est certain que ce fut un trait d'habilité qu'on en ait donné le conseil à Catherine, ou que son esprit le lui ait suggéré, l'honneur de l'exécution au moins lui appartient; & c'est un des actes les mieux calculés de son administration.

fcay, j'y eftois, & qu'aucuns tenoient alors que ce n'eftoit de fon invention, mais du Cardinal de Tournon, fage & advifé Prélat. Mais c'eft menterie. Car tout vieil roturier de prudence & de confeil qu'il eftoit (a), ma foy, la Reyne en fçavoit plus que luy, ni que tout le Confeil du Roy enfemble ; car bien fouvent, lors qu'il eftoit en défaut, elle le relevoit, & le mettoit à la trace & aux voyes, ainfi que j'en alléguerois plufieurs exemples ; mais c'eft affez que je die celluy-cy, qui eft frais, qu'elle mefme me fit cet honneur de defcouvrir. Il eft tel.

Quand elle vint en Guyenne & à Coigñac dernièrement, pour accorder les Princes de la Religion & de la Ligue (b), & mettre le Royaume en paix, qu'elle voyoit s'aller ruiner par telles divifions, elle s'advifa, pour traiter cette paix, de faire publier une trefve premièrement, de laquelle le Roy de Navarre & le Prince de Condé furent très-mal contents & amutinez, d'autant difoient-ils, que cette publication leur portoit un grand

(a) *Vieil roturier, &c.* pour *vieux rufé, rompu aux affaires.* Au Chap. X du II.e Livre de *Fanefte*, on lit *roturier de guerre*, dans la même fignification ; pour *routier, ou rompu aux fineffes de guerre.*

(b) Probablement ce fut en 1578, lorfque la Reine mère alla mener fa fille au Roi de Navarre fon époux. Ainfi cet événement dut précéder la paix de Nerac.

préjudice, à cause de leurs estrangers, qui l'ayant entendue, se pourroient refroidir de leur voyage, ou le retarder: croyants que ladite Reyne l'eust fait à ces desseins, & dirent, & se résolurent mesmement de ne voir la Reyne, ny traiter avec elle, que ladite tresve ne fust descriée; & que, trouvant son conseil, qu'elle avoit pour lors près d'elle, encore qu'il fust composé de belles lettres, fort ridicule & peu honorable; voir quasi impossible de trouver moyen de la faire descrier, la Reyne leur dit: *Vrayement, vous estes bien esbahis sur ce remede. Ne sçavez-vous autre chose? Il n'y a qu'un point en cela. Vous avez à Maillezais le Régiment de Neufvy & de Sorlu, Huguenots. Faites-moy partir d'icy de Niort le plus d'Arquebusiers que vous pourrez, & allez-les-moy aussi-tost tailler en pieces:* & voilà aussi-tost la tresve descriée & descousue, sans autrement se péner. Ainsi qu'elle le commanda, aussi-tost exécuté: & les Arquebusiers, levez & menez sous la conduite du Capitaine d'Estelle, allerent si bien forcer leur fort & barricades, que les voilà tous défaits, Sorlu tué, qui estoit un vaillant homme, & Neufvy (a) avec force

(a) Il y avoit deux frères de Neufvy. Celui dont il s'agit ici, étoit probablement le Neufvy, à qui Henri IV conseilla de quitter la lecture de Tacite, dans la crainte que ce génie fier, ne prît un vol trop élevé; dit le sieur d'Aubigné dans ses mémoires.

d'autres morts & pris tous leurs drapeaux aussi, & ainsi menez à Niort à la Reyne; laquelle, usant en leur endroit de ses tours accoustumez de clémence, leur pardonna à tous, & les renvoya avec leurs enseignes & drappeaux. Et c'est chose rare; mais elle voulut faire ce trait, par-dessus la rareté, ce me dit-elle, aux Princes, qui connurent bien qu'ils avoient à faire avec une très-habile Princesse, & que ce n'estoit à elle d'addresser une telle mocquerie, de luy descrier une trefve par la mesme trompette qui l'avoit criée : & luy pensant faire recevoir cette honte, elle tomba sur eux-mesmes, leur ayant mandé par les prisonniers, que ce n'estoit à elle de la désespérer en demandant choses déraisonnables & mal-séantes, puis qu'il estoit en sa puissance de leur faire mal & bien.

Voilà comment ceste Reyne sçeut donner & apprendre sa leçon à ceux de son Conseil. J'en dirois bien d'autres points, dont le premier sera cestuyey, pour respondre à aucuns, que j'ay veu dire souvent, qu'elle avoit esmeu les premieres armes, ou estoit cause de nos guerres civiles. Qui en veut voir la source, (a) ne le croira pas. Car le Trium-

─────

(a) Le maréchal de Tavannes, tranche sur cet article dans ses mémoires, puisqu'il y attribue même à Catherine la conjuration d'Amboise; & vu le pouvoir énorme des Guises, elle n'étoit pas incapable d'avoir participé au

virat, & le Roy de Navarre par-dessus, ayant esté créé, elle, voyant les menées qui se préparoient, & le changement que faisoit le Roy de Navarre de luy, qui auparavant de long-temps Huguenot si réformé, s'estoit rendu Catholique, & que par un tel changement, elle eut peur du Roy, du Royaume, & de sa personne, qu'il ne leur mesadvinst, songea & s'esmaya à quoy pouvoient tendre ces menées, parlements, & collocutions, qui se faisoient en secret : & n'en pouvant tirer à vray le fond du pot, comme l'on dit, elle s'advisa un jour, ainsi que tout le Conseil secret se tenoit en la chambre du Roy de Navarre, d'aller à la chambre d'en-haut dessus la sienne; & là, par le moyen d'une Sarbatane qu'elle avoit fait couler le long de la tapisserie, sans estre apperceuë, oüit tous leurs propos.

Entre autres, elle en oüit un (a) qui luy fut tres-terrible & amer ; car il y eut le Mareschal de Saint-André, l'un du Triumvirat, qui opina

complot. Il faut pourtant avouer que cette inculpation de Tavannes n'est rien moins que prouvée.

(a) On peut dire qu'elle fut cruellement payée de sa curiosité. Au surplus, cette ruse étoit un de ces petits moyens qui portent le cachet de la tracasserie & de l'intrigue, & que nous lui avons reproché d'avoir employé si fréquemment. Elisabeth déconcertoit autrement les factions.

qu'il falloit jetter la Reyne avec un sac dans l'eau, & qu'autrement ils ne pourroient jamais rien besogner en leur affaire : mais feu Monsieur de Guise, qui estoit tout bon & généreux, *dit qu'il ne falloit pas, que c'estoit chose trop injuste de faire mourir si misérablement la femme & la mere de leurs Roys*, & s'y opposa du tout : en quoy ladite Reyne l'a aimé toujours ; & le monstra bien à ses enfants après sa mort, leur donnant tous ses estats. Je vous laisse à penser quelle sentence ce fut pour la Reyne, l'ayant oüye ainsi de ses oreilles, & si elle eut occasion d'avoir peur, encore qu'elle s'asseurast de Monsieur de Guise : mais, à ce que j'ay oüy dire à une de ses plus privées, elle craignoit qu'ils fissent le coup sans le sçeu de Monsieur de Guise, comme elle avoit raison ; car en un acte détestable tel comme celuy-là, il se faut douter d'un homme de bien toujours, & jamais ne luy communiquer. Ce fut donc à elle à adviser à sa salvation, & employer ceux qu'elle voyoit déjà aux armes, (a) & les prier d'avoir pitié de la mere & des enfants. Voilà toute la cause de la guerre

(a) Il s'en faut bien que ce récit de Brantôme soit conforme aux monumens du tems. Le prince de Condé avant cette époque, avoit une correspondance suivie avec Catherine de Médicis qui vouloit à la fois jouer les deux partis. C'est dans les observations sur les mémoires de Castelnau, (Tome XLIII de la collection,) qu'il faut chercher le

civile ; car elle ne voulut jamais aller à Orléans avec les autres, ny leur donner le Roy, ny ses estats, comme elle pouvoit ; mais elle fut très-aise que sur le grabouil & rumeur d'armes, elle fust en sauveté, & le Roy son fils & ses enfans comme de raison : toutesfois elle pria & tira parole d'eux, que, (a) toutesfois & quantes qu'elle les sommeroit de poser les armes, qu'ils le feroient ; ce que néantmoins ils ne voulurent faire quand ils furent au joindre, quelques allées & venues qu'elle fist vers eux, & la peine qu'elle prist, & le grand chaud qu'elle enduraft vers *Talsy*, pour les persuader à entendre à la paix qu'elle avoit déjà faite bonne & seure pour toute la Fance, s'ils y eussent voulu entendre dès-lors : & ce feu, & tant d'autres que nous avons veu allumés du reste des tisons premiers, fussent esté esteints pour tout jamais en la France, s'ils l'eussent voulu croire. Je sçay (b) ce que je luy en vis dire la larme à l'œil, & de quel zele elle y procéda.

Voilà donc en quoy on ne la peut taxer du premier brandon de la guerre civile, non plus que

vrai nœud de ces intrigues. Nous invitons surtout, à lire les observations, nos 20, 21, 22, 23 & 24.

(a) Catherine articuloit ce fait, & le prince de Condé le nioit ; voilà la difficulté.

(b) On doit au moins louer Brantôme d'avoir cité pour son garant cette princesse même.

de la seconde (a) qui fut à la journée de Meaux : car alors, elle ne songeant qu'à la chasse, & à donner plaisir au Roy en sa belle maison de Monceaux : l'avertissement vint, que Monsieur le Prince & tous ceux de la Religion estoient en armes & en campagne, pour surprendre le Roy, sous couleur de luy présenter une requeste. Dieu sçait qui fut alors cause de cette premiere émeute : & sans les six mille Suisses qui avoient esté nouvellement levez, on ne sçait ce qu'en eust esté, sur la levée desquels ils prirent aucunement le prétexte de la levation de leurs armes, disants & publiants qu'on les avoit fait lever (b) pour leur faire la guerre ; & ce furent eux pourtant les premiers, je le sçay pour estre alors à la Cour, qui en solliciterent le Roy & la Reyne sur le passage du Duc d'Albe & de son armée, craignants que, sous couleur de passer en Flandres, elle ne vînt fondre sur la frontiere de France, & disants que c'estoit la coustume d'armer toujours

(a) La reprise des armes en 1567, étoit un effet naturel de la première guerre civile : on ne s'étoit reposé que par épuisement, & pour se préparer à recommencer.

(b) Il y a apparence qu'ils ne se trompoient pas ; l'entrevue de Bayonne leur avoit donné l'éveil ; à la vérité ils avoient eu la mal-adresse de conseiller cette levée de suisses. Ils ne tardèrent pas à s'en repentir. (Voyez le Tome XLIV de la collection, pag. 479.)

Discours II.

les frontieres, lorsqu'on voyoit armer son voisin. On ne peut ignorer quelle instance pour cela ils firent au Roy & à la Reyne, par lettres & par ambassades; & mesme Monsieur le Prince & Monsieur l'Admiral vindrent trouver le Roy à Saint-Germain-en-Laye pour cet effet, comme je les vis. Je voudrois bien sçavoir aussi, car tout ce que j'escris en cecy, je l'ay veu, qui fit prendre les armes au mardy gras, (a) & qui suborna & sollicita Monsieur frere du Roy, & le Roy de Navarre, d'entendre aux entreprises pour lesquelles la Mole & Coconas furent défaits à Paris. Ce n'estoit pas la Reyne: car, par sa prudence, elle empescha qu'elles n'en prindrent feu, tenant Monsieur & le Roy de Navarre si serrez dans le bois de Vincennes, qu'ils ne purent sortir; & après la mort du Roy Charles, les resserra si bien dans Paris & le Louvre, & grilla si bien pour un matin leurs fenestres, au moins celles du Roy de Navarre, qui estoit logé le plus bas.

(a) La transition, comme on le voit, est brusque. Quoi qu'il en soit, Brantôme demande quelle fut la cause de cette insurrection du duc d'Alençon & de ses adhérens? On l'a développée dans les mémoires du duc de Bouillon, & dans les notices qui précédent ceux de la Noue & de Philippi. En deux mots, l'ambition tournoit les têtes. Catherine de Medicis avoit habitué les François à intriguer. Elle recueilloit le fruit de ses leçons.

Je sçay ce qu'en dit le Roy de Navarre, la larme à l'œil; & les surveilloit-on si bien, qu'ils ne purent jamais eschapper, comme ils avoient la volonté: ce qui eust grandement travaillé l'estat, & empesché le retour de Pologne au Roy; car ils tendoient fort-là. Je le sçay bien, pour avoir esté convié à la fricassée, qui est encore un des beaux traits qu'ait fait la Reyne, & au partir de Paris, les amena à Lyon au-devant du Roy, si dextrement & dilligemment, qu'on ne les eust sçeu juger prisonniers qui les eut veus, & allerent en coche avec elle; & toutesfois elle les remit entre les mains du Roy, qui, pour sa venue, pardonna tout en après. Qui est-ce qui débaucha Monsieur, frere du Roy, de partir de Paris la belle nuit, sortir de la compagnie du Roy son frere qui l'aimoit tant, & se défaire de son amitié, pour prendre les armes & brouiller toute la France ? Monsieur de la Noue (a) sçait tout cela, & les menées qui commencerent dès le siege de la Rochelle, & ce que je luy en dis. Ce ne fut donc pas la Reyne-Mere: car pour un tel & si inopiné

(a) Dans la notice des mémoires de la Noue, on ne lui a pas fait grace sur les menées auxquelles il participa. Mais si la France étoit agitée par les commotions d'un volcan, dont les explosions se répétoient fréquemment, qui en avoit préparé le foyer, sinon l'héroine de Brantôme ?

deslogement de son fils, elle en prit un tel regret de voir le frere bandé contre le frere & son Roy, qu'elle jura qu'elle mourroit en la peine, ou elle les remettroit & rejoindroit comme devant (a); ce qu'elle fit: car je luy vis dire à Blois, estant sur le partement avec Monsieur, qu'elle ne supplioit rien tant Dieu, que de luy envoyer cette grace de réunion, & après qu'il luy envoyast la mort, & qu'elle la recevroit du meilleur de son cœur; ou bien, qu'elle se vouloit retirer en ses maisons de Monceaux & de Chenonceaux, sans jamais plus se mesler des affaires de France, voulant parachever le reste de ses jours en tranquillité : & de fait le vouloit faire ainsi, mais le Roy la pria de ne s'en oster; car luy & son Royaume avoient grand besoin d'elle. Je m'asseure que si elle n'eust fait ce coup la paix, que c'estoit fait de la France alors; car il y avoit cinquante mille estrangers, tant d'une part que d'autre, qui eussent bien aydé à la battre & ruiner.

Ce ne fut donc pas elle, à ce coup, qui fit prendre les armes, non plus que les premiers Estats de Blois, (c) lesquels ne vouloient qu'une

(a) Négocier (nous l'avons dit vingt fois) étoit sa jouissance; par là elle devenoit nécessaire, & elle régnoit.

(b) Henri III les convoqua pour avoir de l'argent qu'il n'eut point. La ligue qui y dominoit, quoiqu'elle ne fût pas encore déclarée, lui prescrivit des loix, & le Mo-

seule Religion, & proposerent d'abolir l'autre contraire à la leur; & pour ce demanderent que, si on ne la vouloit abolir par le glaive spirituel, qu'il y falloit apporter le temporel. Aucuns ont dit que la Reyne les avoit gagnés, & sont abus: car, d'aucunes Provinces, (a) il y en eut force qui apporterent des cahiers qui ne faisoient rien pour elle. Je ne dis pas qu'elle ne les gagnaft par après; ce qui fut un beau coup de partie & d'esprit. Aussi ce ne fut pas elle qui demanda lesdits Estats; tant s'en faut, les réprouva du tout; d'autant qu'ils diminuoient fort l'autorité du Roy & la sienne. Ce furent ceux de la Religion, qui les avoient demandez, & y avoit long-temps (b); & voulurent les malheurs que nous avons aujourd'huy.

On la vouloit accuser aussi d'avoir esté com-

narque n'y gagna que des humiliations. Quant à sa mère, on sait que dès-lors elle agissoit de concert avec le duc de Guise.

(a) Ce qu'il y a de vrai, c'est qu'une partie des députés vint lui faire la réverence, & qu'on le trouva fort mauvais. (Lisez les mémoires du duc de Bouillon, Tome XLVIII de la collection, pag. 411.)

(b) Quelques communautés de protestans, avoient demandé les Etats Généraux pour rémedier aux désordres des finances. Mais dès qu'ils virent l'esprit dont cette assemblée étoit animée, ils réclamèrent contr'elle.

plice en la guerre de la Ligue. Pourquoy donc eut-elle entrepris cette paix que je viens de dire, si elle en eust esté? Pourquoy eust-elle appaisé le tumulte des Barricades de Paris, & rencontré le Roy avec Monsieur de Guise, pour le faire mourir & tuër, ainsi que nous avons veu?

Or, pour fin, qu'on débagoule contre elle tout ce qu'on voudra, jamais nous n'aurons une telle en France, si bonne pour la paix.

On l'a fort accusée du massacre (a) de Paris: ce sont lettres clauses, pour quant à cela; car alors j'estois en nostre embarquement de Broüage: mais j'ay bien oüy dire qu'elle n'en fut la premiere autrice. Il y a trois ou quatre autres, que je nommerois, qui furent plus ardents qu'elle, & qui l'y poussèrent fort; luy faisant accroire que, pour les menaces que l'on faisoit, à cause de la blessure de Monsieur l'Admiral, on tueroit le Roy, elle, & ses enfants, & toute sa Cour, ou qu'on seroit aux armes pis que jamais: en quoy certes ceux de la Religion eurent grand tort de faire telles menaces qu'on dit qu'ils faisoient; car ils en empirerent le

(a) Nous ne croyons pas que ce soit une calomnie, ni même une médisance. Au surplus, Brantôme avoue qu'elle adopta le projet, dont probablement accouchèrent les têtes de Gonzague, de Gondi, & de Biragre. Sur les quatre il y avoit donc trois Italiens.

marché du pauvre Monsieur l'Admiral, & luy en procurerent la mort. Que s'ils se fussent tenus coy, & n'eussent sonné mot, & l'aissé guérir Monsieur l'Admiral, il s'en fust'allé après hors de Paris, tout bellement & à son aise, & n'en fust esté autre chose. Monsieur de la Nouë a bien esté de cette opinion, & sçay que luy & Monsieur d'Estrozze (a) mesmement le requirent par les articles de la paix derniere, qu'ils fussent appellez & tenus; à quoy la Reyne répugnoit fort, prévoyant des abus : toutesfois pour les contenter, & qu'ils ne criassent tant après, ils l'esmeurent à leur confusion & dommage, non à leur profit & contentement, comme ils pensoient, si bien qu'ils en prirent les armes. Ce ne fut pas encore la Reyne qui en fit le coup.

Bref, ce ne fut pas elle aussi, lorsqu'on prit (b) Mont de Marsan, la Fere en Picardie, & Cahors. Je m'en rapporte à ce que dit le Roy à Monsieur de Miossans, qui l'estoit venu trouver de la part du Roy de Navarre, & l'en rabroüa fort; & luy dit, cependant qu'on le paissoit de

___

(a) Strozzi, fils du maréchal de ce nom.

(b) Il s'agit ici de la guerre *des amoureux :* un procédé infâme de Henri III, l'alluma. (Voyez les mémoires du duc de Bouillon, Tome XLIX de la collection pag. 93 & suiv.)

belles paroles, on prenoit les armes, & prenoit-on ses Villes.

Voilà donc comment cette Reyne a esté motrice de toutes nos guerres & nos feux; lesquels, encore qu'elle ne les eust allumez, elle employoit tousjours ses peines & ses labeurs pour les esteindre, abhorrant de voir tant de Noblesse & tant de gens de bien mourir; & sans cela & sa considération, tels l'ont haïe, à mal mortel, qui s'en fussent très-mal trouvez (a), & seroient en terre, & leur party ne fleuriroit tant qu'il fait; ce qu'il faut imputer à sa bonté, dont nous aurions besoin maintenant: car ainsi que tout le monde le dit, & le pauvre peuple le crie, nous n'avons plus de Reyne-Mere pour nous (b) faire la paix. Il ne tint pas à elle qu'elle ne se fist, lorsqu'elle vint en Guyenne derniérement pour en traiter à Cognac & Jarnac avec le Roy de Navarre & le Prince de Condé. Je sçay ce que je luy en vis dire, les larmes à l'œil, & les regrets au cœur, à quoy ces Princes n'y vouloient condescendre. Possible ne verrions nous ces bravades, ces audaces & me-

(a). Cela est fort bien pour ceux qui échappèrent à tant de massacres: mais combien y eut-il de victimes de l'ambition de Catherine de Medicis?

(b) Henri IV qui la connoissoit à merveille, pensoit bien différemment. Il regarda sa mort comme l'unique moyen d'arriver à une conciliation avec Henri III.

N iv

naces, & mesme à la Cour du Roy, en sa Ville de Paris, que l'on fit: & mesme Monsieur de Telligny blasma fort son beau-pere, qui estoit des eschauffez, l'appellant & ses compagnons *les vrays fols & mal-habiles*. Monsieur l'Amiral n'usoit jamais de ces paroles, ainsi que j'ay ouï dire à aucuns, au moins tout haut. Je ne dis pas qu'en secret, & en privé avec ses plus familiers amis, qu'il n'en parlast hautement. Et voilà la cause de la mort de Monsieur l'Admiral, & du massacre des siens, & non pas la Reyne, ainsi que j'ay ouï dire à aucuns qui le sçavent bien; encore qu'il y en ait plusieurs qu'on ne leur sçauroit ôter l'opinion de la teste, que cette fusée n'eust esté filée de longue main, & cette trame couvée.

Ce sont abus: les moins passionnez le croyent ainsi, les plus obstinez & passionnez le croyent autrement; &, bien souvent, nous donnons cet honneur (a) aux Roys & aux grands Princes: quelquefois, pour l'élévation des choses, & qu'elles sont arrivées, nous les disons prudents & providents, & qu'ils ont bien sçeu dissimuler, à quoy ils ont autant songé qu'en tridet.

(a) Quel honneur grand Dieu, d'assassiner des hommes! Toutes les proscriptions ne sont-elles pas l'opprobre des annales des nations? C'est dévouer la mémoire des Rois & des princes à l'exécration de la postérité que de leur attribuer des attentats de ce genre.

Pour retourner encore à noftre Reyne, les ennemis luy ont mis deſſus, qu'elle n'eſtoit pas bonne Françoiſe, Dieu le ſçait, & de quelle affection je la vis pouſſée pour chaſſer les Anglois hors du havre-de-Grace (a), & ce qu'elle en dit à Monſieur le Prince, & comme elle l'y fit aller avec force Gentilshommes de ſon party, & les Compagnies Colonnelles de Monſieur Andelot, & autres Huguenottes; & comment elle-meſme en perſonne mena l'Armée, eſtant montée ordinairement à cheval, comme une ſeconde belle Reyne Marphiſe, & s'oppoſant aux arquebuſades & canonades, comme un de ſes Capitaines, voyant faire touſjours la batterie, diſant qu'elle ne ſeroit jamais à ſon aiſe, qu'elle n'euſt pris cette Ville, & chaſſé les Anglois de France, haïſſant plus que poiſon ceux qui la leur avoient vendue. Auſſi fit-elle tant, qu'elle la rendit Françoiſe.

Lorſque Rouen eſtoit aſſiégé, je la vis en toutes les coleres du monde, quand elle y vit entrer le ſecours des Anglois, qui entrerent par la gallerie Françoiſe, qui avoit eſté priſe un an devant; craignant que cette place, faillant à eſtre priſe par nous, vînt à la domination des Anglois; auſſi pouſſa-t-elle fort à la roue, comme l'on dit, pour la prendre, & ne failloit tous les jours à

(a) En 1563.

venir au fort de Sainte-Catherine. Les canonades & arquebufades pleuvoient (a) autour d'elle, qu'elle s'en foucioit autant que rien.

Ceux qui lors y eftoient, l'ont auffi bien veu que moy. Il y a encore fes Dames & fes Filles qui l'accompagnoient, auxquelles le jeu ne plaifoit point; je le fçay & les ay veues : & quand Monfieur le Conneftable & Monfieur de Guife luy remonftrerent *qu'il luy en arriveroit du malheur*, elle ne faifoit que rire, & dire *pourquoy elle s'y épargneroit non plus qu'eux, & qu'elle avoit le courage auffi bon qu'eux, mais non la force, que fon fexe luy dénioit*; car, pour la peine, elle l'enduroit très-bien, fuft à pied, fuft à cheval, s'y tenant de meilleure grace, ne fentant pour cela fa Dame homaffe en forme & façon d'Amazone bizarre, mais fa gente Princeffe, belle, bien agréable & douce.

On a dit d'elle qu'elle eftoit fort Efpagnolle (b). Certainement, tant que fa bonne fille a vefcu elle a aymé l'Efpagne; mais après qu'elle a efté

(a) Cette intrépidité lui fait honneur. Au refte il y auroit de la partialité à lui refufer du courage, beaucoup d'efprit, un tact fin & délié, & une grande connoiffance du cœur humain.

(b) Elle fut Efpagnole quand elle eut befoin de Philippe : mais elle fe défioit avec raifon du démon du midi.

morte, on sçait, au moins aucuns, si elle a eu occasion de l'aymer, & la terre & la nation. Bien est vray qu'elle a esté toujours si prudente, jusques-là qu'elle a voulu toujours entretenir le Roy d'Espagne comme son beau gendre, afin qu'il en traitast mieux sa belle & bonne fille, comme est la coustume des bonnes meres; aussi afin qu'il ne nous vînt troubler la France, ny faire la guerre, selon son beau cœur & naturelle ambition. On dit qu'elle n'aymoit point la Noblesse de France, & en désiroit fort le sang respandu. Je m'en rapporte à tant de paix par elle faites, comme elle l'a espargné : & , outre cela, qu'on prenne esgard à elle tant qu'elle a esté *Régente* (a), & ses enfants en minorité, si l'on a veu à la Cour tant de querelles & combats, comme il s'en est veu depuis; car elle ny en a jamais voulu voir, & toujours a fait expresses défenses d'en venir là, & fait chastier ceux qui y contreviendroient. Du depuis je l'ay veue bien souvent à la Cour, quand le Roy alloit quelquefois dehors pour y séjourner quelques jours, qu'elle y demeuroit absolue & seule, du temps que les querelles commencerent à la Cour à se rendre communes, & les combats; jamais elle ne les voulut permettre, & soudain

(a) Catherine ne fut réellement régente qu'à la mort de Charles IX, ainsi la durée de sa régence n'a pas été longue.

faisoit commandement aux Capitaines des Gardes, de faire les défenses, & aux Mareschaux & Capitaines de les accorder : aussi, pour dire vray, on la craignoit plus que le Roy en cela ; car elle sçavoit bien parler à ces désobéissants & querelleurs, & les ravaudoit terriblement.

Je me souviens qu'une fois le Roy estant aux bains de Bourbon, feu mon cousin (a) de la Chastaigneray eut une querelle contre Pardaillan. Elle le fit chercher par-tout, pour lui défendre de ne se pas battre, sur la vie ; mais ne s'estant pu trouver par deux jours entiers, elle le fit guetter si bien, que par un Dimanche matin, luy estant en l'Isle Louviers, attendant son ennemy, le Grand Prevost le vint surprendre là, & l'emmena prisonnier par le commandement de la Reyne, dans la Bastille ; mais il n'y demeura qu'une nuit pourtant, & après l'envoya quérir, & luy en fit la réprimande, moitié aigre, moitié douce, ainsi qu'elle estoit toute bonne & rude quand elle vouloit. Je sçay bien ce qu'elle m'en dit aussi, d'autant que j'y estois pour seconder mondit cousin, que comme le plus âgé je devois être le plus sage.

L'année que le Roy retourna de Pologne (b), il s'esmeut une querelle entre Messieurs de Gril-

_____

(a) Celui que Jarnac tua en presence de Henri II.
(b) En 1574.

DISCOURS II.

jon (a) & d'entragues, tous deux braves & vaillants Gentilshommes; & s'estant appellez & près à se battre, le Roy leur fit faire défenses par Monsieur de Rambouillet (b), l'un de ses Capitaines des Gardes lors en quartier, de ne se battre, & fit commandement à Monsieur de Nevers, & au Mareschal de Retz, de les accorder, à quoy ils faillirent. La Reyne les envoya querir le soir dans sa chambre; & d'autant que leurs querelles touchoient deux grandes Dames des siennes, elle leur commanda en toute rigueur, & pria après en toute douceur, de se rapporter à elle tous deux de leurs différends, puisqu'elle leur faisoit l'honneur de s'en mesler; & puisque les Princes, Mareschaux & Capitaines avoient failly à leur accord, qu'elle en vouloit avoir la connoissance & la gloire : par quoy elle les rendit amis, & les fit embrasser sans une autre forme, en prenant le tout sur elle; si bien que, par sa prudence, le sujet de la querelle, qui touchoit un peu l'honneur de ces deux Dames, & estoit scabreux, ne fut jamais sçeu ny publié. Voilà une grande bonté de Princesse : & puis

(a) La plupart des écrits du tems, estropient ainsi son nom; c'étoit ce brave Louis de Berton, sieur de Crillon, qui fit rougir Henri III, de lui avoir proposé d'assassiner le duc de Guise. (*Voyez* le Tome L de la collection, pag. 446.)

(b) De la maison d'Angennes.

dire qu'elle n'aymoit point la Noblesse! Ha, si faisoit-elle, la connoissoit & l'estimoit trop. Je crois qu'il n'y avoit grande Maison en son Royaume, qu'elle ne connust, & disoit l'avoir appris du grand Roy François, qui sçavoit toutes (a) les généalogies des grandes familles de son Royaume; & aussi du Roy son mary, lequel avoit cela, que, quand il avoit une fois veu un Gentilhomme, il le connoissoit toujours, fust en sa face ou en sa réputation.

J'ay veu cette Reyne, souvent & ordinairement, lorsque le Roy son fils estoit mineur, prendre la peine de luy représenter elle-mesme les Gentilshommes de son Royaume, & luy ramentevoir, *un tel a fait service au Roy vostre pere*, & ainsi de tous les autres; & commandoit de s'en ressouvenir & de les aymer, & de leur faire du bien, de les connoistre une fois, ce qu'il (b)

(a) Il nous semble qu'il auroit été plus utile pour la nation qu'il eût médité profondément sur l'économie politique, sur les droits de l'homme, & sur les bornes véritables de l'autorité légitime. Le père des lettres auroit pu alors devenir le père de son peuple, & nous ne connoissons point de titre équivalent au dernier.

(b) Pourquoi employoit-il donc dans l'administration des Gondi, des Birague? Pourquoi renvoya-t-il le chancelier Michel l'Hopital? Brantôme devoit pourtant savoir tout cela.

sçeut très-bien faire puis après ; car, par telle instruction, le Roy connoissoit fort bien les gens de bien, de race & d'honneur, qui estoient en son Royaume.

Ces détracteurs ont dit aussi qu'elle n'aymoit point son peuple. Il y a paru. Fut-il jamais tiré tant de tailles, subsides, imposts & autres deniers, tant qu'elle a duré gouvernant la minorité de ses enfants, comme il esté tiré (a) depuis une seule année ? Luy a-t-on trouvé tant d'argent caché, & aux banques d'Italie (b), comme l'on crioit ? Tant s'en faut, qu'après sa mort on ne luy a rien trouvé, non pas mesme un seul sol ; &, ainsi que j'ay ouï dire à aucuns de ses Financiers, & aucunes de ses Dames, qu'elle s'est trouvée, après sa mort, endebtée de huit cent mille escus, les gages de ses Dames, Gentilshommes & Officiers de sa Maison, deus d'une année, & son revenu d'un an mangé : si bien que, quelques mois avant de mourir, ses Financiers luy remontrant cette nécessité, en rioit, & disoit qu'il falloit louer Dieu de tout, & trouver de quoy vivre. Voilà son

(a) Il est certain que Henri III combla la mesure. Son règne fut celui du gaspillage & des profusions. Aussi une révolution éteignit-elle sa Dynastie.

(b) Sans doute on exagéra : mais il n'est pas moins vrai que cette princesse, en appelant en France les traitans & les banquiers d'Italie, prépara la ruine du royaume.

avarice & le grand tréfor qu'elle amaſſoit, comme l'on diſoit. Elle n'avoit garde de s'en faire ; car elle avoit le cœur tout noble, tout pareil à celuy de ſon grand oncle le Pape Léon, & du magnifique Seigneur Laurens de Médicis. Car elle deſpenſoit & donnoit tout, ou faiſoit baſtir, ou deſpenſoit en des honorables magnificences, & prenoit plaiſir de donner tousjours quelque récréation à ſon peuple, ou à ſa Cour, comme en feſtins, bals, danſes (a), combats, couremens de bagues, dont elle en a fait trois ſuperbes durant ſa vie : l'un qui fut fait à Fontainebleau, le Mardy gras après les premiers troubles, où il y eut un tournois & rompement de lances, & combats à la barriere ; bref, toute ſorte de jeux d'armes, avec une belle Comédie ſur le ſujet de la belle Genievre de l'Arioſte, qu'elle fit repréſenter par Madame d'Angouleſme (b), & par ſes plus honneſtes & belles Princeſſes, Dames & filles de ſa Cour, qui certes la repréſenterent très-bien, & tellement qu'on n'en vit jamais une plus belle.

Puis à Bayonne, à l'entrevue de la Reyne ſa bonne fille, où la magnificence fut telle en toutes choſes, que les Eſpagnols, qui ſont fort deſdai-

(a) Qui fourniſſoit à la dépenſe de ces fêtes, & de ces bâtimens ? N'étoit-ce pas le tréſor public ? Voilà ce que Brantôme a oublié d'expliquer.

(b). Diane de France, fille naturelle de Henri II.

gneux

DISCOURS II.

gneux de toutes autres, fors des leurs, leur jurerent d'avoir rien veu de plus beau, & que le Roy n'y fçavoit plus approcher, & s'en retournerent ainfi édifiés.

Je fçay que plufieurs blafmerent (a) enfin cette dépenfe fuperflue par trop; mais la Reyne difoit, qu'elle le faifoit pour monftrer à l'eftranger, que la France n'eftoit fi totalement ruinée & pauvre à caufe des guerres paffées, qu'il l'eftimoit; & que, puifque pour tels esbats on fçavoit defpendre, que pour les conféquences & importances on le fçauroit encore mieux faire; & que d'autant plus la France en feroit mieux eftimée & redoutée, tant pour en voir fes biens & richeffes, que pour voir tant de Gentilshommes fi braves & fi adroits aux armes, ainfi que certes il s'y en trouva-là beaucoup, & qu'il fit très-bon voir, & dignes d'eftre admirez.

Davantage il étoit bien raifonnable, que pour la plus grande Reyne de la Chreftienté, la plus belle, la plus honnefte & la meilleure (b), on fift quelque

---

(a) On a remarqué ailleurs que c'étoit-là la conduite de l'homme près de faire banqueroute, & cherchant par un fafte apparent à en impofer au public. (Obfervations fur les mémoires de Caftelnau, Tome XLIV de la collection, page 419).

(b) Voilà bien le langage d'un courtifan. L'Hôpital fe feroit exprimé différemment : mais il y a loin de l'homme

Tome LXIII.   O

solemnelle feste par dessus les autres : & vous asseure que si elle ne se fust faite, l'estranger se fust fort mocqué de nous, & s'en fust retourné en son opinion de nous tenir tous en France *pour des grands gueux*. Ce n'est donc pas sans bonne & juste considération, que cette sage Princesse & advisée Reyne fit cette dépense. Comme aussi elle en fit une fort belle à l'arrivée des Polonois à Paris, qu'elle festina fort superbement dans ses Thuilleries : &, après souper, dans une grande salle faite *à poste* (a), & toute entourée d'une infinité de flambeaux, elle leur présenta le plus beau ballet qui fust jamais fait au monde (je puis parler ainsi), qui fut composé de seize Dames & Damoiselles, des plus belles & des mieux apprises des siennes, qui comparurent dans un grand roc tout argenté, où elles estoient assises dans des niches en forme de nuées de tous costez. Les seize Dames représentoient les seize Provinces de France, avec la musique la plus mélodieuse qu'on eust sçeu voir ; & après avoir fait dans ce roc le tour de la salle, pour parade, comme dans un camp, & après s'estre bien fait voir, elles vindrent toutes à descendre du roc ; & s'estant mises en forme d'un petit bataillon bizarrement inventé, les violons, montants

du monde aimable & spirituel à un chancelier législateur & administrateur.

(a) A la hâte.

Discours II.

jufques à une trentaine, fonnans quafi un air de guerre fort plaifant, elles vindrent marcher fous l'air de ces violons; & par une belle cadence, fans en fortir jamais, s'approcherent & s'arrefterent un peu devant Leurs Majeftez, & puis après danferent leur ballet fi bizarrement inventé, & par tant de tours, contours, & détours d'entrelaffemens & meflanges, affrontements & arrefts, qu'aucune Dame ne faillit jamais de tourner à fon tour ny à fon rang; fi bien que tout le monde s'esbahit, que par une telle confufion & un tel défordre, jamais ne défaillirent leurs ordres, tant ces Dames avoient le jugement folide & la retenue bonne, & s'eftoient fi bien apprifes; & dura ce ballet bizarre pour le moins une heure, lequel eftant achevé, toutes ces Dames, repréfentants lefdites feize Provinces que j'ay dit, vindrent à repréfenter au Roy, à la Reyne, au Roy de Pologne, à Monfieur fon frere, au Roy & à la Reyne de Navarre, & autres Grands, & de France & de Pologne, chacun à chacune, une placque toute d'or, grande comme la paulme de la main, bien émaillée & gentiment enouvrée, où eftoient gravez les fruits & fingularitez de chaque province en quoy elle eftoit plus fertile, comme :

La Provence, des citrons & oranges.
La Champagne, des bleds.
La Bourgogne, des vins.
La Guyenne, des gens de guerre; grand honneur

certes pour la Guyenne : & ainsi consécutivement de toutes les autres Provinces (a).

A Bayonne, tels quasi semblables présents se firent en un combat qui s'y fit (5), que je représenterois bien, & tous lesdits présents & les Dames qui les reçeurent ; mais cela est long : mais les hommes les donnoient aux Dames, & les Dames aux hommes. Et notez que toutes ces inventions ne venoient d'autre boutique ny d'autre esprit que de la Reyne ; car elle y estoit maistresse & fort inventrice en toutes choses. Elle avoit cela, que quelques magnificences qui se fissent à la Cour, la sienne passoit toutes les autres. Aussi disoit-on qu'il n'y avoit que la Reyne-Mere, pour quelque chose de beau : & si telles dépenses coustoient, aussi donnoient-elles du plaisir. Disoit en cela souvent, qu'elle vouloit imiter les Empereurs (a) Romains, qui s'estudioient d'exhiber des jeux au peuple, & luy donner du plaisir, & l'amuser autant en cela, sans l'amuser à faire.

D'ailleurs, & outre qu'elle se délectoit à donner du plaisir au peuple, elle luy donnoit bien à ga-

(a) Cette fête se donna en 1574.

(b) C'étoit un bel exemple à suivre : il n'y a qu'à lire leur histoire. A l'exception des Antonins & de deux ou trois autres, on n'y voit que des monstres couronnés & un peuple vil & lâche qui leur servoit de jouet.

gner; car elle aymoit fort toute sorte d'artisans, & les payoit bien, & les occupoit souvent chacun en son art, & ne les faisoit point chaumer, & surtout les Massons & Architectes, ainsi qu'il paroist en ses belles maisons des Thuilleries, de Saint-Maur, Monceaux, & Chenonceaux. Et aymoit aussi fort les gens sçavans, & lisoit volontiers, ou se faisoit lire leurs livres, qu'ils luy présentoient, ou qu'elle avoit sçeu qu'ils avoient escrits, & les faisoit acheter, jusques à lire les belles invectives qui se faisoient contre elle, dont elle se mocquoit & s'en rioit, sans s'altérer autrement, les appellants *des bavards & des donneurs de bellevesées*; ainsi usoit-elle de ce mot.

Elle vouloit tout sçavoir. Au voyage (a) de Lorraine des seconds troubles, les Huguenots avoient avec eux une fort bonne & belle coulevrine, & la nommoient *la Reyne-Mere*. Ils furent contraints de l'enterrer à Villenopces (b), ne la pouvant traisner, à cause de leurs grandes traites, mauvais attelage & pesanteur, qui jamais pourtant ne put estre découverte ny trouvée.

La Reyne sçachant qu'on luy avoit ainsi donné son nom, elle voulut sçavoir pourquoy. Il y eut quelqu'un, après avoir esté fort pressé d'elle de le dire, qui luy respondit: *C'est, Madame, qu'elle*

(a) En 1567.
(b) Villenaux.

avoit le calibre plus grand & plus gros que les autres. Elle n'en fit que rire la premiere.

Elle n'eſpargnoit point peine à lire, quelque choſe qu'elle euſt en fantaiſie.

Je la vis une fois, eſtant embarquée à Blaye pour aller diſner à Bourg, tout le long du chemin lire dans un parchemin, comme un rapporteur & Advocat, tout un procès-verbal qu'on avoit fait de Derdois (a), Baſque, Secretaire & Favory de feu Monſieur le Conneſtable (b), ſur quelques menées & intelligences dont il avoit eſte accuſé & conſtitué priſonnier à Bayonne. Elle n'en oſta jamais la veuë, qu'il ne fuſt achevé de lire, & ſi y avoit plus de dix pages de parchemin. Quand elle n'eſtoit point empeſchée, elle-meſme liſoit toutes les lettres de conſéquence qu'on luy eſcrivoit, & le plus ſouvent de ſa main en faiſoit des dépeſches ; cela s'appelle aux plus grandes & privées perſonnes. Je la vis une fois, pour une après-diſnée, eſcrire de ſa main vingt pures lettres & longues.

Elle parloit fort bon François (c), encore

(a) Il s'appeloit *Dardois*, & non pas *Derdois*.

(b) Vraiſemblablement c'étoit en 1560, avant la conjuration d'Amboiſe. Dardois avoit ſtipulé pour ſon maître dans pluſieurs aſſemblées de mécontens qui ſe tinrent alors.

(c) A juger d'après ſes lettres dont les originaux exiſtent, il s'en falloit bien qu'elle fût à cet égard au niveau du ſeizième ſiècle. Ses lettres ſont inliſibles.

qu'elle fuſt Italienne. A ceux de ſa nation pourtant ne parloit que bon François bien ſouvent, tant elle honoroit la France & la langue, & faiſoit fort paroiſtre ſon beau dire aux Grands, aux Eſtrangers, aux Ambaſſadeurs qui la venoient trouver tousjours après le Roy. Elle leur reſpondoit tousjours fort pertinemment, avec une fort belle grace & majeſté, comme je l'ay veu parler auſſi aux Cours de Parlement, fuſt en Public, fuſt en privé, & qui bien ſouvent les menoit bien. Quand extravaguoient, ou faiſoient trop des retenus, & ne vouloient condeſcendre aux Edits faits en ſon Conſeil privé, ou Ordonnances du Roy & des ſiennes, aſſeurez-vous qu'elle parloit bien en Reyne, & ſe faiſoit bien redouter en Reyne. Je la vis une fois à Bourdeaux, lorſqu'elle (a) mena la Reyne de Navarre ſa fille au Roy ſon mary. Elle luy avoit commandé dès la Cour d'aller avec elle bien parler à ces Meſſieurs, qui ne vouloient abolir quelque certaine (b) Confrérie par eux inventée & obſervée, ce qu'elle vouloit nommément caſſer, prévoyant qu'elle apporteroit quelque queue à la fin, qui ne vaudroit rien, & préjudicieroit à l'Eſtat. Ils la vindrent trouver

(a) En 1579.

(b) Cette confrérie étoit une confédération contre les proteſtans, c'eſt-à-dire un vrai protocole de ligue.

à l'Evesché, dans le jardin où elle estoit se promenant un Dimanche matin. Il y en eut un qui porta la parole pour tous, pour luy donner à entendre le fruit de cette Confrérie, & l'utilité qu'elle portoit pour le public. Elle, sans estre préparée, respondit si bien par ses belles paroles & apparentes raisons & propos pour la rendre malfondée & odieuse, qu'il n'y eut pas un là qui n'admirast l'esprit de cette Reyne, & ne demeurast estonné & confus; d'autant que, pour la derniere parole, elle dit: *Non je veux, non je veux, & le Roy mon fils, qu'elle soit exterminée, & qu'il n'en soit jamais plus parlé, pour des raisons secrettes que je ne vous veux dire, outre celles que je vous ay dit; autrement je vous ferai ressentir ce que c'est que de désobéir au Roy & à moy.* Par ainsi, chacun s'en alla, & plus n'en fut parlé.

Elle faisoit de ces tours bien souvent à l'endroit des Princes & des plus grands, quand ils avoient failly grandement, & qu'elle prenoit sa colere, & qu'elle faisoit de l'altiere; n'estant rien au monde si superbe & brave qu'elle quand il falloit, n'espargnant nullement les véritez à chacun.

J'ay veu Monsieur de Savoye, qui avoit accoustumé (a) l'Empereur, le Roy d'Espagne, veu

(a) Nous conjecturons que pour le sens de la phrase, il doit y avoir.... M. de Savoye qui avoit accoutumé de voir, &c.

tant de Grands, la craindre & la respecter plus que si c'estoit sa mere; & Monsieur de Lorraine mesme; bref, tous les Grands de la Chrestienté. J'en alléguerois plusieurs exemples; mais à une fois, & à leur tour, je les diray : il me suffira de ce que j'en ay dit.

Entre toutes ses perfections, elle estoit bonne Chrestienne & fort dévotieuse, faisant souvent ses Pasques, & ne faillant tous les jours au Service divin, à ses Vespres (a), à ses Messes, qu'elle rendoit fort agréables autant que dévotes, par les bons Chantres de sa Chapelle, qu'elle avoit esté curieuse de recouvrer des plus exquis Musiciens : aussi naturellement elle aymoit la musique, & en donnoit souvent plaisir à la Cour dans sa chambre, qui n'estoit nullement fermée aux honnestes Dames & honnestes gens, voire à tous & à toutes, ne la vouloit resserrer à la mode d'Espagne, ny d'Italie son pays, ny même comme nos autres Reynes, Elizabeth d'Austriche & Louïse de Lorraine, ont fait, disant que, *tout ainsi que le Roy François son beau pere, qu'elle honoroit fort, la luy avoit dressée & faite libre, qu'elle la vouloit ainsi entretenir à la vraye Françoise, sans en rien*

(a) Il paroît cependant qu'elle avoit une religion assez commode, s'il est vrai, comme on le prétend, que croyant la bataille de Dreux perdue, elle ait dit.... Eh bien au lieu d'aller à la messe, nous irons au prêche.

innover ny réformer, & que ainsi aussi le Roy son mary l'avoit voulu : ainsi sa chambre estoit tout le plaisir de la Cour.

Elle avoit ordinairement de fort belles & honorables filles, avec lesquelles tous les jours en son antichambre on conversoit, on discouroit, on devisoit, tant sagement & tant modestement, que l'on n'eust (a) osé faire autrement. Car le Gentilhomme qui failloit, en estoit banny, & menacé, en crainte d'avoir pis, jusques à ce qu'elle luy pardonnoit & faisoit grace, ainsi qu'elle y estoit propre & toute bonne de soy.

Pour fin, sa compagnie & sa Cour estoit un vray paradis du monde, & escole de toute honnesteté & vertu, & ornement de la France; ainsi que sçavoient bien dire les estrangers quand ils venoient, car ils estoient très-bien receus : & commandement exprès à ses Dames & filles de se parer lors de leur venue, qu'elles paroissoient Déesses, & les entretenir sans s'amuser ailleurs; autrement elles seroient bien tancées d'elle, & en avoient bien de la réprimande.

Bref, sa Cour (b) a esté telle, que, quand elle a

(a) On s'en dédommageoit en particulier : car jamais il n'y eut de cour plus corrompue que la sienne, & Brantôme plus d'une fois nous en fournira des échantillons.

(b) Il est certain qu'elle porta la magnificence au plus

esté morte, on a dit par vive voix de tous, *que la Cour n'estoit plus la Cour, & que jamais plus il n'y auroit en France une Reyne-Mere.* Mais quelle Cour estoit-ce ? Elle estoit telle, que je crois que jamais Empereur du monde de jadis n'en a tenu pour Dames une pareille d'ordinaire, ny nos Roys de France. Bien est vray que ce grand Empereur Charlemagne, & Roy de France, de son vivant, prenoit grand plaisir de faire & dresser des Cours grandes & plénières, tant des Pairs, Ducs, Comtes, Palatins, Barons & Chevaliers de France, que des Dames leurs femmes, & Damoiselles leurs filles & plusieurs autres de leurs contrées, pour tenir compagnie & Cour, ainsi que disent les vieux Romans de ce temps, à l'Impératrice & Reyne, pour voir les belles joustes, tournois, & magnificences qui se faisoient très-superbes par une grande trouppe de Chevaliers errants, venants de toutes parts. Mais quoy! ces belles & grandes assemblées & compagnies ne se faisoient ny ne se jouoient que trois ou quatre fois l'an, & puis au partir de la feste se départoient & se retiroient en leurs terres & maisons, jusques à une autre fois. Encore aucuns disent, que

haut degré, & que l'essaim des beautés dont elle étoit entourée fut l'agent le plus redoutable de sa politique. Aussi l'amiral qui le savoit redoutoit-il l'essaim des belles plus qu'une armée.

ce Charlemagne fut fur la vieilleffe fort adonné aux femmes, mefme que fes filles furent *bonnes compagnes* (a), & que Louis le Débonnaire, à l'advénement de la Couronne, fut contraint d'en bannir en aucuns lieux, pour avoir efté fcandalifé de l'amour avec les hommes ; & fi chaffa une infinité de Dames qui eftoient de la joyeufe bande. Ces Cours, pourtant dudit Charlemagne n'eftoient de durée, je dis du temps de fes beaux ans ; car il s'amufoit lors aux guerres, felon nos vieux Romans ; & fur fes vieux jours, fa Cour eftoit ainfi débordée, comme j'ay dit : mais la Cour de notre Roy Henry II, & de noftre Reyne, eftoit ordinaire, tant en guerre qu'en paix, fuft ou pour réfider, ou pour demeurer en un lieu pour quelques mois, fuft qu'elle fe remuaft en autre maifon de plaifance, & chafteaux de nos Roys, qui n'en ont point de faute, & en ont plus que Roy du monde. Cette belle & grande compagnie toujours, au moins la plus grande part, marchoit & alloit avec fa Reyne ; fi que d'ordinaire pour le moins fa Cour eftoit pleine plus de trois cents Dames ou Damoifelles.

Auffi les Marefchaux-de-Logis & Fourriers du

(a) On nous a transmis l'anecdote ou le conte d'une de ces princeffes portant fur fon dos le fecrétaire Eghinhard. Charlemagne (dit-on) vit la chofe de fes deux yeux, & il en eut pitié.

Roy affirmoient qu'elles tenoient toujours la moitié des logis, ainsi que j'ay ouï dire, & ainsi que j'ay veu l'espace de trente-trois ans que j'ay toujours pratiqué la Cour, sans gueres l'abandonner, sinon aux voyages de nos guerres, & autres étrangeres : mais estant de retour, j'y estois d'ordinaire ; car le séjour m'en estoit fort agréable, comme n'en ayant jamais veu ailleurs de plus beau, & pense que par le monde, depuis qu'il est fait, il n'y a de pareil ; & d'autant que le beau nom de ces belles Dames, qui assistoient à nostre Reyne à décorer sa Cour, ne se doit taire, j'en mettray icy aucune selon qu'il m'en souviendra, que j'ay veues sur la fin du mariage de la Reyne, & durant sa viduité, car auparavant j'étois trop jeune.

Premierement, il y avoit Mesdames les filles de France. Je les mets les premieres ; car jamais elles ne perdent leur rang, & vont devant toutes les autres, tant cette maison est grande & noble, sçavoir ;

Madame Elisabeth de France, depuis Reyne d'Espagne.

Madame Claude, depuis Duchesse de Lorraine.

Madame Marguerite, depuis Reyne de Navarre.

Madame la sœur du Roy, depuis Duchesse de Savoye.

La Reyne d'Ecoffe, depuis Reyne-Dauphine, & Reyne de France.

La Reyne de Navarre, Jeanne d'Albret.

Madame Catherine, sa fille, aujourd'huy la sœur du Roy (a).

Madame Diane, fille naturelle du Roy (b); depuis légitimée, & Madame de Caftres, & en fecondes nopces Madame de Montmorency, & puis Madame d'Angoulefme.

Madame d'Enguien (c) de la Maifon de Saint-Pol & Touteville héritiere.

Madame la Princeffe (d) de Condé, de la Maifon de Roye.

Madame de Nevers (e), de la Maifon de Vendofine.

Madame de Guife (f), de la Maifon de Ferrare.

(a) Henri IV.

(b) Henri II.

(c) Marie de Bourbon, comteffe de Saint-Pol, mariée d'abord à Jean de Bourbon, comte d'Enghien, enfuite à François de Cleves, duc de Nevers, & en troifièmes nôces à Léonor d'Orléans, duc de Longueville.

(d) Léonor de Roye, sœur utérine de l'Amiral de Coligny.

(e) Marguerite de Bourbon, époufe de François de Cleves, duc de Nevers.

(f) Anne d'Eft, fille du duc de Ferrare.

Madame Diane (a) de Poictiers, Duchesse de Valentinois.

Mesdames les Duchesses d'Aumale & de Bouillon, ses filles.

Madame la Marquise de Rothelin (b), de la Maison de Rohan.

Madame de Montpencier (c), de la Maison de Longvy ou Gyvry.

Madame l'Amiralle de Brion (d), sa sœur.

Mme de Rieux (e), sœur de M. de Montpencier.

Madame la Marquise d'Elbeuf, sa fille, de la maison de Rieux.

Madame la Princesse de (f) la Roche-sur-Yon, veufve du Mareschal de Montejan.

Madame la Marquise Saint-André, de la Maison de Lustrac.

Madame la Mareschalle de Strozzi (g), de la

(a) On a assez parlé de celle-ci, pour se dispenser d'y revenir.

(b) Jacqueline de Rohan, femme de François d'Orléans, Marquis de Rothelin.

(c) Jacqueline de Longwy, fille du sieur de Givry, première femme de Louis de Bourbon, duc de Montpensier, & aïeule de Mademoiselle.

(d) Elle avoit épousé Philippe de Chabot, seigneur de Brion.

(e) Susanne de Bourbon, fille du duc de Montpensier, & femme de Claude sire de Rieux, & comte de Harcourt.

(f) Philippe de Montespedon.

(g) Madeleine de Médicis.

Maison de Médicis, fort proche de la Reyne.

Madame la Comtesse de Sommerive (a), & de Tende, sa fille.

Madame la Comtesse d'Urfé (b), sa proche & grande confidente.

Madame la Mareschalle de Brissac, de la Maison d'Estelan en Normandie.

Madame la Mareschalle de Termes (c) en Piedmont.

Madame la Connestable.

Madame la Mareschalle d'Amville (d).

Madame l'Admiralle de Chastillon, de la Maison de Laval.

Madame de Roye, sœur de Monsieur l'Admiral.

Madame d'Andelot, de la Maison de Laval, héritiere.

Madame de Martigues (e), dite avant Mademoiselle de Villemontois, grande favorite de la Reine d'Ecosse.

Madame de Cursol (f), depuis Duchesse d'Uzez.

(a) Clarice Strozzi.
(b) Renée de Savoye, fille du comte de Tende.
(c) N. de Saluces.
(d) Antoinette de la Marck.
(e) Marie de Beaucaire, fille du Seigneur de Puy-Guillon, Sénéchal de Poitou.
(f) Louise de Clermont-Tonnere, si connue par son

Madame la Comteſſe de la Rochefoucault (a), de la Maiſon de Mirande.

Madame de Randan ſa ſœur.

Madame la Comteſſe de la Rochefoucault (b) en ſecondes nopces, de la Maiſon de Roye, ſœur de la Princeſſe de Condé.

Bref, une infinité d'autres belles Dames avoit cette Reyne, dont il ne me put pas ſouvenir, quand elle eſtoit durant ſon regne & mariage ; & puis eſtant Reyne veufve, elle eut les deux Reynes ſes belles-filles.

Eliſabeth d'Auſtriche, & Louiſe de Lorraine

La Reyne de Navarre, ſa fille, *le miracle du Monde* (c).

Mademoiſelle la Princeſſe de Navarre, ſa belle-ſœur.

Madame la Princeſſe de Condé (d), de la Maiſon de Longueville.

___

eſprit, & par le rôle qu'elle joua à la cour dans nos premières guerres civiles.

(a) Sylvia Pica, fille du Prince de la Mirandole : d'elle ſont iſſus les ducs de la Rochefoucault.

(b) Charlotte de Roye, comteſſe de Roucy.

(c) Marguerite de Valois, femme de Henri IV.

(d) Françoiſe d'Orléans, fille du marquis de Rothelin.

Madame la Princeffe de Condé (a), fa belle-fille, de la Maifon de Nevers.

Madame de Nevers (b), héritiere de la Maifon, & l'aifnée.

Madame de Guife, leur feconde fœur, mariée en premieres nopces au Prince de Porcian, & puis avec Monfieur de Guife.

Madame de Nevers, de la Maifon (c) de Montpencier, veufve du Comte d'Eu, depuis Monfieur de Nevers.

Madame de Nevers (d), de la Maifon de Bouillon, mariée au fecond Monfieur de Nevers, & depuis avec Monfieur de Clermont-Tallard, & avec Monfieur de Sagonne, & après Madame de Montpencier.

Madame de Longueville (e), veufve de Meffieurs d'Enguien & Nevers.

Madame la Princeffe Dauphine (f), de la Maifon de Mefieres & d'Anjou.

(a) Marie de Cleves, marquife d'Ifle, première femme de Henri de Bourbon, prince de Condé.

(b) Henriette de Cleves.

(c) Anne de Bourbon, fille du duc de Montpenfier.

(d) Diane de la Marck.

(e) Marie de Bourbon, comteffe de Saint-Pol, & ducheffe d'Eftouteville.

(f) Renée d'Anjou, Marquife de Mézières, femme de François de Bourbon, duc de Montpenfier, & dauphin d'Auvergne.

Discours II.

Madame de Candale (a), de la Maison de Montmorency.

Madame d'Espernon sa fille.

Madame de Joyeuse (b), sœur de la Reyne.

Madame de Mercœur (c), fille de Monsieur de Martigues.

Madame la Princesse de Conty (d), de la Maison de Luce.

Madame de Retz, de la Maison (e) de Dampierre, veufve de Monsieur d'Annebault, & puis mariée à Monsieur de Retz.

Madame la Comtesse de Fiesque (f), de la Maison de Strozze.

Madame la Mareschalle de Biron (g), de la Maison de Saint-Blancart.

(a) Marie de Montmorency, fille du Connétable Anne, épousa Henri de Foix, comte de Candale, & captal de Buch.

(b) Elle étoit fille du comte de Vaudemont, & après la mort du duc Anne de Joyeuse, elle convola en secondes noces, avec François de Luxembourg, duc de Piney.

(c) Marie de Luxembourg, fille du Vicomte de Martigues, devint la femme du duc de Mercœur.

(d) Jeanne de Coesmes, dame de Lucé.

(e) Claude-Catherine de Clermont, fille du baron de Dampierre, & maréchale de Retz.

(f) Alphonsine Strozzi.

(g) Jeanne d'Ornezan.

Madame de la Valette (a), de la Maiſon de Bouchage.

Madame la Mareſchalle de Joyeuſe, ſa ſœur aiſnée.

Madame de Nançay (b), ſon autre ſœur.

Madame de Bouchage, de la Maiſon de la Valette.

Madame la Ducheſſe d'Uſez, la derniere de la Maiſon de Clermont-Tallard.

Madame de Montros ſa ſœur (6).

Meſdames de Cypierre & Alluye (c), ſœurs, de la Maiſon de Pienne.

Meſdames de Barbezieux (d), de Pienne, & de Chaſteauroux, toutes trois ſœurs, de la Maiſon de Brion.

Meſdame de Carnavalet (e), l'une de la Maiſon d'Auteville, & l'autre de la Maiſon de Baulme.

(a) Jeanne de Batarnay.

(b) Gabrielle de Batarnay, épouſe de Gaſpard de la Châtre.

(c) Louiſe & Anne de Hallwin; l'une femme de Gilbert de Marciliy, ſieur de Cypierre, & l'autre de Florimond Robertet, ſieur d'Alluye.

(d) Ces trois ſœurs avoient épouſé, la première François de la Rochefoucault, baron de Barbezieux, la ſeconde François, duc d'Halwin, ſieur de Piennes, & la troiſieme, Jean, ſieur d'Aumont.

(e) Anne Hurault, fille du ſieur de Veuil.

Madame de Rouannez, de la Maison de Saint-Blanzay (a), dite devant Madame de Chasteau-Brion, fort favorisée de la Reyne sa maistresse.

Madame de Sauve (b), sa niepce.

Madame de Lenoncourt (c), depuis Madame de Guimené.

Madame de Schomberg (d).

Madame de Sansac (e), de la maison de Montberon.

Madame de Bourdeille (f), de la maison de Montberon aussi, fort proches parentes.

(a) Claude de Beaune, fille du sieur de Semblançay, épousa d'abord Louis de Burgensis, premier médecin du Roi, & sieur de Mongaugier : elle se maria en secondes noces à Claude Gouffier, duc de Roannois, grand écuyer de France.

(b) Charlotte de Beaune, si célèbre dans l'histoire galante de ces tems-là, sous le nom de la belle Madame de Sauve, eut pour mari Simon de Fizes, sieur de Sauve secrétaire d'Etat. Elle épousa ensuite François de la Tremoille, marquis de Noirmoustier.

(c) Françoise de Laval-BoisDauphin, femme de Henri de Lenoncourt, sieur de Coupvray.

(d) Jeanne de Chasteignier la Roche-Posay, veuve du sieur d'Oisel, épousa Gaspard de Schomberg, comte de Nanteuil, père du maréchal.

(e) Louise de Montberon, épouse de Jean Prevost, baron de Sansac.

(f) Jacquette de Montberon, femme d'André, vicomte de Bourdeille.

Mesdames de Lanſac, de la maiſon de Mortemart (a), & l'autre, la jeune, de la maiſon de Poictou de Xaintrailles.

Madame Daſſigny (b).

Madame de Briſſac, ſa fille (c).

Madame de Clermont-d'Amboiſe (d), veufve de Monſieur d'Aubeſpine, le jeune, de la maiſon d'Oyſel, ou Ville-Pariſis.

Madame de Villeroy, ſa belle-ſœur, de la maiſon de l'Aubeſpine.

Madame de la Bordeſiere (e), de la maiſon de Robert.

Madame d'Eſtrées (f).

Madame la Comteſſe de S.ᵗ Aignan (g).

(a) La première étoit Gabrielle de Rochechouart; la ſeconde s'appeloit N. Raffin dite Poton. Louis de Saint Gelais, ſieur de Lanſac les épouſa l'une après l'autre.

(b) Jeanne du Pleſſis ſe maria en premières noces au marquis d'Acigné, & en ſecondes à Georges de Vauldrey, ſieur de Saint Phale.

(c) Judith d'Acigné, ducheſſe de Briſſac.

(d) Marie Clutin, veuve de Claude de l'Aubeſpine, ſieur de Hauterive, ſe remaria à Georges de Clermont, marquis de Gallerande.

(e) Françoiſe Robertet.

(f) Françoiſe Babou, femme d'Antoine d'Eſtrées, marquis de Cœuvres, grand maître de l'artillerie.

(g) Marie Babou, épouſe de Claude de Beauvillier, comte de Saint-Aignan.

DISCOURS II.

Madame de Sourdis (a).

Madame d'Arvaut, & Madame de Montoirons (b), ses filles.

Madame de la Tour (c), depuis Madame de Clermont-d'Entragues, de la maison de Bon de Marseille.

Madame d'Entragues (d), la premiere, de la maison de Guimené; & Madame d'Entragues (e), la seconde, qui est aujourd'hui.

Madame de Villequier la jeune (f) de la maison de la Marck, ou Bouillon; & l'autre, de la maison de la Bretesche (g).

Mesdames de Méru & Thoré (h), l'une de la maison de Cossé, & l'autre d'Humieres (i).

(a) Isabeau Babou se maria avec François d'Escoubleau, sieur de Sourdis.

(b) Toutes deux étoient Babou, la première mariée au baron d'Ervaut, & la seconde à Charles Turpin, sieur de Montoiron.

(c) Hélene Bonne épousa en troisièmes noces Charles de Balsac, sieur de Clermont & d'Entragues.

(d) Jacqueline de Rohan, femme de François de Balsac.

(e) La célebre Marie Touchet, maîtresse de Charles IX.

(f) Françoise de la Marck, épouse de René de Villequier.

(g) Cette seconde femme du sieur de Villequier fut Louise de Savonnières de la Bretesche.

(h) Renée de Cossé.

(i) Léonore de Humieres.

Piv

Madame la Comtesse de Maulevrier (a), de la maison de Limeuil.

Madame de Regny (b), de la maison de Cypierre.

Madame la Marquise de Mainelay (c) de la maison de Retz.

Madame de Fargy (d), de la maison de Pienne.

Madame de Senerpon (e), & Madame de Baudine (f) sa fille, de la maison de Warty.

Madame de Lesigni (g).

Madame du Lude (h), de la maison de la Fayette.

(a) Antoinette de la Tour, fille du sieur de Limeuil, mariée en secondes noces à Charles de la Marck, comte de Maulevrier.

(b) Catherine de Marcilly épousa François de la Madelaine, sieur de Ragny.

(c) Marguerite-Claude de Gondy, fille du duc de Retz.

(d) Jeanne d'Hallvin, femme de Philippe d'Angennes, sieur du Fargis.

(e) Yolande de Montlitard se maria avec Pierre de Warti.

(f) Leur fille s'alliat à Galiot de Crussol, baron de Beaudisner.

(g) Jeanne Clausse, épouse de Charles de Pierrevive, seigneur de Lezigny, & grand maître de la garderobe.

(h) Jacqueline de la Fayette, mariée à Guy de Daillon, comte du Lude.

Madame la Comtesse de Sencerre (a), sa fille.

Madame de Fontaine-Guerin (b), de la maison de Sancerre.

Madame de Lavardin (c) de la maison de Negrepelisse.

Mesdames la Mareschalle de Matignon (d), de Ruffec (e), de Malicorne (f), toutes trois sœurs de la maison de Lude.

Madame de la Chastre (g).

Madame de Clermont de Lodeve (h), de la maison de Beruy (h).

Madame Bourdin (i).

(a) Anne de Daillon, épousa Jean de Beuil, comte de Sancerre.

(b) Anne de Beuil s'allia avec Honoré de Beuil, sieur de Fontaine-Guérin.

(c) Catherine, fille du comte de Negrepelisse, & femme de Louis de Beaumanoir, marquis de Lavardin.

(d) Françoise de Daillon.

(e) Anne sa sœur épousa Philippe de Volnire, marquis de Ruffec.

(f) La troisième sœur étoit femme de Jean de Chourses, sieur de Malicorne.

(g) Anne Robertet convola en secondes noces avec Claude de la Châtre, sieur de Maisonfort.

(h) Aldonce de Bernuy (dite de Carmain & de Foix) mariée avec Castelnau, sieur de Clermont-Lodève.

(i) Marie Bochetel, femme de Bourdin, sieur de Vilaines.

Madame de Bruſlard (a), Madame de Pinard (b).

Tant d'autres y en a-il, qu'avant en achever le compte, je m'en rompis la teſte; plus j'y ſongerois, la mémoire me varieroit: voilà pourquoy je les paſſe ſous ſilence; & ſi l'on m'en culpe (c) que je ne les mets pas bien en leur rang, quand elles eſtoient avec leur Reyne, elles le gardoient aſſez bien, ſans avoir la peine de les ranger icy.

Il faut venir à cette heure aux filles que j'ay veues, tant avec la Reyne-Mere, qu'avec Meſdames les Reynes ſes Belles-Filles, & autres grandes Princeſſes de la Cour, leſquelles, encore que je les aie veues quaſi toutes mariées, je ne les nommeray que filles, ainſi que dès le commencement, elles ont eſté avec leurs maiſtreſſes: & dirois bien & nommerois bien tous les Gentilshommes avec qui elles ont eſté mariées; mais cela ſeroit trop long & ſuperflu à dire, auſſi crois-je que le meilleur temps qu'elles ont jamais eu, & qu'on leur demande, c'eſt quand elles eſtoient filles; car elles avoient leur libéral arbitre pour eſtre Religieuſes, auſſi-bien de Vénus

(a) Marguerite Chevalier, épouſe de Brulart, ſieur de Croſne.

(b) Marie de l'Aubeſpine avoit épouſé Pinart, ſecrétaire d'Etat.

(c) C'eſt-à-dire; ſi l'on m'en blâme. Voyez Nicot.

que de Diane; mais qu'elles euſſent de la ſageſſe & de l'habileté (a), & ſçavoir, pour ſe garder de l'enfleure du ventre.

En voici donc aucunes, des plus anciennes, qui ſont une vingtaine & des premieres :

Mademoiſelle de Rohan.

Mademoiſelle de Pienne.

Mademoiſelle de Sourdis

Mademoiſelle de Bourlemont (b).

Mademoiſelle de Thenies (c).

Meſdamoiſelles de Cabrianne (d) & Guyonieres (e), ſœurs.

Mademoiſelle de Bourdeille (f).

Mademoiſelle de Bonhet.

Meſdamoiſelles de Limevil (g), ſœurs, dont l'aiſnée mourut à la Cour.

(a) C'eſt en peu de mots donner une grande idée de leur vertu.

(b) Fille de René d'Anglure, baron de Bourlemont.

(c) Françoiſe Foucher, héritière de Thenies, épouſa Joachim de la Chaſtre, comte de Nançay.

(d) Cabriane Mantouane, femme de le Voyer, ſieur de Bonnefille.

(e) Celle-ci épouſa N. du Plantis, ſieur de la Guyonnière.

(f) Jeanne de Bourdeille, épouſe de Daydier, comte de Riberac.

(g) Limeuil.

Mademoiselle de Charlus (a).

Mademoiselle de Brion.

Mademoiselle de Saint-Boire (b), la belle, depuis Madame *le Grand*.

Mademoiselle de Saint-André, très-riche héritiere, fille de Monsieur le Mareschal de Saint-André.

Mademoiselle de Montbaron, riche héritiere de la maison d'Ausances.

Mademoiselle de Burlans, autrement Teligny.

Mesdamoiselles d'Auteville, trois sœurs.

Mesdamoiselles de Flammin, de Ceton, Beton, Leviston, Escossoises.

Mademoiselle de Font-Pertuis.

Mademoiselle de Torigny (c).

Mademoiselle de Noyan.

Mesdamoiselles de Riberac, autrement de Guitinieres.

Mademoiselle de Chasteau-Neuf (d).

(a) Gabrielle de Levis, depuis madame de Lignerac.

(b) Madeleine de Gaignon, fille du sieur de Saint Bohaire, & troisième femme de Gouffier, duc de Roannois, grand écuyer de France.

(c) Gillette de Goyon, fille du maréchal de Matignon, & femme de Pierre de Harcourt, seigneur de Beuvron.

(d) C'est cette belle Chateauneuf, maîtresse de Henri III, & qui ensuite, se maria avec Attovitis, seigneur de Cas-

Mademoiselle de Montal.

Mademoiselle de la Chastaigneraye, l'aisnée.

Mademoiselle de Charansonnet (a).

Mademoiselle de la Chastre.

Mesdamoiselles d'Astenay, les deux sœurs.

Mesdamoiselles de Certan, les deux sœurs.

Mademoiselle d'Atrie (b).

Mademoiselle de Caraffe, sa cousine.

Mademoiselle de la Mirande.

Mesdamoiselles de Brissac, les deux sœurs.

Mademoiselle Dampville, Cypriote de nation, eschappée du sac de Cypre (c).

Mademoiselle de Cypierre.

Mademoiselle Dayelle (d).

tellone en Provence: on a assez parlé d'elle dans les mémoires qui ont précédé.

(a) Elle étoit Savoyarde.

(b) *Ou* d'Atri.

(c) Cette demoiselle, qui effectivement étoit Cypriote, puisqu'elle étoit sœur de l'historien *Davila*, Cypriot, comme on le voit dans sa vie, fut mariée à Jean de Hemery, ou d'Hemeries, seigneur de Villers, Gentilhomme Normand: mais son nom étoit *Daville*, & non pas *Dampville*, ou d'*Anville*, comme on le lit dans les *addit. aux mém. de Castelnau*, Tome II, page 318.

(d) Plutôt d'Ayelle. Elle avoit un frère ou un parent nommé *Oratio*. On le voit dans les mémoires de M. de Nevers, Tom. I, pag. 388, d'où j'infère qu'elle étoit Italienne, comme l'assure le Laboureur, tom. I, pag. 318

Mademoiselle de la Motthe-Mesme.

Mademoiselle de Vitry (a).

Mademoiselle de Foucault.

Mademoiselle du Tiers.

Mademoiselle de la Vernay.

Mademoiselle de Beaulieu, de la maison de Briſſac (b), baſtarde.

Mademoiselle de Grammont.

Mademoiselle de Lude.

Mademoiselle de la Breteſche (c).

Mademoiselle de Brouilly (d).

Mademoiselle de la Chaſtaigneraye, la ſeconde.

& non pas Provençale, comme l'a cru Davila, liv. VI, ſur l'an 1576. Mézerai, qui dit qu'elle étoit Grecque, & qu'elle fut mariée à Jean d'Hemeries, l'a confondue avec Mademoiſelle Daville; & avant lui, d'Aubigné avoit fait la même faute.

(a) Louiſe de l'Hôpital, depuis cette Madame de Simiers dont parle le Perroniana au mot *Cotton*.

(b) Fille naturelle du fameux maréchal de Briſſac.

(c) Louiſe de Savonières, fille de Jean, ſieur de la Breteſche, & fille d'honneur de la Reine Catherine. Elle épouſa en Juillet 1586, ce même René de Villequier qui avoit tué pour adultère Françoiſe de la Marck, ſa première femme.

(d) Fille du ſieur de Brouilly, & mariée à Savary, ſieur de Lancoſme.

Mesdamoiselles d'Estrées (a), Gabrielle & Diane.

Mademoiselle de Surgeres (b).

Mademoiselle de Rostaing.

Mademoiselle de Fosseuse.

Mademoiselle de Rebours (c).

Mademoiselle de Ville-Savin.

Mesdamoiselles de Barbezieux, les trois sœurs.

Mademoiselle de Lucé (d).

Mademoiselle de Cheronne (e).

Mesdamoiselles de Bacqueville (f).

Et, pour couronner la fin,

Mademoiselle de Guise (g), fraischement eslevée, très-belle & honneste Princesse, & Mademoiselle de Longueville (h), l'aisnée, de mesme vertu.

(a) La belle Gabrielle d'Estrées, & sa sœur, épouse de Montluc, sieur de Balagny.

(b) L'une des maîtresses Poétiques de Ronsard.

(c) Fille d'un président de Calais.

(d) Jeanne de Coesmes.

(e) Marie de Chabannay, fille du sieur de Cheronne, & depuis femme de Charles d'Espinay, sieur de Vaucouleur.

(f) De la maison de Mart & Bacqueville en Normandie.

(g) Louise de Lorraine, fille de Henri, duc de Guise, épousa Louis de Bourbon, Prince de Conti.

(h) Antoinette d'Orléans, fille de François, duc de Longueville, & femme de Charles de Gondy, marquis de Belle-Isle.

En nommeray-je davantage? Non, car ma mémoire n'y fçauroit fournir. Auffi il y a tant d'autres Dames & filles, que je les prie de m'excufer, fi je les fais paffer au bout de ma plume : non que je ne les veuille fort prifer ny eftimer; mais je n'y ferois que refver, & m'amufer par trop, pour vouloir faire fin, & dire qu'en toute cette compagnie que je viens de nommer, on n'y eut fceu rien reprendre de leur temps : car toute beauté y abondoit, toute majefté, toute gentilleffe, toute bonne grace; & bien-heureux auffi qui en pouvoit efchapper : & vous jure que je n'ay nommé nulles de ces Dames & Damoifelles, qui ne fuffent fort belles, agréables & bien accomplies, & toutes baftantes pour mettre le feu par tout le monde. Auffi tant qu'elles ont efté en leur bas aage, elles en ont bien bruflé une bonne part, autant de nous autres Gentilshommes de Cour, que d'autres qui s'approchoient de leurs feux : auffi à plufieurs ont-elles efté douces, amiables, favorables & courtoifes. Je parle d'aucunes, defquelles j'efpere faire de bons contes dans ce livre, avant que je m'en départe; & d'autres auffi qui ne font y comprifes; mais le tout fi modeftement & fans fcandale, qu'on ne s'appercevra de rien; car le tout fe couvrira fous le rideau du filence de leur nom : fi que

poffible

Discours II.

possible aucunes, qui en liront des contes d'elles-mesmes, ne s'en désagréeront, car puisque le plaisir amoureux ne peut pas toujours durer, pour beaucoup d'incommoditez, empeschemens & changemens, pour le moins la souvenance du passé contente encore.

Or, pour bien considérer combien il faisoit beau voir toute cette belle troupe de Dames, Damoiselles, créatures pluſtoſt divines qu'humaines, il falloit se représenter les entrées de Paris & autres villes, les sacrées & superlatives nopces de nos Roys de France, & de leurs sœurs, filles de France, comme celles du Roy-Dauphin (a), du Roy Charles, du Roy Henry III, de la Reyne d'Espagne, de Madame de Lorraine, de la Reyne de Navarre, sans force autres grandes nopces des Princes & Princesses, comme celles de Monsieur de Joyeuse, qui les euſt toutes surpassées (b), si la Reyne de Navarre y fuſt eſté : puis l'entrevuë de Bayonne, l'arrivée des Polonnois, & une infinité d'autres & pareilles magnificences que je n'aurois jamais achevé de dire, où l'on a veu ces Dames paroiſtre les unes plus belles que les au-

(a) François II.

(b) C'étoit-là le dernier mot de Brantôme : Marguerite de Valois fut l'idole à qui il sacrifia constamment.

tres, les unes plus braves & mieux en point que les autres ; car en telles festes, outre leurs grands moyens, les Roys & les Reynes leur donnoient de grandes livrées, les unes plus gentilles que les autres.

Bref, on n'y vit rien que tout beau, tout esclatant, tout brave, tout superbe; & jamais la gloire de Niquée (a) n'en approcha : car on voyoit tout cela reluire dans la salle du bal, au Palais ou au Louvre, comme estoilles au ciel en temps serain. Aussi leur Reyne (b) vouloit & commandoit tousjours qu'elles comparussent en haut & superbe appareil, encore que durant sa viduité elle ne se parast jamais de mondaines soyes, si-non lugubres, mais tant bien proprement pourtant, & si bien accommodée, qu'elle paroissoit bien la Reyne par-dessus toutes.

Il est vray que le jour des nopces de ses deux fils, Charles & Henry, elle porta des robes de velours noir ; voulant, disoit-elle, solemniser la feste par ce signal par-dessus tous les autres : mais estant mariée, elle s'habilloit fort richement & superbement, & paroissoit bien ce qu'elle estoit.

(a) Palais enchanté dans *Amadis*, où *Niquée* est la ville de *Nicée*.

(b) Catherine de Medicis.

Et ce qui estoit très-beau à voir & à admirer, c'estoit aux processions solemnelles & générales qui se faisoient à Paris, ou autres lieux, quelque petit fust il, que la Cour y fust, comme à celle de la Feste-Dieu, à celle des Rameaux, portants leurs palmes & rameaux d'une si bonne grace, & le jour de la Chandeleur portants de mesme leurs flambeaux, desquels les feux contendoient avec les leurs. En ces trois processions, qui sont les plus solemnelles, certes on n'y remarquoit que toute beauté, toute grace, tout beau port, tout beau marcher, & toute braveté, si que les voyants en demeuroient tous ravis.

Il faisoit beau voir aussi, quand la Reyne alloit par pays en sa litiere, estant grosse, lorsqu'elle estoit mariée, fust qu'elle allast à cheval en l'assemblée, ou par pays, vous eussiez veu quarante ou cinquante Dames ou Damoiselles la suivre, montées sur des belles haquenées harnachées ; & elle se tenant à cheval de si bonne grace, que les hommes ne s'y paroissoient pas mieux, tant bien en point par l'habillement à cheval, que rien plus ; leurs chappeaux tant bien garnis de plumes ; ce qui enrichissoit encore la grace, si que les plumes, voletantes en l'air, représentoient à demander amour ou guerre. Virgile, qui s'est voulu mesler d'escrire le haut appareil de la Reine Didon, quand elle alloit & estoit à la chasse, n'a rien approché au prix de celuy de noftre Reyne avec fes Dames, & ne luy en déplaife, comme j'ay dit cy-devant.

Cette Reyne, faite de la main de ce grand Roy François, (a) qui avoit introduit cette belle & fuperbe bombance, n'a voulu rien oublier ni laiffer de ce qu'elle avoit appris; mais l'a voulu toujours imiter, voire furpaffer, & luy ay veu dire trois ou quatre fois en ma vie fur ce fujet. *Ceux qui ont veu toutes ces chofes comme moy, en peuvent parler; car ce que je dis eft vray, car je l'ay veu.*

Voilà donc la Cour de noftre Reyne. (b) Que malheureux fuft le jour que cette Reyne mourut! J'ay oüy conter que noftre Roy (c) d'aujourd'huy, quelques dix-huit mois après qu'il fe vift un peu avant dans la fortune & efpérance d'eftre un peu

(a) La fimplicité de Louis XII étoit bien préférable: elle lui fourniffoit le moyen de remettre à fes peuples la moitié des fubfides; la magnificence de François I, coûta cher à la nation. Elle fut accablée d'impôts; & la venalité des offices prit confiftance fous fon règne; il nous manque une hiftoire de l'adminiftration intérieure & extérieure de ce prince. Si jamais on la fait, combien fa réputation décheoira?

(b) Pour éviter les répétitions, on ne répondra point à cette exclamation de Brantôme; nous prions le lecteur de recourir à l'obfervation n°. 32, fur les mémoires de Cheverny, (Tome L de la collection, pag. 450.

(c) Henri IV.

Roy assez universel, se mit à discourir, avec feu Monsieur le Mareschal de Biron, des desseins & projets qu'il faisoit pour un jour faire sa Cour plantereuse, belle, & du tout ressemblable à celle que nostre dite Reyne entretenoit; car alors elle estoit dans son plus grand lustre & splendeur qu'elle fust jamais. Monsieur le Mareschal luy respondit : *il n'est pas en vostre puissance, ny de Roy qui viendra jamais, si ce n'est que vous fissiez tant avec Dieu, qu'il vous fist ressusciter la Reyne-Mere, pour la vous ramener telle.* Mais ce n'estoit pas cela que le Roy demandoit : car il n'y avoit rien, quand elle mourut, qu'il haïssoit tant, (a) & sans sujet pourtant, comme j'ay pû voir; mais il le doit savoir mieux que moy.

Que malheureux fut encore le jour que telle Reyne mourut, & sur le point que nous en avions plus de nécessité, & en avons encore!

Elle mourut à Blois de tristesse qu'elle conceut du massacre qui se fit, & de la triste tragédie qui s'y joüa, & voyant que, sans y penser, elle avoit fait venir-là les Princes, pensant bien faire, ainsi que Monsieur le Cardinal de Bourbon luy dit : *hélas! Madame, vous nous avez tous menez à la*

―――――――
(a) Elle n'avoit jamais fait que du mal au bon Henri IV, & si elle eût vécu, peut-être ne seroit-il jamais monté sur le trône.

boucherie, fans y penfer (a) Cela luy toucha fi fort au cœur, & la mort de ces pauvres gens, qu'elle fe mit au lit, ayant efté paravant malade, & onques plus n'en releva.

On dit que, lorfque le Roy luy annonça la mort de Monfieur de Guife, & qu'il eftoit Roy abfolu, fans compagnon ny maiftre, elle luy demanda s'il avoit mis ordre aux affaires de fon Royaume, avant de faire ce coup ? Il refpondit qu'ouy, *Dieu le veuille*, (b) dit-elle, *mon fils !* Comme très-prudente qu'elle eftoit, elle prévoyoit bien ce qui luy devoit advenir, & à tout le Royaume.

Il y en a aucuns qui ont parlé diverfement de fa mort, & mefme de poifon. Poffible qu'ouy, poffible que non; mais on la tient crevée de dépit, (c) comme elle avoit raifon.

Elle fut mife en fon lit de parade, ainfi que

(a) Ce qui l'affecta le plus, comme on l'a dit dans l'obfervation indiquée ci-deffus, ce fut de voir que fon afcendant fur l'efprit de Henri III, étoit perdu; & il valoit mieux pour elle ceffer de vivre, que de ne plus dominer.

(b) Catherine avoit raifon : fon fils, pour le fentir, n'avoit pas un coup d'œil exercé, & pénétrant comme le fien.

(c) Brantôme en revient à ce que nous venons de dire.

j'ay ouy dire à une de ses Dames, ny plus ny moins que la Reyne Anne, que j'ay dit par cy-devant, & vestuë des mesmes habits royaux qu'avoit ladite Reyne, qui n'avoient servy depuis sa mort à d'autres qu'à elle, & fut portée après dans l'Eglise du chasteau, en mesme pompe & solemnité que ladite Reyne Anne; où elle gist & repose encore.

Le Roy l'ayant voulu faire porter à Chastres, & de là à Saint-Denis, pour la mettre avec le Roy son mary dans le mesme cercueil qu'elle luy avoit fait faire, bastir & construire, si beau & si superbe; mais la guerre qui survint, empêcha le tout.

Voilà ce que je puis dire à cette heure de cette grande Reyne, qui a donné certes de si grands sujets pour parler dignement d'elle, que ce petit discours n'est assez bastant pour ses loüanges. Je le sçay bien; mais aussi la qualité de mon sçavoir n'y sçauroit suffire, puisque les mieux disants y seroient bien empeschés. Toutesfois, pour tel discours qu'il est, je l'appends (a) en toute humilité & dévotion à ses pieds, & aussi pour fuir la trop grande prolixité, pour laquelle certes je me sens très-capable : mais j'espere bien ne me séparer d'elle tant en mes discours, que je me taise du tout, & ne parle, lors qu'il faudra, ainsi que ces

(a) Je le dépose.

belles & nompareilles vertus me le commandent, & m'en donnent ample matiere, ayant veu tout ce que j'ay efcrit. Ce qui a paffé avant mon temps, je l'ay appris de perfonnes fort illuftres, ainfi que je le feray voir en tous mes livres.

Cette Reyne, qui fut de tant de Roys la mere,
Et de Reynes auffi, enfemble de la France,
Mourut lorfqu'on avoit d'elle le plus d'affaire;
Car nul qu'elle n'a pu luy donner affiftance.

DISCOURS TROISIEME,

MARIE STUART,

Reyne d'Ecoſſe, jadis Reyne de noſtre France.

Ceux qui voudront jamais eſcrire de cette illuſtre Reyne d'Eſcoſſe, en ont deux très-amples ſujets, l'un celuy de ſa vie, & l'autre de ſa mort; l'un & l'autre très-mal accompagnés de la bonne fortune, ainſi que j'en veux toucher quelques points en ce petit diſcours, par forme d'abrégé, & non en longue hiſtoire, laquelle je laiſſe à deſcrire aux plus ſçavants & mieux couchants par eſcrit.

Cette Reyne donc eut ſon pere le Roy Jacques, fort homme-de-bien & de valeur, & fort bon François. Après qu'il fut veuf de Madame (a) Magdeleine, fille de France, il demanda au Roy François quelque honneſte & vertueuſe Princeſſe de ſon Royaume, pour ſe remarier, ne deſirant rien tant que de continuer l'alliance de France.

Le Roy François, ne ſçachant mieux choiſir pour contenter ce bon Prince, luy donna la (b) fille de Monſieur de Guiſe, Claude de Lorraine,

---

(a) Madeleine, fille de François I, & épouſe de Jacques V, Roi d'Ecoſſe, mourut en 1537.

(b) Marie de Lorraine.

veufve pour lors de Monsieur de Longueville, laquelle fut trouvée de ce Roy si belle, sage, vertueuse & honneste, qu'il fut fort ayse, & s'estima très-heureux de la prendre, & s'en trouva tel après qu'il l'eut prise & espousée, & tout le Royaume d'Escosse, qu'elle gouverna fort sagement lors qu'elle fut veufve, qui fut peu d'années après son mariage, n'y ayant gueres demeuré avec luy, non sans luy avoir produit une belle lignée, qui fut cette belle, & des plus belles pour lors Princesses du monde, nostre Reyne, de de laquelle nous parlons. Icelle, n'estant quasi par maniere de dire que née, & estant aux mammelles tettant, les Anglois vindrent assaillir l'Escosse, & fallut que sa mere l'allast cacher, par crainte de cette furie, de terre en terre d'Escosse: & sans le bon secours (a) que le Roy Henry y envoya, à grand peine eust-elle esté sauvée. Et ce nonobstant, la fallut mettre sur les vaisseaux, & l'exposer aux vagues, orages & aux vents de la mer, à la passer en France, pour sa plus grande seureté, où certes cette male fortune n'ayant peu passer la mer avec elle, & ne l'osant pour ce coup attaquer en France, la laissa, si bien que la bonne

(a) Voyez les observations sur les mémoires du maréchal de Tavannes, Tome XXVI de la collection, pag. 209 & 210, & celles sur les mémoires de François de Rabutin, Tome XXXIX de la collection, page 329.

Discours III.

là prit par la main : & ainsi que son bel age croissoit, ainsi vit-on en elle sa belle beauté, ses grandes vertus croistre de telle sorte ; que, venant sur les quinze ans, sa beauté commença à paroistre, comme la lumiere en plain midy, & en effacer le soleil lors qu'il luisoit le plus fort ; tant la beauté de son corps estoit belle. Et pour celle de l'ame, elle estoit toute pareille ; car elle s'estoit fait fort sçavante en latin : estant en l'age de treize à quatorze ans, elle déclama devant le Roy Henry, la Reyne, & toute la Cour, publiquement en la salle du Louvre, une Oraison en latin, qu'elle avoit faite ; soutenant & deffendant, contre l'opinion commune, qu'il estoit bien séant aux femmes de savoir les lettres & arts libéraux. Songez quelle rare chose & admirable de voir cette sçavante & belle Reyne ainsi orer (a) en latin, qu'elle entendoit, parloit fort bien ; car je l'ay vûe-là : & fut si curieuse (c) de faire faire à Antoine Fochain, de Chauny en Vermandois, qui l'addresse à ladite Reyne, une *Réthorique* en François, que nous avons encore en lumiere, afin qu'elle l'entendist mieux ; & se fist plus élo-

(a) *C'est-à-dire*, haranguer.
(b) Dans le texte de Brantôme, imprimé par les soins de le Laboureur, on lit... *Fut heureuse*... Au lieu de *fut si curieuse*... (Addit. aux mém. de *Castelnau*, Tome I, page 350.

quente, comme elle a efté, & mieux que fi dans la France mefme euft pris fa naiffance. Auffi la faifoit-il beau voir parler, fuft ou aux plus grands, ou aux plus petits ; & tant qu'elle a efté en France, elle fe réfervoit toujours deux heures du jour, pour eftudier & lire : auffi il n'y avoit gueres de fciences humaines qu'elle n'en difcouruft bien. Sur-tout elle aymoit la poëfie, mais fur-tous Monfieur de Ronfard, Monfieur du Bellay, & Monfieur de Maifon-Fleur, qui ont fait de belles poëfies & élégies pour elle, & mefme fur fon partement de la France, que j'ay veu fouvent lire à elle-même en France & en Efcoffe, la larme à l'œil, & les foupirs au cœur.

Elle fe mefloit d'eftre poëte, & compofoit des vers, dont j'en ay veu aucuns de beaux & trèsbien faits, & nullement reffemblants à ceux qu'on luy a mis fus avoir faits fur l'amour du Comte de Bothwel : ils font trop groffiers & mal polis (7), pour eftre fortis d'elle. Monfieur de Ronfard eftoit bien de mon opinion en cela, ainfi que nous en difcourions un jour, que nous les lifions. Elle en compofoit bien de plus beaux & de plus gentils, & promptement, comme je l'ay veüe fouvent, comme elle fe retiroit en fon cabinet, & fortoit auffi-toft pour nous en montrer à aucuns honneftes gens que nous eftions. De plus, elle efcrivoit fort bien en profe, fur-tout en lettres que j'ay veües, & très-éloquentes & hautes. Toutesfois, quand elle devisoit avec aucuns, elle usoit de fort doux, mignard & fort agréable langage, & avec une bonne majesté, meslée pourtant avec une fort discrete & modeste privauté, & sur-tout avec une fort belle grace : de mesme que sa langue naturelle, qui de soy & fort rurale, barbare, mal sonnante & séante, elle la parloit de si bonne grace, & la façonnoit de telle sorte, qu'elle la faisoit très-belle & agréable en elle, mais non en autres.

Voyez quelle vertu avoit une telle beauté, & telle grace, de faire tourner un barbarisme grossier en une douce civilité & gracieuse mondanité : & ne s'en faut esbahir de cela, qu'estant habillée à la sauvage (comme je l'ay veü) à la barbaresque mode des Sauvages de son Pays, elle paroissoit, en un corps mortel, & habit barbare & grossier, une vraye Déesse. Ceux qui l'ont veüe ainsi habillée, le pourront ainsi confesser en toute vérité ; & ceux qui l'ont veüe, ou pourront avoir veu son portrait, estant ainsi habillée. Si que j'ay veu dire à la Reyne & au Roy, qu'elle se montroit encore en celuy-là plus belle, plus agréable, & plus desirable qu'en tous les autres. Que pouvoit-elle donc paroistre se représentant en ses belles & riches parures, fust à la Françoise ou Espagnolle, ou avec le bonnet à l'Italienne, ou en ses autres habits de son grand deuil blanc, avec lequel il la faisoit très-beau voir? car la blancheur de son visage contendoit avec la blancheur de son voile, à qui l'emporteroit; mais enfin, l'artifice de son voile le perdoit, & la neige de son beau visage effaçoit l'autre: aussi se fit-il à la Cour une chanson d'elle portant le deuil, qui estoit telle:

> L'on voit, sous blanc atour,
> En grand deuil & Tristesse,
> Se promener maint tour,
> De beauté la Déesse,
> Tenant le trait en main
> De son fils inhumain:
>
> Et Amour, sans fronteau,
> Voleter autour d'elle,
> Déguisant son bandeau
> En un funebre voile,
> Où sont ces mots escrits:
> MOURIR OU ESTRE PRIS.

Voila comme cette Princesse paroissoit belle en toutes façons d'habits, fussent barbares, fussent mondains, fussent austeres. Elle avoit encore ceste perfection pour faire mieux embrazer le monde, la voix très-douce & très-bonne; car elle chantoit très-bien, accordant sa voix avec le luth, qu'elle touchoit bien solidement, de cette belle main blanche, & de ces beaux doigts si bien façonnez, qui ne devoient à ceux de l'Aurore. Que reste-il davantage pour dire ses beautez, si-non que l'on disoit d'elle, que le soleil de son Escosse estoit fort dissemblable à elle? Car quelques jours de l'an, il ne luit pas cinq heures en son pays; & elle luisoit toujours : si bien que de ses rayons elle en faisoit part à sa terre & à son peuple, qui avoit plus besoin de lumiere que tout autre, pour estre son climat fort esloigné du grand soleil du ciel. Ha! Royaume d'Escosse, je crois que maintenant vos jours sont encore bien plus courts qu'ils n'estoient, & vos nuits plus longues, puisque vous avez perdu cette Princesse, qui vous illuminoit. Mais vous en avez esté ingrats, ne l'ayant sçeu reconnoistre du devoir & de fidélité, comme vous deviez, & comme nous en parlerons ailleurs.

Or ceste Dame & Princesse pleut tant à la France, qu'elle pria le Roy Henry d'en prendre l'alliance, & la donner à Monsieur le Dauphin, son fils bien aymé, qui, de son costé en estoit esperdument espris. Les nopces donc absolument célébrées dans la grande Eglise & le Palais de Paris, où l'on vit cette Reyne paroistre cent fois plus belle qu'une Déesse du ciel, fust au matin à aller aux espousailles en brave Majesté, fust après disner à se pourmener au bal, & fust sur le soir à s'acheminer d'un pas modeste, & façon desdaigneuse, pour offrir & faire son vœu au Dieu Hymenée : si bien que la voix d'un chacun s'alloit espandant & raisonnant par la Cour, & parmi la grande Cité, que bien-heureux estoit cent fois le Prince qui s'alloit joindre avec cette Princesse ; & que si le Royaume d'Escosse estoit quelque chose de prix, la Reyne le valoit davantage : car encore qu'elle n'eust ny sceptre, ni couronne, sa seule personne & sa divine beauté valoient un Royaume : mais puisqu'elle estoit Reyne, elle apportoit à la France & à son mary double fortune.

Voilà ce que le monde alloit disant d'elle, & par ainsi, elle fut appellée la Reyne-Dauphine, & le Roy son mary le Roy-Dauphin, vivants tous deux avec un très-grand amour & plaisante concorde.

Puis venant ce grand Roy à mourir, vindrent à estre Roy & Reyne de France, Roy & Reyne de deux grands Royaumes, heureux & très-heureux tous deux, si le Roy François son mary ne fust esté emporté par la mort, ny elle par conséquent restée veufve au bel Avril de ses plus beaux ans, & n'ayant joüy ensemble de leur amour, plaisir & félicitez, que quelques quatre années.

Voilà une félicité de peu de durée, & à qui la male fortune pour ce coup devoit pardonner ;
mais

mais la malfaisante qu'elle est, voulut ainsi traiter misérablement ceste Princesse, qui, de sa perte & de son deuil, fit elle-mesme ceste Chanson:

<blockquote>
EN mon triste & doux chant,
D'un ton fort lamentable,
Je jette un œil tranchant,
De perte incomparable,
Et en soupirs cuisants
Passe mes meilleurs ans.

Fut-il un tel malheur,
De dure destinée,
Ny si triste douleur.
De Dame fortunée,
Qui mon cœur & mon œil
Vois en bierre & cercueil?

Qui en mon doux printemps,
Et fleur de ma jeunesse,
Toutes les peines sens
D'une extrême tristesse,
Et rien n'ay plaisir,
Qu'en regret & desir.

Ce qui m'estoit plaisant,
Ores m'est peine dure,
Le jour le plus luisant
M'est nuit noire & obscure.
Et n'est rien si exquis,
Qui de moy soit requis.
</blockquote>

Tome LXIII.

J'ay au cœur & à l'œil
Un portrait & image
Qui figure mon deuil ;
Et mon pasle visage,
De violettes teint,
Qui est l'amoureux teint.

Pour mon mal estranger,
Je ne m'arreste en place,
Mais j'en ay beau changer,
Si ma douleur j'efface ;
Car mon pis & mon mieux
Sont mes plus déserts lieux.

Si en quelque séjour,
Soit en bois ou en prée,
Soit pour l'aube du jour,
Ou soit pour la vesprée,
Sans cesse mon cœur sent
Le regret d'un absent.

Si par fois vers ces lieux
Viens à dresser ma vue,
Le doux trait de ses yeux
Je vois en une nuë ;
Soudain je vois en l'eau,
Comme dans un tombeau.

Si je suis en repos,
Someillant sur ma couche,
J'oy qu'il me tient propos,
Je le sens qu'il me touche :
En labeur, en recoy,
Toujours est prest de moy,

Discours III.

    Je ne vois autre objet,
Pour beau qu'il se présente,
A qui que soit subjet,
Oncques mon cœur consente,
Exempt de perfection,
A cette affliction.

    Mets, chanson, icy fin
A si triste complainte,
Dont sera le refrein
Amour vraye & non feinte,
Pour la séparation
N'aura diminution.

Voilà les regrets qu'alloit jettant & chantant piteusement cette triste Reyne, qui les manifestoit encore plus par son pasle teint; car dès-lors qu'elle fut veufve, je ne l'ai jamais veu changer en un plus coloré, tant que j'ay eu cet honneur de la voir, & en France & en Ecosse (a), où il luy fallut aller au bout de dix-huit mois, à son très-grand regret, & après sa viduité, pour pacifier son Royaume, fort divisé pour la Religion. Hélas! elle n'y avoit aucune envie ny volonté. Je luy ay veu dire souvent, & appréhender comme la mort ce voyage, & desiroit cent fois de demeurer en France simple Doüairiere, & se contenter de son Touraine &

(a) Lisez les observations sur les mémoires de Castelnau, Tome XLII de la collection, pag. 335 & suiv.

Poictou pour son douaire donné à elle, que d'aller là en son pays sauvage; mais Messieurs ses oncles, aucuns & non pas tous, conseillerent, voire l'en presserent: je n'en diray point les occasions, qui pourtant s'en repentirent bien puis après de la faute.

Sur quoy faut douter nullement si, lors de son partement, le feu Roy Charles, son beau-frere, fust esté en âge accompli, comme il estoit fort petit & jeune, & aussi s'il fust esté en l'humeur & amour d'elle comme je l'ay veu, jamais ne l'eust laissée partir, & résolument il l'eust espousée. Car je l'en ay veu tellement amoureux, que jamais il ne regardoit son portrait, qu'il n'y tint l'œil tellement fixé & ravy, qu'il ne l'en pouvoit jamais oster & s'en rassasier; & dire souvent que c'estoit la plus belle Princesse qui nasquit jamais au monde: & tenoit le Roy son frere par trop heureux d'avoir jouy d'une si belle Princesse, & qu'il ne devoit nullement regretter sa mort dans le tombeau, puisqu'il avoit possédé en ce monde cette beauté & son plaisir, pour si peu d'espace de temps qu'il l'eust possédée; & que telle jouïssance valoit plus que celle de son Royaume. De sorte que si elle fust demeurée en France, il l'eust espousée; il y estoit résolu, encore que ce fust sa belle sœur: mais le Pape d'alors ne luy en eust jamais refusé la dispense, veu qu'il l'avoit bien concédée à un

fien fujet, qui eſtoit Monſieur de Lové (a), pour
eſpouſer la ſienne ; & auſſi que depuis, & en Eſpagne, on a veu le Marquis d'Aguilar en avoir eu
de meſme, & force autres en ce Pays, qui n'en
font trop de difficulté, pour entretenir leurs maiſons, & ne les gaſter & diſſiper, comme nous fai-
ſons en France.

Tous ces diſcours ay-je veu faire pour ce ſujet,
à luy & à pluſieurs, leſquels j'obmettray, pour
ne varier en noſtredit ſujet de noſtre Reyne, laquelle enfin eſtant perſuadée, comme j'ay dit,
d'aller en ſon Royaume, & ſon voyage ayant eſté
remis à *la prime* (b), fit tant que, le remettant de
mois en mois, elle ne partit que ſur la fin du mois
d'Aouſt, & faut noter que cette prime, en laquelle
elle penſoit partir, vint ſi tardive, ſi faſcheuſe, ſi
froide, qu'au mois d'Avril n'y avoit pas aucune
apparence de ſe parer de ſa belle robe verte, ny
de ſes belles fleurs. Si bien que les galants de la
Cour alloient augurants là-deſſus, & publiant que
cette prime avoit changé ſa belle & plaiſante ſaiſon
en un ord & faſcheux hyver, & n'avoit voulu ſe

(a) Jean de Laval, ſeigneur de *Loué*, marquis de Néele,
comte de Joigny & de Maillé, épouſa Renée de Rohan,
veuve de René de Laval, ſieur de *Loué*, ſon frère
puîné.

(b) On ſe ſervoit de cette locution, ou de celle de
Primevère, qui répond à notre mot de printems.

vestir de ses belles couleurs & verdure, pour le deuil qu'elle vouloit porter de la partance de cette Reyne, qui luy servoit totalement de lustre. Monsieur de Maison-Fleur, gentil Cavalier pour les lettres & pour les armes, en fit pour ce sujet une fort belle Elégie.

Le commencement de l'Automne estant donc venu, il fallut que cette Reyne, après avoir temporisé, abandonnast la France; & s'estant acheminée par terre à Calais, accompagnée de Messieurs ses oncles, Monsieur de Nemours, & de la pluspart gens de la Cour, ensemble des Dames, comme de Madame de Guise, & autres, tous regrettants & pleurants à chaudes larmes l'absence d'une telle Reyne.

Elle trouva au port deux galeres, l'une de Monsieur de Meüillon, & l'autre du Capitaine d'Albize, & deux navires de charge seulement pour tout armement; & après six jours de séjour seulement à Calais, ayant dit ses adieux piteux & pleins de soupirs, toute la grande compagnie qui estoit là, depuis le plus grand jusques au plus petit, s'embarqua; ayant, de ses oncles, avec elle, Messieurs d'Aumale, Grand-Prieur, & d'Elbeuf, & Monsieur Damville, aujourd'huy Monsieur le Connestable, & force Noblesse que nous estions avec elle dans la galere de Monsieur de Meüillon, pour estre la meilleure & la plus belle.

Discours III.

Ainsi donc qu'elle vouloit commencer à sortir du port, que les rames commençoient à se vouloir laisser moüiller, elle y vit entrer en pleine mer, & tout à sa veüe, s'enfoncer un navire devant elle & se périr, & la plusspart des mariniers se noyer, pour n'avoir pas bien pris le courant & le fond : ce qu'elle voyant, s'escria incontinent : *Ha ! mon Dieu ! quel augure de voyage est cecy !* Et la galere estant sortie du port, & s'estant eslevé un petit vent frais, on commença à faire voile, & la chiourme se reposer. Elle, sans songer à autre action, s'appuye les deux bras sur la poupe de la galere du costé du timon, & se mit à fondre en grosses larmes, jettant toujours ses beaux yeux sur le port & le lieu d'où elle estoit partie, prononçant toujours ces tristes paroles : *Adieu, France, adieu, France,* les répétant à chaque coup, & luy dura cet exercice dolent près de cinq heures, jusqu'à ce qu'il commença à faire nuit, & qu'on luy demanda si elle ne se vouloit point oster de-là, & souper un peu. Alors, redoublant ses pleurs plus que jamais, dit ces mots : *C'est bien à cette heure, ma chere France, que je vous perds du tout de veüe, puisque la nuit obscure & jalouse du contentement de vous voir tant que j'eusse pû, m'apporte un voile noir devant les yeux, pour me priver d'un tel bien. Adieu donc, ma chere France, que je perds du tout de veüe ; je ne vous verray jamais plus.*

R iv

Ainsi se retira, disant qu'elle avoit fait tout le contraire de Didon, qui ne fit que regarder la mer, quand Enée se départit d'avec elle, & elle regardoit toujours la terre. Elle voulut se coucher sans avoir mangé, & ne voulut descendre en bas dans la chambre de poupe; mais on luy fit dresser la traverse de la galere en-haut de la poupe, & luy dressa-t-on là son lit: & reposant un peu, n'oubliant nullement ses soupirs & larmes, elle commanda au timonnier, si-tost qu'il feroit jour, s'il voyoit & descouvroit encore le terrain de la France, qu'il l'éveillast, & ne craignist de l'appeller. A quoy la fortune la favorisa; car le vent s'estant cessé, & ayant recours aux ramés, on ne fit gueres de chemin cette nuit: si-bien que le jour paroissant, parut encore le terrain de la France; & n'ayant failly le timonnier au commandement qu'elle luy avoit fait, elle se leve sur son lit, & se mit à contempler la France encore, tant qu'elle put. Mais la galere s'esloignant, elle esloigna son contentement, & ne vit plus son beau terrain. Adonc redoubla encore ces mots: *Adieu la France, cela est fait; adieu la France: je pense ne vous voir jamais plus.*

Si desira-t-elle cette fois qu'une armée d'Angleterre parust, de laquelle nous estions fort menacés, afin qu'elle eust sujet & fust contrainte de relascher en-arriere, & se sauver au port d'où elle estoit partie : mais Dieu en cela ne l'a voulu favoriser à ses souhaits ; car, sans aucun empeschement, nous arrivasmes à Petit-Luc (a), dont sur le navigage je feray ce petit incident, que le premier soir que nous fusmes embarqués, le Seigneur de Chastelard (b), qui depuis fut exécuté en Ecosse pour son outrecuidance, & non pour crime, comme je diray, (il estoit gentil Cavalier & homme de bonne espée, & bonnes lettres), ainsi qu'il vit qu'on allumoit le fanal, il dit ce gentil mot : *Il ne seroit point besoin de ce fanal, ny de ce flambeau, pour nous éclairer en mer; car les beaux yeux de cette Reyne sont assez esclairants & bastants pour esclairer de leurs feux toute la mer, voire l'embraser pour un besoin.*

Faut noter qu'un jour avant, un Dimanche matin, que nous arrivasmes en Ecosse, il s'esleva un si grand brouillard, que nous ne pouvions pas voir depuis la poupe jusques à la prouë ; en quoy les pilotes & les comites furent fort estonnez : si bien que, par nécessité, il fallut mouiller l'ancre en pleine mer, & jetter la sonde, pour sçavoir où nous estions.

Ce brouillard dura tout le long d'un jour &

(a) Petit-Leith.
(b) Chastelard, gentilhomme du Dauphiné, appartenoit par sa mère au bon chevalier Bayard ; elle étoit sa fille naturelle.

toute la nuit, jufques au lendemain matin à huit heures, que nous nous trouvafmes environnez de quantité d'efcueils, fi bien que, fi nous fuffions allez en avant ou à cofté, nous fuffions donné à travers, & nous fuffions tous péris. De quoy la Reyne difoit *que, pour fon particulier, ne s'en fuft gueres fouciée, ne fouhaitant rien tant que la mort ;* mais elle ne l'eut pas fouhaitée, ny voulu, pour le général de tout le Royaume d'Efcoffe. Ayant donc reconnu & veu, le matin de ce brouillard levé, le terrain d'Ecoffe, il y en eut qui augurerent fur ledit brouillard, qu'il fignifioit qu'on alloit prendre terre dans un Royaume *brouillé* (a), *brouillon & mal-plaifant.*

Nous allafmes entrer & prendre terre au Petit-Luc (b), où fondants les principaux de-là, & de l'Iflebourg qui n'eft qu'à une petite lieue de-là, la Reyne y alla à cheval, & fes Dames & Seigneurs fur les haquenées *guilledines* du Pays, telles quelles, & harnachées de mefme : donc fur tel appareil, la Reyne fe mit à pleurer (c), &

(a) Il paroît que dès le tems de Brantôme, les Calembours étoient à la mode. Ainfi nos beaux efprits modernes ne font que des imitateurs, & non pas des originaux en ce genre, comme ils le croient.

(b) Petit-Leith.

(c) Le paffage fubit du luxe à la pauvreté, étoit bien fait pour affecter douloureufement une princeffe jeune, belle, & élevée au fein de la molleffe.

dire que ce n'eſtoient pas-là les pompes, les magnificences, ny les ſuperbes montures de la France, dont elle avoit joüy ſi long-temps; mais qu'il falloit prendre patience : &, qui pis eſt, le ſoir, ainſi qu'elle ſe vouloit coucher, eſtant logée en-bas en l'Abbaye de l'Iſlebourg, qui eſt certes un beau baſtiment, & ne tient rien du Pays, vindrent ſous la feneſtre cinq ou ſix cent (a) marauds de la ville, luy donner aubade de meſchants violons & petits rebecs, dont il n'y en a faute en ce Pays-là; & ſe mirent à chanter Pſeaumes, tant mal chantez & ſi mal accordez, que rien plus. Hé! quel muſique! & quel repos pour ſa nuit!

Le lendemain matin, on luy cuida tuër (b) ſon Aumoſnier dans ſon logis; & s'il ne ſe fuſt ſauvé de viſteſſe dedans ſa chambre, il eſtoit mort, & euſſent fait de meſme comme ils firent depuis à ſon Secrétaire David (8); lequel, d'autant qu'il eſtoit d'eſprit, la Reyne l'aymoit pour le maniement de ſes affaires : mais on le luy tua devant ſa ſalle, ſi

(a) Ces *marauds* étoient probablement des proteſtans, qui, à cette époque, pleins d'enthouſiaſme pour leur nouvelle croyance, ne trouvoient rien de plus beau que de chanter des pſeaumes, & de régaler leur Reine de ce concerto.

(b) Cet attentat fut une ſuite de ce que nous venons de dire. La haine du catholiciſme rendoit les prêtres de cette religion, odieux aux reformés.

près d'elle, que le sang luy en rejailliſſoit ſur ſa robe, & luy tomba mort ſur ſes pieds.

Quelle indignité! Ils luy en ont fait bien d'autres, dont il ne ſe faut eſtonner s'ils ont mal parlé d'elle. Ce tour fait à ſon Aumoſnier, elle en vint ſi triſte & ſi faſchée, qu'elle dit: *Voilà un beau commencement d'obéiſſance & de receuil de mes ſujets. Je ne ſçay quelle en ſera la fin; mais je la prévois très-mauvaiſe.* Ainſi que la pauvre Princeſſe en cela s'eſt montrée une grande *Caſſandre* de prophétie, comme elle eſtoit en beauté.

Eſtant-là, elle veſquit trois ans fort ſagement en ſa viduité, & y euſt perſiſté, n'ayant nullement envie de violer les manes de ſon mary (a); mais les Eſtats de ſon Royaume la prierent & ſolliciterent de ſe marier, afin qu'elle leur puſt laiſſer quelque beau Roy enfanté d'elle, comme eſt celuy-cy d'aujourd'huy.

Il y en a qui ont dit, qu'aux premieres guerres, le Roy de Navarre la voulut eſpouſer (b), en répu-

(a) Elle fut long-tems balottée, ſoit par les princes Lorrains ſes oncles, ſoit par les menées d'Eliſabeth. A la fin, Marie Stuart perdit patience; l'amour l'aveugla, & le répentir ne tarda pas à ſuivre le choix qu'elle avoit fait.

(b) Ce n'eſt pas ainſi que l'hiſtoire raconte cet événement. Les Guiſes qui l'offroient comme une marchandiſe, dont leur ambition régloit le tarif, amuſèrent de ce leurre

diant sa femme à cause de la Religion ; mais n'y voulut consentir, disant qu'elle avoit une ame, & qu'elle ne la vouloit perdre pour toutes les grandeurs du monde, faisant un grand scrupule d'espouser un homme marié.

Enfin, elle se remaria avec un jeune Seigneur d'Angleterre de fort bonne extraction, mais non pareil à elle (a). Ce mariage ne fut gueres heureux ny pour l'un ny pour l'autre. Je ne veux icy raconter comme le Roy son mary, après luy avoir fait un fort bel enfant, qui regne aujourd'huy, fut tué, & mourut par une fougade dressée où il logeoit. L'histoire en est imprimée & escrite, mais non au vray, pour l'accusation qu'on a accusé la Reyne d'y avoir esté consentante. Ce sont abus & menteries ; car jamais cette Reyne ne fut cruelle : elle estoit du tout bonne & douce. Jamais en France elle ne fit cruauté, mesme n'a pris plaisir ny eu le cœur de voir défaire les pauvres criminels par justice, comme beaucoup de grandes que j'ay

---

Antoine, Roi de Navarre ; ils n'avoient pas plus d'envie de lui donner leur nièce, que Philippe II ne vouloit le faire Roi de Sardaigne.

(a) Henri Stuart, comte de Lenox, son cousin. (Voyez les observations sur les mémoires de Castelnau, Tom. XLIV de la collection, page 405 & suiv.) On y a discuté tout ce qui concerne la complicité de Marie Stuart ; & il s'en faut bien que son innocence soit clairement prouvée.

connues ; & alors qu'elle eſtoit dans ſa galere (a), ne voulut jamais permettre que l'on battiſt le moins de monde un ſeul forçat, & en pria le Grand-Prieur ſon oncle, & le commanda très-expreſſément au Comité, ayant une compaſſion extrême de leur miſere, & le cœur luy en faiſoit mal.

Pour fin, jamais cruauté ne logea au cœur d'une ſi grande & douce beauté ; mais ce ſont des impoſteurs qui l'ont dit & eſcrit, entre autres Monſieur Buchanan (9) : en quoy il a mal reconnu les biens que ſa Reyne luy avoit faits en France & Ecoſſe, pour la grace de ſa vie, & du relief de ſon ban. Il euſt mieux valu qu'il euſt employé ſon divin ſçavoir à parler mieux d'elle, ny des amours de Bothuel, juſques à y mettre quelques Sonnets qu'elle avoit faits, que ceux qui ont connu ſa Poëſie & ſon ſçavoir diront bien toujours qu'ils ne ſont venus d'elle, ny moins jugeront de ces amours ; car ce Bothuel (b) eſtoit le plus laid

---

(a) Ces particularités peuvent être vraies, ſans qu'elles diſculpent en aucune manière Marie Stuart. La fièvre d'amour change les caractères & les paſſions, & la femme la plus douce peut devenir barbare, quand ce délire agite ſes ſens.

(b) Cela ne prouveroit encore rien : ſouvent l'homme le plus mal partagé des dons de la figure, eſt celui qui réuſſit le mieux auprès des femmes. Il remplace par d'autres

homme, & d'aussi mauvaise grace qu'il se peut voir. Mais si celuy-là en a bien dit du mal, il y en a d'autres qui en ont escrit un fort beau Livre de son innocence, que j'ay veu, qui l'a si bien déclarée & prouvée, que les moindres esprits y mordroient, bien que ses ennemis y ayent eu peu d'esgard : mais la desirant faire perdre, comme ils ont fait à la fin, & comme obstinez l'ont tellement persécutée, qu'ils ne cesserent jamais qu'elle ne fust mise en prison dans un fort Chasteau ; on dit que c'est (a) Saint-André en Ecosse : & ayant demeuré misérablement captive près d'un an, fut délivrée par le moyen d'un fort honneste & brave Gentilhomme du Pays, & de bonne Maison, nommé Monsieur de Beton, que j'ay connnu & veu, lequel m'en conta l'histoire, lorsqu'il en vint porter la nouvelle au Roy, ainsi que nous passions l'eau devant le Louvre. Il estoit nepveu de l'Evesque de Glasco (b), Ambassadeur en France, un

moyens ceux qui lui manquent. D'ailleurs a-t-on jamais trouvé laid, l'objet qu'on aime.

(a) Brantôme n'étoit pas exactement informé. On emprisonna Marie à Lochlevin, château situé dans une isle au milieu d'un lac. Ce fut delà que le jeune Douglas, secondé par Jacques Hamilton, & par le Lord Seaton, (qui, selon les apparences, est le Beton de Brantôme.) arracha Marie à sa captivité. (Hist. d'Ecosse par Robertson, Tome II, Liv. V.)

(b) Glasgow.

des hommes de bien & dignes Prélats qui se voit point, & qui a été fidele serviteur de sa maistresse jusques à son dernier soupir, & luy est encore autant après son trespas.

Voilà donc cette Reyne en liberté, qui ne chauma pas, & en moins de rien eut amassé une armée de ceux qu'elle estimoit ses plus fideles, & la menant la premiere, montée en teste sur une bonne haquenée, vestue d'un simple cotillon ou juppe de taffetas blanc, & coiffée d'une coeffe de crespe dessus : de quoy j'ay veu plusieurs personnes s'estonner, mesme la Reyne-Mere, qu'une si tendre Princesse & délicate comme elle estoit, & avoit esté toute sa vie, fust ainsi habituée aux incommoditez de la guerre. Mais aussi, qui est la chose que l'on n'endure & que l'on ne fasse pour régner absolument, & se venger de son peuple rébelle, & le ranger à son obéïssance ?

Voilà donc cette Princesse, belle & généreuse comme une seconde Zénobie, à la teste de son armée, la conduisant pour affronter ses ennemis & livrer bataille : mais, hélas ! quel malheur ! ainsi qu'elle pensoit les siens venir aux mains avec les autres ; & ainsi qu'elle exhortoit & animoit par ses belles paroles, qui eussent pû esmouvoir les rochers (a), ils vindrent tous à hausser leurs picques,

(a) Ce n'est point ainsi que Robertson raconte l'his-
sans

sans rendre combat ; & tant d'un costé que d'autre, vindrent mettre bas les armes, s'embrasser & se faire amis : & tous confédérez & conjurez ensemble, firent complot de se saisir de leur Reyne, & la prendre prisonniere, & la mener en Angleterre. M. de Croify (a), Intendant de sa maison, Gentilhomme d'Auvergne, en conta ainsi l'histoire à la Reyne-Mere, en venant de-là ; & le vis à Saint-Maur, qui le conta à aucuns de nous.

Enfin, elle fut menée (b) en Angleterre, où elle

toire de la défaite de Marie & de ses partisans : ceux-ci firent les plus mauvaises dispositions. Les Hamiltons qui conduisoient l'avant-garde, attaquèrent en étourdis ; ils furent écrasés. Le reste de l'armée de Marie prit la fuite. (Hist. d'Ecosse, Tome II, Liv. V.)

(a) Le Laboureur dans ses additions aux mémoires de Castelnau, (Tome I, Liv. V., page 359,) l'appelle du Cros.

(b) Marie Stuart ne fut point menée en Angleterre. Après la malheureuse bataille de Langside en 1568, Marie s'étoit sauvée à l'abbaye de Dundrenan dans la province de Galloway. Là elle délibéra si elle se retireroit en France ou en Angleterre. La première retraite choqua son amour propre. Elle ne peut jamais se résoudre à paroître comme fugitive dans un pays où elle avoit régné. Elisabeth au contraire, lui offroit un asile à sa Cour, & ses ambassadeurs avoient hautement désapprouvé en son nom, la conduite des Ecossois envers leur souveraine. Marie crut

Tome LXIII.

fut logée en un Chasteau si estroitement, & en telle captivité, qu'elle n'en a bougé de dix-huit à vingt ans jusques à sa mort dont elle en eut sentence par trop cruelle, fondée sur plusieurs raisons telles quelles, qui sont dans l'Arrest : mais une des principales, à ce que je tiens de bon lieu, fut que la Reyne d'Angleterre ne l'ayma jamais, & a esté toujours & de long-temps jalouse de sa beauté, qe'elle voyoit surpasser la sienne. Que c'est de jalousie ! & pour la Religion aussi. Or, tant y a que cette Princesse, après sa longue prison, fut condamnée à la mort, & à avoir la teste tranchée ; & son Arrest luy fut prononcé deux ans avant qu'elle fust exécutée. Aucuns disent qu'elle n'en sçeut rien, si-non quand on fut pour l'exécution. D'autres disent qu'il luy fut prononcé deux mois avant l'exécution, ainsi que la Reyne-Mere en eut advis estant à Coignac, qui en fut très-marrie : & mesme luy dit-on cette particularité, qu'aussi-tost que l'Arrest luy fut prononcé, on luy tendit la chambre & son lit de noir. La

devoir se fier à la générosité d'Elisabeth ; elle ignoroit qu'entre femmes on ne se pardonne, ni les outrages, ni les rivalités. Malgré les prières de ses meilleurs serviteurs, Marie se rendit brusquement à Carlisle, & fut-elle même l'artisan de ses malheurs, (lisez l'histoire d'Ecosse par Robertson, Tome II, Liv. V, & les mémoires de Melvil, Liv. III.)

Reyne-Mere se mit à (a) loüer fort là-dessus la constance de ladite Reyne d'Ecosse, & qu'elle n'en avoit jamais veu ny oüy parler d'une plus constante en son adversité. J'estois présent alors, & croyois pourtant que la Reyne d'Angleterre ne la feroit point mourir, ne l'estimant cruelle tant jusques-là, & que de son naturel elle ne l'estoit point; mais elle le fut là: & aussi que le sieur de Bellievre (b), que le Roy avoit dépesché pour luy sauver la vie, opéreroit quelque chose de bon; mais il n'y gagna rien.

Pour venir donc à cette mort piteuse, qu'on ne peut descrire qu'avec grande compassion, le dix-septiesme (c) donc de Février, l'an mille cinq cent huitante-sept, au lieu où elle estoit prisonniere, Chasteau appellé Frondinghaye (d), les Commissaires de la Reyne d'Angleterre, par elle envoyés (10), je ne diray point leurs noms, car il ne serviroit de rien, arriverent sur les deux ou trois heures après-midy, & estants en la présence de

(a) On a droit de suspecter cet éloge, sortant de la bouche de Catherine de Medicis. On sait qu'elle haït toujours Marie Stuart.

(b) On a recueilli dans les mémoires de la Ligue, l'extrait de cette harangue de M. de Bellièvre.

(c) Ce fut le 7 Février, & non pas le 17 en 1587, que cette Reine périt sur un échafaud.

(d) Fotheringen dans le comté de Northampton.

S ij

Paulet, son gardien & geolier, font lecture de leur commission touchant l'execution à leur prisonniere; luy déclarant que le lendemain matin ils y procéderoient, l'admonestant de s'apprester entre sept & huit.

Elle, sans s'estonner, les remercia de leurs bonnes nouvelles, disant *qu'elles ne pouvoient estre meilleures pour elle, pour voir maintenant la fin de ses miseres, & que dès long-temps elle s'estoit apprestée & résolue à mourir, depuis sa détention en Angleterre; suppliant pourtant les Commissaires de luy donner un peu de temps & loisir, pour faire son testament, & donner ordre à ses affaires, puisque cela gisoit à leur volonté, comme leur commission portoit.* A quoy le Comte de Chérusbery (a) luy dit assez rudement: *Non, non, Madame, il faut mourir. Tenez-vous preste demain entre sept ou huit heures du matin. On ne vous prolongera plus le délay d'un moment.* Il y en eut un plus courtois, ce luy sembloit, qui luy voulut user de quelques remonstrances, pour essayer de luy donner quelque constance davantage à supporter

(a) Robertson, qui paroît n'avoir écrit que d'après les monumens, & qui certainement ne maltraite pas Marie Stuart, se taît sur cette anecdote. Nous en faisons la remarque, parce qu'elle n'est pas honorable pour la mémoire de George Talbot, comte de Shrewsbury, maréchal d'Angleterre.

cette mort. Elle luy respondit, qu'elle n'avoit point besoin de consolation, pour le moins venant de luy : que s'il luy vouloit faire ce bon office à sa conscience, de luy faire venir son Aumosnier pour la confesser, que ce luy seroit une obligation qui surpasseroit toute autre; car pour son corps, elle ne croyoit pas qu'ils fussent si inhumains, qu'ils ne luy donnassent droit de sépulture. Lors, il luy répliqua qu'il ne s'y falloit point attendre; de façon qu'elle fut contrainte d'escrire sa confession, qui fut telle.

« J'ay esté combattuë aujourd'huy de ma Reli-
» gion, & de recevoir la consolation des Héré-
» tiques. Vous entendrez par Bouryong, & autres,
» que j'ay fait fidellement protestation de ma foy,
» en laquelle je veux mourir. J'ay requis de vous
» avoir pour faire ma confession, & recevoir mon
» Sacrement, ce qui m'a esté cruellement refusé(a),
» aussi-bien que le transport de mon corps, & de
» pouvoir tester librement, ou n'en escrire que
» par leurs mains. A faute de cela, je confesse la
» griefveté de mes péchez en général, comme
» j'avois déliberé de faire à vous en particulier;
» vous priant, au nom de Dieu, que vous priez &
» veillez cette nuit avec moy pour la satisfaction
» de mes péchez, & m'envoyer vostre absolution

(a) Robertson confirme ce fait, & dit qu'on eut la dureté de lui refuser son aumônier.

» & pardon de toutes les offenses que j'ay faites.
» J'essayeray de vous voir en leur présence,
» comme ils m'ont accordé : & s'il m'est permis,
» devant tous, je vous demanderay pardon. Ad-
» visez-moy des plus propres prieres pour cette
» nuit, & pour demain matin; car le temps est
» court, & je n'ay loisir d'escrire : mais je vous re-
» commanderay comme le reste & sur-tout vos
» bénéfices vous seront conservez & asseurez, &
» vous recommanderay au Roy. Je n'ay plus de
» loisir, advisez-moy de tout ce que vous pen-
» serez de bon pour mon salut par escrit : après
» cela, je pourvoiray au salut de mon ame. »

Avant toutes choses, elle ne perdit point de temps, & si peu qu'il luy restoit, (bien long pourtant & suffisant pour esbranler une constance des plus asseurées; mais en elle, on n'y connut aucune crainte de la mort, mais beaucoup de contentement de sortir des miseres mondaines) l'employa à escrire à nostre Roy (11); à la Reyne mere qu'elle honoroit beaucoup, à Monsieur & à Madame de Guise, & autres particulieres lettres, certes très-piteuses, mais toutes tendantes à leur faire connoistre, que jusques à la derniere heure elle n'avoit perdu la mémoire d'eux, & le contentement qu'elle recevoit de se voir délivrée de tant de maux, desquels il y avoit vingt ans qu'elle estoit accablée, & leur envoya à tous des présents qui eſtoient de la valeur & prix que le pouvoit une pauvre Reyne captive & mal fortunée.

Après, envoya querir ſa maiſon (a), depuis le plus grand juſques au plus petit, & fit ouvrir ſes coffres, & regarda combien elle pouvoit avoir d'argent, leur départit à chacun ſelon ſon moyen, & le ſervice qu'elle avoit tiré d'eux, & à ſes femmes leur partagea tout ce qui lui pouvoit reſter de bagues, de carcans, de liettes (b), & accouſtrements; leur diſant à tous que c'eſtoit avec beaucoup de regret qu'elle n'avoit davantage pour leur donner & recompenſer; mais qu'elle s'aſſeureroit que ſon fils ſatisferoit à ſa néceſſité : & pria ſon (c) Maiſtre-d'Hoſtel de le faire entendre

---

(a) Robertſon s'accorde avec Brantôme ſur ces diverſes particularités; & il eſt impoſſible de lire ſans attendriſſement le tableau qu'il fait du ſang-froid, & de la magnanimité de Marie Stuart dans cette circonſtance.

(b) Oudin interprete le mot *liette* par l'Italien *Caſſettina*, laïette. Ce doit être ici une ſorte de *ruban* ou de bande propre à *lier* les cheveux.

(c) Ce maître-d'hôtel étoit André Melvil, frère de celui qui nous a laiſſé des mémoires. Marie Stuart ne le vit que le lendemain à l'inſtant où elle alloit marcher au ſupplice. *Mon cher Melvil*, (lui dit-elle, « ne pleure » point : voici au contraire le moment de ſe réjouir. Ce » jour attendu depuis ſi long-tems, va délivrer Marie » Stuart de ſes peines. Sois témoin que je meurs ferme

à son dit fils, à qui elle envoyoit sa bénédiction, le priant de ne point venger sa mort, laissant le tout à Dieu à en ordonner à ses divines volontez : & leur dit adieu à tous, sans larmoyer aucunement ; mais au contraire les consoloit, & leur disoit qu'il ne falloit pas qu'ils pleurassent sur le point de la voir bien heureuse, en contr'eschange de tant de malheurs qu'elle avoit eus ; puis les fit tous sortir de sa chambre, réservé ses femmes.

Or, il estoit déjà nuit, & se retira en son oratoire, où elle pria Dieu plus de deux heures les genoux nuds contre terre, car ses femmes s'en apperceurent ; puis elle s'en revint à sa chambre, & leur dit : *Je crois qu'il vaut beaucoup mieux, mes amies, que je mange quelque chose, & que je me couche après, afin que demain je ne fasse rien indigne de moy, & que le cœur ne me faille.* Quelle générosité & quel courage ! ce qu'elle fit : & , prenant une rostie au vin seulement, s'en alla coucher, & dormit fort peu, & employa la plus grande partie de la nuit en prieres & oraisons.

» dans ma religion, fidellement attachée à l'Ecosse, &
» toujours affectionnée à la France. Fais mes complimens
» à mon fils : dis-lui que je n'ai rien fait de préjudiciable
» à son royaume, à son honneur, & à ses droits. Je prie
» Dieu de pardonner à tous ceux qui ont été altérés de mon
» sang»... (Hist. d'Ecosse, Tome III, Liv. VII, pag. 275.)

Elle se leva deux heures avant le jour, & s'habilla le plus promptement qu'elle put, & mieux que de coustume, & prit une robe de velours noir, qui estoit tout ce qu'elle s'estoit réservé de ses accoustrements, disant à ses femmes: *Mes amies, je vous eusse laissé plutost cet accoustrement que celuy d'hier, si-non qu'il faut que j'aille à la mort un peu plus honorablement, & que j'aye quelque chose plus que le commun. Voilà un mouchoir, que j'ay réservé aussi, qui sera pour me bander les yeux quand je viendray-là, que je vous donne, Mamie,* (parlant à une de ses femmes); *car je veux recevoir ce dernier office de vous.*

Après, elle se retira en son oratoire, leur ayant dit derechef adieu en les baisant, & leur dit beaucoup de particularitez, pour dire au Roy, à la Reyne, & à ses parents, non chose qui tendist à la vengeance, mais au contraire plutost; & fit là ses Pasques, par le moyen d'une hostie consacrée, que le bon Pape Pie V luy avoit envoyée, pour s'en servir à la nécessité, & qu'elle avoit tousjours fort curieusement & saintement gardée & conservée.

Après avoir dit toutes ses oraisons, qui furent bien longues, car il estoit déjà grand matin, elle s'en vint dans sa chambre, & s'assit auprès du feu, parlant tousjours à ses femmes, & les consolant,

au lieu que les autres la devoient confoler : leur difant, » que ce n'eftoit rien des félicitez de ce
» monde, & qu'elle en devoit bien fervir d'exem-
» ple aux plus grandes de la terre jufques aux plus
» petites, qu'elle, qui avoit efté Reyne des
» Royaumes de France & d'Efcoffe, de l'un par
» nature, & de l'autre par fortune, après avoir
» triomphé pefle-mefle dans les honneurs & gran-
» deurs, la voilà réduite entre les mains du bour-
» reau, innocente toutesfois ce qui la confoloit
» pourtant : mefmement le plus beau de leur pré-
» texte eftoit pris pour la faire mourir fur la Re-
» ligion Catholique, bonne, fainte, qu'elle n'a-
» bandonneroit jamais jufques au dernier foufpir,
» puis qu'elle y avoit efté baptifée ; & qu'elle ne
» vouloit autre chofe, ny autre gloire après fa
» mort, fi-non qu'elles publiaffent fa fermeté par
» toute la France, quand elles y feroient re-
» tournées, comme elle les en prioit : & qu'en-
» core qu'elle fçavoit qu'elles auroient beaucoup
» de creve-cœur de la voir fur l'échafaut, pour
» jouer une telle tragédie, fi vouloit-elle qu'elles
» fuffent les tefmoins de fa mort, fçachant bien
» qu'elle n'en pourroit avoir de plus fidelles, pour
» en faire le rapport de ce qui en adviendroit. »

Ainfi qu'elle achevoit ces paroles, l'on vint heurter fort rudement à la porte. Ses femmes, fe doutant que c'eſtoit l'heure qu'on la venoit quérir, voulurent faire réſiſtance d'ouvrir; mais elle leur dit: *Mes amies, cela ne ſert de rien; ouvrez.*

Et entra premierement un compagnon (a), avec un baſton blanc à ſa main, lequel, ſans s'addreſſer à perſonne, dit, en ſe promenant, par deux fois: *Me voicy venu, me voicy venu.* La Reyne, ſe doutant de l'heure de l'execution, prit à la main une petite croix d'ivoire.

Puis après vindrent les Commiſſaires ſuſdits, & eſtants entrez, la Reyne leur dit: *Hé bien, Meſſieurs, vous m'eſtes venu querir. Je ſuis preſte & trez-réſoluë de mourir, & trouve que la Reyne ma bonne ſœur fait beaucoup pour moy, & tous vous autres particulierement, qui en avez fait cette recherche. Allons donc.* Eux, voyants cette conſtance, accompagnée d'une ſi grande douceur & extréme beauté, s'en eſtonnerent fort; car jamais on ne la vit plus belle, ayant une couleur aux jouës qui l'embelliſſoit

Ainſi Boccace eſcrit de *Sophoniſba*, laquelle eſtant en ſon adverſité, après la priſe de ſon mary, & de ſa ville, & parlant à Maſiniſſa, Vous euſſiez dit, raconte-il, que ſon propre malheur la rendoit plus belle, & luy favoriſoit la douceur de ſon viſage, pour la rendre plus déſirable & agréable.

(a) Ce *Compagnon* étoit probablement le grand Schérif, qui vint avec ſes officiers.

Ces Commissaires furent grandement esmeus à quelque compassion. Toutesfois, ainsi qu'elle sortoit, ils ne voulurent pas permettre à ses femmes de la suivre, craignants que, pour les lamentations, souspirs & hauts cris, l'acte de l'exécution en fust aucunèment troublé; mais elle leur dit: *Hé quoy, Messieurs! voulez-vous user de tant de rigueurs, que de ne permettre seulement ou consentir que mes femmes m'accompagnent au supplice? Au moins que j'obtienne cette faveur de vous autres.* Ce qu'ils luy accorderent, en leur promettant qu'elle leur imposeroit silence, & les feroit venir lors qu'il faudroit.

Le lieu de l'exécution estoit dans la salle, au milieu de laquelle on avoit dressé un échafaut large de douze pieds en quarré, & haut de deux, tapissé de meschante revesche noire.

Elle entra donc dans cette salle avec pareille majesté & grace, comme si elle fust entrée en une salle de bal, où l'on l'avoit veu autresfois si excellement paroistre, sans jamais changer de contenance.

Ainsi qu'elle fut auprès de l'échafaut, elle appella son Maistre-d'Hotel, & luy dit: *Aydez-moy à monter: c'est le dernier service que je recevray de vous:* & luy réïtéra tout ce qu'elle luy avoit dit en sa chambre, pour dire à son fils. Puis estant sur l'eschafaut, elle demanda son Aumosnier, priant les Officiers qui estoient-là; de permettre qu'il vînt;

ce qui luy fut refusé tout à plat, luy disant le Comte Izenty (a), *qu'il la plaignoit grandement ainsi addonnée aux superstitions du temps passé, & qu'il falloit porter la croix de Christ en son cœur, & non à la main :* à quoy elle fit responce, *qu'il estoit mal-aisé de porter tel & si beau objet en la main, sans que le cœur n'en fust touché de quelque émotion & souvenance ; que la chose la plus séante à toutes les personnes Chrestiennes c'estoit de porter la vraye marque de sa rédemption, lors que la mort les menaçoit.* Et voyant qu'elle ne pouvoit avoir son Aumosnier, elle fit venir ses femmes, ainsi qu'ils luy avoient promis ; ce qu'ils firent : l'une desquelles, à son entrée dans la salle, appercevant sa maistresse sur l'eschafaut en tel équipage parmy les bourreaux, ne se put engarder de crier, gémir, & perdre contenance ; mais incontinent, la Reyne luy ayant fait signe du doigt contre la bouche, elle se retint.

Sa Majesté alors commença à faire des protestations, que jamais elle n'avoit attenté ny à l'Estat, ny à la vie de la Reyne sa bonne sœur ; oüy bien d'avoir voulu chercher sa liberté, comme tous captifs sont obligés : mais qu'elle voyoit bien

(a) Ce comte Izenty ne seroit-il point Henri Grey, comte de Kent, un des deux commissaires qui présidèrent à son supplice.

que la cauſe de ſa mort eſtoit la Religion, dont elle s'eſtimoit très-heureuſe de terminer ſa vie pour ce ſujet; & prioit la Reyne ſa bonne ſœur d'avoir pitié de ſes pauvres ſerviteurs, qu'elle tenoit captifs, en conſidération de l'affection dont ils avoient eſté eſmeus à rechercher la liberté de leur maiſtreſſe, puis qu'elle en devoit pâtir pour tous.

On luy amena un Miniſtre (a) pour l'exhorter; mais elle luy dit en Anglois, *Ha! mon amy, donnez-vous patience:* luy déclarant qu'elle ne vouloit communiquer avec luy, ny avoir aucuns propos avec ceux de la ſecte, & qu'elle eſtoit appreſtée à mourir ſans conſeil; & que telles gens que luy ne luy pouvoient apporter aucune conſolation ny contentement d'eſprit.

Ce néantmoins, voyant qu'il continuoit ſes prieres en ſon barraguoïn, elle ne laiſſa de dire les ſiennes en latin, eſlevant ſa voix par deſſus celle du Miniſtre: & puis redit, « qu'elle s'eſtimoit beau-
» coup heureuſe de reſpandre la derniere goutte
» de ſon ſang pour ſa Religion, plus que de vivre
» plus longuement; & qu'elle ne pouvoit attendre
» que la nature parchevaſt le cours ordonné de

(a) Ce miniſtre étoit le doyen de Peterborough, qui commença un diſcours de piété convenable aux circonſtances: mais, dit M. Robertſon, Marie ne voulut pas l'entendre, & l'interrompit.

» sa vie; & qu'elle espéroit tant en luy qui estoit
» représenté par la Croix qu'elle tenoit en sa
» main, & devant les pieds duquel elle se pros-
» ternoit, que cette mort temporelle, soufferte
» pour son nom, luy feroit le passage, le com-
» mencement & l'entrée de la vie éternelle avec
» les Anges & les ames bien-heureuses, qui re-
» cevroient d'elle son sang, & le représenteroient
» devant Dieu en abolition de toutes ses offenses,
» les priant de luy estre intercesseurs pour obtenir
» pardon de grace. »

Telles estoient ses prieres estant à genoux sur l'eschafaut, lesquelles elle faisoit d'un cœur fort ardent, y adjoustant plusieurs autres pour le Pape, les Roys de France & d'Espagne, & mesme pour la Reyne d'Angleterre, priant Dieu la vouloir illuminer de son Esprit, priant aussi pour son fils, & pour l'Isle de la Bretagne & de l'Escosse, pour les vouloir convertir.

Cela fait, elle appella ses femmes, pour luy ayder à oster son voile noir, sa coiffe & ses autres ornemens; & ainsi que le bourreau y vouloit toucher, elle luy dit (a): *Ha! mon amy, ne me touche*: toutesfois, elle ne put s'en garder qu'il n'y tou-

(a) *Je ne suis pas accoutumé,* (ajouta-t-elle) *à me déshabiller en présence d'une si nombreuse assemblée, & à être servie par de tels valets de chambre.* Hist. d'Ecosse, Tome III, Liv. VII, page 277.)

chaft : car après qu'on eut abbaiffé fa robe jufques à la ceinture, *ce vilain* la tira par le bras affez lourdement, & luy ofta fon pourpoint, fon corps de cotte, avec le collet bas; de maniere que fon corps & fa belle gorge, plus blanche qu'albaftre, paroiffoient nuds & defcouverts.

Elle-mefme s'accommoda le plus diligemment qu'elle pouvoit, difant qu'elle n'eftoit pas accouftumée à fe defpouiller devant le monde, ny en fi grande compagnie (on dit qu'il pouvoit bien y avoir quatre à cinq cents perfonnes), ny fe fervir de tel valet-de-chambre.

Ce bourreau fe mit à genoux; & luy demanda pardon; à quoy elle dit qu'elle luy pardonnoit, & à tous ceux qui eftoient auteurs de fa mort, d'auffi bon cœur qu'elle croyoit fes péchez luy eftre pardonnez de Dieu.

Puis elle dit à fa femme, à qui elle avoit donné auparavant le mouchoir, qu'elle luy portaft ledit mouchoir.

Elle portoit une croix d'or, où il y avoit du bois de la vraye croix avec l'image de Noftre-Seigneur, qu'elle vouloit bailler à une de fes Damoifelles; mais le bourreau l'en empefcha, nonobftant l'avoir prié de le faire, luy promettant que la Damoifelle luy payeroit trois fois la valeur.

Ainfi s'eftant toute appreftée, après avoir baifé
toutes

toutes ses Damoiselles, elle leur donna congé de se retirer avec sa bénédiction, leur faisant le signe de la croix sur elles : & voyant qu'une d'eux ne se pouvoit retenir de pleurer, elle luy imposa silence, disant *qu'elles s'estoient obligées de promesse, qu'elles ne feroient aucun trouble par leurs pleurs & gémissements* ; leur commandant de se retirer doucement, de prier Dieu pour elle, & porter bon & fidel tesmoignage de sa mort, en sa Religion ancienne, sainte & Catholique.

L'une d'eux luy ayant bandé les yeux de son mouchoir, incontinent elle se jetta à genoux de grand courage, sans donner la moindre démonstration ou signe d'aucune crainte de la mort.

Sa constance estoit telle, que toute l'assistance, mesme ses ennemis, furent esmeus ; & n'y eut pas quatre personnes qui se peurent garder de pleurer, tant ils trouverent ce spectacle estrange, se condamnant eux-mesmes en leur conscience d'une telle injustice.

Et parce que le bourreau & le Ministre de Satan l'importunoient, luy voulant tuer l'ame avec le corps, & la troublant en ses prieres, en haussant sa voix pour le surmonter, elle dit en latin le Pseaume : *In te, Domine, speravi, non confundar in æternum* (a), lequel elle récita tout au long.

(a) C'est-à-dire. *Seigneur, j'ai mis mon espérance en toi : que je ne sois point à jamais confondue !*

Ayant achevé, se mit la teste sur le billot; & comme elle répétoit de rechef: *In manus tuas, Domine, commendo spiritum meum* (a), le bourreau luy donna un grand coup de hache, dont il luy enfonça ses attiffets dans la teste, laquelle il n'emporta qu'au troisieme coup, pour rendre le martyre plus grand & plus illustre, combien que ce n'est pas la peine, mais la cause, qui fait le martyre.

Ce fait, il prend la teste, laquelle il monstra aux assistants, & dit (b): *Dieu sauve la Reyne Elisabeth! Ainsi advienne aux ennemis de l'Evangile*; & en ce disant, la décoiffa, par maniere de mépris, afin de monstrer ses cheveux déjà blancs, qu'elle ne craignoit pourtant, estant en vie, de les monstrer, ny de les tordre & friser, comme quand elle les avoit si beaux, si blonds & cendrez: car ce n'estoit pas la vieillesse qui les avoit ainsi changés en l'âge de trente-cinq ans, & n'ayant pas quasi quarante ans; mais c'estoient les ennuys, tristesses & maux qu'elle avoit endurez en son Royaume & en sa prison.

(a) C'est-à-dire, *Seigneur, je remets mon esprit entre tes mains.*

(b) Comme l'exécuteur, (raconte M. Robertson) tenoit la tête toute dégouttante de sang, le doyen de Peterborough s'écria... *Ainsi périssent tous les ennemis d'Elisabeth...* Il ajoute que le comte de Kent fut le seul qui répondit...

Discours III.

Cette malheureuse tragédie finie, ses pauvres Damoiselles, curieuses de l'honneur de leur Maistresse, s'addresserent à Paulet (a) son gardien, & le prierent que le bourreau ne touchast plus au corps de leur Maistresse, & qu'il leur fust permis de la despouiller, après que le monde seroit retiré, afin qu'aucune indignité ne fust faite, promettans de luy rendre la despouille, & tout ce qu'il pourroit avoir & demander; mais ce maudit les renvoya fort lourdement; leur commandant de sortir hors de la salle.

Cependant le bourreau la deschauffa, & la mania par-tout à sa discrétion. On doute s'il luy en fit de mesme comme ce misérable...... dans les *Cent Nouvelles de la Reyne de Navarre*, à l'endroit de cette femme. Il arrive des tentations aux hommes, plus estranges que celle-là.

Après qu'il en eut fait ce qu'il vouloit, le corps fut porté en une chambre joignante celle des serviteurs, bien fermée, de peur qu'ils n'y entrassent

amen! Pour faire une pareille réponse, il falloit qu'à cette époque le caractère national en Angleterre, fût bien avili.

(a) Amias Powlet, chevalier, avoit été le gardien, ou plutôt le bourreau de Marie, pendant sa prison. Non content d'avoir pillé ses coffres, il la traita comme la dernière des créatures. (Additions aux mémoires de Castelnau, par le Laboureur, Tome I, Liv. III, pag. 646).

pour luy faire aucun pieux & bon office : ce qui leur augmenta & doubla leur ennuy ; car ils la voyoient par un trou au travers, à demy-couverte d'un morceau de drap de bure, qu'on avoit arraché de la table du jeu de son billard. Quelle méchanceté, voire animosité & indignité, de ne luy en avoir voulu achepter un noir un peu plus digne d'elle !

Ce pauvre corps y fut assez long-temps de cette sorte, jusques à ce qu'il commença à se corrompre, qu'enfin ils furent contraints de le sallen & embaumer à la légere, pour espargner les frais; & puis le mirent en un coffre de plomb, où il fut gardé sept mois, & puis porté dans une terre prophane du Temple de Petumbourg (a). Vray est que cette Eglise est dédiée à Saint-Pierre, & la Reyne Catherine d'Espagne y est entrée à la Catholique; mais elle est aujourd'huy prophane, comme sont toutes les Eglises d'Angleterre.

Il y en a qui ont dit & escrit, mesme des Anglois, qui ont fait un livre de cette mort & de ses causes, que la déspouille de la Reyne morte fut ostée au

(a) Quelques tems après Elisabeth ordonna qu'on enterrât le corps avec une magnificence royale dans l'Eglise cathédrale de Péterborough : Lorsque Jacques fut monté sur le trône de la grande Bretagne, Marie eut la sépulture auprès des Rois d'Angleterre à Westminster. (Histoire d'Ecosse, Tom. III, pag. 283)

bourreau, en luy payant en argent la valeur de ses habits & ornemens royaux.

Aucuns Espagnols en firent de mesme, lorsqu'ils firent mourir Francisque Pisarre, ainsi que j'ay dit en quelque part, parlant de luy.

La revesche dont l'eschafaut estoit couvert ; mesme les aix d'iceluy, le pavé de la maison, & toutes autres choses arrousées de son sang, furent incontinent, une partie bruslez, une partie lavez, de peur qu'au temps à venir ils ne servissent à superstition ; c'est-à-dire, de peur qu'aucuns Catholiques soigneux ne les vinssent un jour achepter, & recueillir avec respect, honneur, & révérence (quelle crainte, qui pourra servir possible de prophétie & augure !) comme les bons peres anciens avoient de coustume de garder les reliques, & observer avec dévotion les monumens des martyrs. Ce n'est pas de ce temps que les Hérétiques ont ainsi fait : *Quia omnia quæ Martyrum erant, cremabant,* comme dit Eusebe, *& cineres in Rhodanum spargebant, ut cum corporibus interiret eorum quoque memoria* (a). Mais pourtant la mémoire de cette Reyne, en dépit de toutes choses, vivra à jamais en gloire & en triomphe.

(a) C'est-à-dire, parce qu'ils brûloient tout ce qui appartenoit aux Martyrs, & en jetoient les cendres dans le Rhône, afin qu'avec leur corps pérît aussi leur mémoire.

Voilà enfin le Discours de sa mort, que je tiens, par le rapport de deux Damoiselles présentes, bien fidelles à leur Maistresse, & obéissantes à son commandement, pour avoir porté tesmoignage de sa constance & de sa religion. Elles s'en retournerent en France, après l'avoir perdue ; car elles estoient Françoises, dont l'une estoit fille de Mademoiselle de Raré, que j'avois veue en France l'une des Dames de la Reyne. Cependant, ces deux honnestes Damoiselles eussent fait pleurer les plus barbares, à les ouïr faire si piteux conte, qu'elles rendoient du tout lamentable, & par leurs pleurs, & par leurs douces, dolentes & belles paroles.

J'en ay appris aussi beaucoup d'un Livre qui a esté fait & imprimé, qui s'intitule : *Le Martyre de la Reyne d'Ecosse, Douairiaire de France* (a). Hélas ! pour avoir esté nostre Reyne, cela ne luy a gueres servy. Il me semble que, pour avoir esté telle, on devoit craindre à la faire mourir, de peur de la vengeance : & y eust-on songé cent fois avant que venir-là, si nostre Roy en eust bien

---

(a) De ce livre, du *martyre des Duc & Cardinal de Guise*, du *martyre de Frere Jacques Clément*, & de quelques autres semblables, on feroit un admirable recueil de martyres à la romaine. Par rapport à cette note de l'ancien éditeur des mémoires de Brantôme, nous renvoyons à l'observation n°. 9.

voulu prendre l'affirmative; mais d'autant qu'alors il haïssoit Messieurs de Guise ses cousins, il s'en soucia fort peu, & que par maniere d'acqui. Hélas ! qu'en pouvoit mais la pauvre innocente ? Voilà ce qu'en disoient aucuns.

D'autres disoient & asseuroient qu'il s'en formalisa fort, comme de vray il envoya à la Reyne d'Angleterre Monsieur de Bellievre, l'un des grands & prudents Sénateurs de France, & des plus suffisants, qu'il faillit d'y apporter toutes ses raisons, prieres de son Roy, & menaces, & tout ce qu'il put, & entre autres, de luy alléguer qu'il n'appartenoit à un Roy ou à un Souverain de faire mourir un autre Roy ou un autre Souverain, sur lequel il ne pouvoit avoir aucune puissance, ny de Dieu, ny des hommes.

Donc sur ce luy allegua d'un visage courroucé l'histoire de Conradin, mort & exécuté à Naples; menaçant ladite Reyne d'une prophétie de vengeance, comme à l'autre qui fit faire l'exécution: & d'autant qu'elle est à propos, piteuse & quasi semblable à celle de nostre Reyne, pour mieux l'entendre, j'ay esté d'advis de la mettre icy par escrit.

Conradin (a) donc de Sueve, jeune Gentilhomme, qui fut fils de Henry, fils aîsné de Fré-

(a) Conradin de Suabe.

déric II, passa en Italie, accompagné d'un sien parent de son age, Duc d'Austriche, & avec une fort grosse armée d'Allemands & autres, cuidants recouvrer Naples & Sicile, qu'il prétendoit luy appartenir par la succession de son aïeul & de ses oncles; &, de fait, mit aucunement Charles (a), Duc d'Anjou, premier Roy de Naples, pour lors paisible, en danger de le perdre. Mais il vint à perdre la battaille, &, ses gens deffaits, fut pris avec sondit parent (je ne diray la façon, ne servant à nostre propos), & menez devant le Roy Charles, qui les fit très-bien garder prisonniers l'espace d'un an, au bout duquel, au vingt-troisieme d'Octobre, l'on estendit des couvertures de velours cramoisy au milieu du marché de Naples, au lieu où fut mise depuis une colomne devant l'Eglise des Carmes, que la mere de Conradin fit bastir depuis.

Et furent amenez sur les couvertures Conradin & le Duc d'Austriche, & autres, en grande presse de peuples, non-seulement de France & Neapolitains, mais encore de toutes les Villes voisines, qui estoient accourus à ce cruel spectacle; lequel aussi le Roy Charles vit, combien qu'il fust en une tour assez loin de-là, regardant tout ce qui s'y faisoit.

(a) Ce Charles d'Anjou, étoit le frère de Saint-Louis. Quelle différence entre ces deux hommes!

Quand ils furent venus, Maiſtre Robert de Barry, premier Greffier du Roy Charles, monta ſur un perron que l'on avoit dreſſé tout exprès, & leut la ſentence de mort contre les ſuſdits, pour avoir troublé la paix de l'Egliſe, avoir fauſſement uſurpé le nom du Roy, vouloir occuper & attenter contre la propre perſonne du Roy meſme : à quoy Conradin dit en langue latine à celuy qui la prononça, la valeur de telles paroles : *Traiſtre, paillard, meſchant, tu as condamné le fils du Roy. Et ne ſçais-tu pas qu'un pareil ſur ſon pareil n'a point de commandement ny de puiſſance, & ne le peut condamner à la mort ?*

Puis il nia qu'il euſt voulu offenſer l'Egliſe ; mais ſeulement conqueſter le Royaume qui luy appartenoit, & qu'on luy retenoit à tort ; mais qu'il eſpéroit que ſa mort ſeroit vengée : & tirant un gand de ſa main, le jetta vers le peuple, comme un ſigne d'inveſtiture, mais plus-tôt de vengeance ; diſant qu'il laiſſoit ſon héritier Don Frédéric de Caſtille, fils de ſa tante. Cedit gand fut recueilly d'un Chevalier, & depuis porté au Roy Pierre d'Arragon.

Cela fait, le premier fut le Duc d'Auſtriche, à qui la teſte fut tranchée ; laquelle, ſéparée du corps, cria par deux fois : *Jeſus, Maria.*

Et Conradin l'ayant priſe, la baiſa tendrement, & la ſerrant auprès de ſa poiɛtrine, pleura le malheur de son compagnon ; s'accusant soy-mesme qu'il avoit esté cause de sa mort, l'ayant tiré d'avec sa mere, & l'ayant mené avec soy à si cruelle fortune. Puis se mit à genoux, les mains & les yeux levez au ciel, demandant pardon : & sur ce point, l'exécuteur de tel office luy fit voler la teste, & à d'autres après.

Et à ce ministre (a) bourreau, un autre pour cela appareillé fit le semblable qu'il avoit fait aux autres, luy coupant incontinent la teste, afin qu'il ne se pust jamais vanter d'avoir espandu si noble sang.

Les corps sans teste demeurerent sur terre long-temps; & ne fut homme si hardy d'y toucher, jusques à tant que Charles eust commandé qu'ils fussent ensevelis.

Telle fut la fin misérable de ce jeune Prince Conradin, plaint & pleuré de tous ceux qui le virent mourir.

Plusieurs qui escrivoient de ce temps, ce dit l'Histoire, blasmerent fort le jugement de Charles, pour l'avoir fait mourir; ne leur semblant point chose royale & chrestienne, d'user de cruauté envers un tel Seigneur & de tel age, & de telle noblesse & fortune : d'autant que c'est chose belle & honorable de garder les grands Seigneurs,

---

(a) Maistre peut-être.

comme de les vaincre, & qu'après la victoire on doit mettre l'épée bas, & ne l'arrouser plus de sang vaincu, & principalement chrestien ; & qui pis est, luy, ayant esté pris devant Damiette par les Sarrazins, avec le Roy Saint Louis, son frere, furent royalement traités, royalement tenus, & royalement relaschés, en payant rançon.

Aussi le Roy Pierre d'Arragon, le reprochant audit Roy Charles par une lettre, parce qu'il n'avoit pas gardé telle raison envers Conradin, que les Sarrazins envers luy, entre autres paroles luy dit ainsi : *Tu Nerone Neronior, & Sarracenis crudelior*, c'est-à-dire, *Tu es plus Néron que Néron, & plus cruel que les Sarrazins*.

Aussi Robert, Comte de Flandre, son gendre, prit si grand desplaisir à cette mort, que, plein d'une noble colere, transperça d'un coup d'estoc, & tua celuy qui leut la sentence ; luy semblant celuy n'estre pas digne de vivre, qui, estant de très-basse race, avoit esté si hardy de lire une sentence de mort contre un Prince de si haut lignage.

Or, pour la vengeance de cette mort & supplice, au bout de quelque temps, ainsi que le Roy Charles estoit venu à Bordeaux, pour se trouver au combat assigné & compromis entre luy & le Roy Pierre ; son fils unique Charles,

Prince de Salerne, vint à estre pris en un combat de mer fort malheureusement, & contre le commandement que son pere luy avoit fait exprés de ne venir aux mains nullement : & toute sa fleur de Noblesse Françoise prise & défaite par Roger de Loria, Calabrois, & Admiral du Roy Pierre, dont, pour un coup, furent les testes tranchées, en Sicile, à Messine, à plus de deux cent Gentilshommes & Barons François ; & tout pour la vengeance de Conradin.

En partie le Royaume se vint à révolter mesme la Ville de Naples ; sur lequel piteux jeux arriva Charles, qui, venant malade de tristesse, dépit & mélancolie, passa de cette vie en l'autre, ayant régné dix-neuf ans assez paisiblement, & n'ayant que cinquante-six ans : laquelle mort ayant esté sçeue par les Siciliens, coururent à la prison où estoit le reste des pauvres François, pris par cet Admiral Roger de Loria, pour les tuer & massacrer tous ; mais, parce que tout captifs qu'ils estoient se défendirent vaillamment (pour avoir plustost fait & s'oster du danger), mirent le feu aux prisons, & les bruslerent tous en vie. Voyez quelle vengeance ! Puis assemblerent tous les Syndics de toutes les Villes de Sicile, pour juger Charles, Prince de Salerne, en suivant la maniere de faire du Roy Charles, son pere, quand il jugea Conradin; & tous, d'un commun accord, le jugerent & condamnerent à avoir la teste tranchée, comme son pere avoit condamné Conradin.

Ce jugement ainsi donné, la Reyne Constance, par un Vendredy matin, envoya signifier la mort au jeune Prince, le faisant advertir qu'il pourvust au salut de son ame, parce qu'il falloit qu'il reçust la mort ce jour-là comme Contadin. A quoy le Prince respondit par telles parolles : *Je suis content de prendre en patience cette mort de bon cœur; me souvenant qu'aujourd'huy Nostre Seigneur Jesus-Christ reçut sa mort & passion.*

Quand la Reyne eut entendu qu'il avoit fait telle responfe, elle qui estoit bonne Chrestienne, dévote, sage & modeste Dame, dit ainsi : *Puisque le Prince, pour le regard de ce jour, veut prendre la mort si doucement & si patiemment, j'ai aussi délibéré, en l'honneur de celuy qui à tel jour souffrit mort & passion, luy estre miséricordieuse, comme il nous le fut aussi*; & cela dit, commanda qu'il fust gardé, sans qu'on luy fit aucun déplaisir.

Et pour contenter le peuple, qui requeroit sa mort, à tous elle leur fit entendre qu'en chose de telle importance, de laquelle il pourroit sortir plusieurs scandales, il ne falloit faire aucune délibération sans le sçeu du Roy Pierre : & ainsi commanda que le jeune Prince fust mené en Catalogne en toute seureté ; ce qui fut fait & laissé à l'advis & jugement du Roy Pierre, qui, depuis, après quatre ans avoir demeuré prisonnier, fut délivré à la mode que dit l'Hstoire.

Cet acte n'apporta pas moins de louange à cette sage & pitoyable Reyne, usant de cette douceur & pitié, que d'infamie (dit l'Histoire) au Roy Charles, pour s'estre baigné trop cruellement dans le sang innocent du jeune & royal enfant, suivant son appetit desordonné.

Voilà l'Histoire de Conradin, sur laquelle je n'ay veu gueres de personnes genereuses qui n'ayent dit que la Reyne d'Angleterre eust acquis une gloire immortelle, si elle eust usé de miséricorde à l'endroit de la Reyne d'Ecosse, en imitant cette bonne Reyne Constance ; & aussi qu'elle seroit exempte de courir la fortune de la vengeance, qui l'attend, quoiqu'il tarde, pour un tel sang innocent respandu, qui crie là-haut.

On dit que ladite Reyne Angloise fut sage & advisée en cela ; car non-seulement elle ne voulut passer par l'advis de ceux de son Royaume, mais de plusieurs grands Princes & Seigneurs Protestants, tant d'Allemagne que de France, comme le feu Prince de Condé & Casimir, morts peu après, & le Prince d'Orange & autres, qui signerent cette mort violente. Car ils en sortoient la conscience chargée, puisque cela ne leur touchoit en rien, & ne venoit en aucun advantage, ne le faisant que pour plaire à la Reyne, mais tant s'en faut, leur portoit un préjudice inestimable.

On dit aussi que ladite Reine Elisabeth, quand elle envoya signifier cette triste sentence à la pauvre Reyne Marie, que celuy qui luy en porta parole, l'asseura que c'estoit à son grand & triste regret, mais par la contrainte de ses Etats, qui l'en avoient pressée. Elle respondit, *Elle a bien plus de puissance que cela, pour les rendre obéissants à ses volontez, quand il luy plaist; car c'est la Princesse qui se fait le plus craindre & révérer.*

Or, je m'en rapporte à la vérité du tout, que le temps révélera. Cependant la Reyne Marie vivra glorieuse, & en ce monde, & en l'autre, jusqu'à ce qu'il vienne d'icy à quelques années quelque bon Pape (12), qui la canonise pour le martyre qu'elle a souffert en l'honneur de Dieu & de sa Loy.

Il ne faut douter que si ce grand, vaillant & généreux Prince, feu Monsieur de Guise dernier, ne fust mort, que la vengeance d'une si noble Reyne & cousine, ainsi morte, ne seroit maintenant à naistre. Or, c'est assez parler d'un sujet si pitoyable, par quoy je fais fin.

> Cette Reine qui fut en beauté non semblable,
> Fut par trop d'injustice exécutée à mort,
> Pour soutenir sa foy d'un cœur inviolable;
> Se peut-il faire donc qu'on n'en venge le tort?

Il y en a eu un qui a fait son tombeau en vers latins, dont la substance estoit telle. « Nature avoit produit cette Reyne, pour estre veue de tout le monde; aussi a-t-elle esté veue en grande admiration pour sa beauté & ses vertus, tant qu'elle a vescu; mais l'Angleterre y portant envie, la mit sur un eschafaut, pour estre veue en dérision, qui pourtant a esté bien trompée; car telle veue luy a tourné à louange & admiration envers le monde & envers Dieu. »

Si faut-il, avant que je finisse, que je die encore cecy pour respondre à aucuns que j'ay ouy parler mal de la mort de Chastelard, que la Reyne fit exécuter en Escosse, & l'en taxer; voire estre si malheureux de tenir, que, par vengeance divine, elle avoit justement pâty comme elle avoit fait pâtir autruy. Il faudroit donc, à ce compte qu'il n'y eust nullement de justice, & qu'il n'en faut jamais faire; & qui en sçait l'histoire, n'en blasmera nullement nostredite Reyne, & pour ce, je la vais raconter pour sa justification.

Ce

DISCOURS III.

Ce Chastelard donc fut un Gentilhomme de Dauphiné, de bon lieu & de bonne part ; car il fut petit-neveu, du côté de sa mere, de ce brave Monsieur de Bayard : aussi disoit-on qu'il luy ressembloit de taille ; car il l'avoit moyenne & très-belle & maigreline, ainsi qu'on disoit que Monsieur de Bayard l'avoit. Il estoit fort adroit aux armes, & dispos en toutes choses, & à tous honnestes exercices, comme à tirer des armes, à jouer à la paulme, à sauter & à danser.

Bref, il estoit Gentilhomme très-accomply : & quant à l'ame, il l'avoit aussi très-belle : car il parloit très-bien, & mettoit par escrit des mieux, & mesme en rime, aussi-bien que Gentilhomme de France, usant d'une poësie fort douce & gentille en Cavalier.

Il suivoit Monsieur Damville, ainsi nommé de ce temps, aujourd'huy Monsieur le Connestable : & lorsque nous fusmes avec Monsieur le Grand-Prieur de la Maison de Lorraine & luy, conduire ladite Reyne, ledit Chastelard fut avec luy, qui, en cette compagnie, se fit bien connoistre à la Reyne ce qu'il estoit en toutes ses gentilles actions, & sur-tout en ses rimes. Et entre autres il en fit une d'elle sur une traduction en Italien ; car il le parloit & l'entendoit bien, qui commence : *Che giova posseder Citta e Regni*, &c. qui est un sonnet très-bien fait, dont la substance

Tome LXIII. V

est telle : *De quoy sert posséder tant de Royaumes, Citez, Villes, Provinces ; commander à tant de peuples ; se faire respecter, craindre & admirer, & voir d'un chacun ; & dormir veuve, seule & froide comme glace ?* Il fit plusieurs autres rimes très-belles, que j'ai veues escrites à la main ; car jamais elles n'ont esté imprimées que j'aye veu.

La Reyne donc qui aimoit les lettres, & principalement les rimes, & quelquefois elle en faisoit de gentilles, se plut à voir celles dudit Chastelard, & mesme elle luy faisoit responce ; & pour ce, luy faisoit bonne chere & l'entretenoit souvent. Cependant lui s'embrasa couvertement d'un feu par trop haut, sans que l'objet en peuve mais ; car qui peut deffendre d'aimer ? On a bien aimé le temps passé les plus chastes Déesses & Damoiselles, & aime-t-on encore ; voire a-t-on aimé des statues de marbre (a) : mais pour cela, les Dames n'en sont à blasmer, si elles n'y adherent. Brusle donc qui voudra sous ces feux couverts.

Chastelard s'en retourne avec toute la troupe en France, fort fasché & désespéré d'abandonner si bel objet. Au bout d'un an, la premiere guerre

---

(a) La fable en cite un exemple dans la personne du Sculpteur Pigmalion.

vint en France. Luy, qui eſtoit de la Religion, combat en ſoy quel party il doit prendre, ou d'aller à Orléans avec les autres, ou de demeurer avec Monſieur Damville, & avec luy faire la guerre contre ſa Religion. Ce dernier luy eſt trop amer, d'aller ainſi contre ſa foy & contre ſa conſcience; de l'autre, porter les armes contre ſon maiſtre, luy deſplaiſt grandement: par-quoy réſout ny pour l'un ny pour l'autre combattre, mais de ſe bannir de France, & s'en aller en Eſcoſſe, & laiſſer battre qui voudra, & là couler le temps. Il en ouvre le propos à Monſieur Damville, & luy deſcouvre ſa réſolution, & le prie d'eſcrire à la Reyne des lettres en ſa faveur; ce qu'il obtint: & ayant pris congé des uns & des autres, il part, & le vis partir, me dit adieu, & une partie de ſa réſolution; car nous eſtions bons amis.

Il fait donc ſon voyage, & l'acheve heureuſement, ſi-bien qu'eſtant arrivé en Ecoſſe, & ayant diſcouru de toute ſa réſolution à la Reyne, elle le reçoit humainement, & l'aſſeure eſtre le bienvenu: mais abuſant de cette bonne chere, il voulut s'attaquer à un ſi haut ſoleil, qu'il s'y perdit, comme Phaëton. Car forcé d'amour & de rage, il fut ſi préſomptueux de ſe cacher ſous le lit de la Reyne, lequel fut deſcouvert, ainſi qu'elle ſe vouloit coucher. Mais la Reyne, ſans faire aucun ſcandale, lui pardonna, s'aidant du beau conſeil que cette Dame d'honneur fit à sa maistresse dans les *Nouvelles de la Reyne de Navarre*, lorsqu'un Seigneur de la Cour de son frere (a) coulant par une trapelle, faite par luy exprès en la ruelle, la voulut forcer, de laquelle il n'en rapporta rien que honte, & de belles esgratigneures : & le voulant faire chastier de sa témérité, & s'en plaindre à son frere, sa Dame d'honneur luy conseilla que, *puis qu'il n'en avoit eu que de belles esgratigneures & honte, il estoit assez puni, & qu'en pensant faire clair son honneur, elle l'obscurciroit davantage, estant l'honneur de tel prix, qu'il ne se doit jamais mettre en debat, & tant plus on le veut contendre, tant plus il va au nez du monde, & puis à la bouche des médisants.*

Nostre Reyne d'Escosse, comme estant sage & prudente, passa ainsi ce scandale. Mais ledit Chastelard, non content, & plus que forcené d'amour, y retourna pour la seconde fois, ayant oublié sa premiere faute & son pardon. Alors la Reyne, pour son honneur, & à ne donner occasion à ses femmes de penser mal, voire à son peuple, s'il le savoit, perdit patience, le mit entre les mains de la Justice, qui le condamna tout aussi-tost à avoir la teste tranchée, veu le crime du fait. Et le jour venu, ayant esté mené sur

(a) L'amiral de Bonnivet.

l'échafaut, avant mourir, prit en ses mains les hymnes de Monsieur de Ronsard, &, pour son éternelle consolation, se mit à lire tout entiérement l'hymne de la mort, qui est très bien faite, & propre pour ne point abhorrer la mort ; ne s'aydant autrement d'autre livre spirituel, ny de Ministre, ni de Confesseur.

Après avoir fait son entiere lecture, se tourne vers le lieu où il pensoit que la Reyne fust, & s'écria haut (13) : *Adieu, la plus belle & la plus cruelle Princesse du monde* ; & puis, fort constamment, tendant le col à l'exécuteur, se laissa défaire fort aisément.

Aucuns ont voulu discourir à quoy il l'appelloit tant cruelle, ou si c'estoit qu'elle n'eust eu pitié de son amour, ou de sa vie. Là-dessus, qu'eust-elle sçeu faire ? Si, après le premier pardon, elle eust donné le second, elle estoit scandalisée par-tout ; & pour sauver son honneur, il falloit que la Justice usast de son droit : & c'est la fin de l'Histoire.

DISCOURS QUATRIEME.

De la Reine d'Espagne,

ELIZABETH DE FRANCE.

J'escris ici de la Reyne d'Espagne, Elizabeth de France, & vraye fille de France, en tout belle, sage, vertueuse, spirituelle & bonne, s'il en fut oncques; & crois que, depuis Sainte Elizabeth, oncques aucune a porté ce nom qui l'ait surpassée en toutes sortes de vertus & perfections, encore que ce beau nom d'Elizabeth ait été fatal en bonté, vertu, sainteté & perfection, à celles qui l'ont porté, comme plusieurs ont cru.

Lorsqu'elle nasquit à Fontainebleau, le Roy son grand-pere, pere & mere, en firent une très-grande joie; & vous eussiez dit que c'estoit un astre heureux envoyé du ciel, pour apporter tout bonheur à la France. Car son baptesme y apporta la paix (a), comme son mariage (b). Voyez comme les bonheurs se rassemblent en une personne, pour les distribuer par diverses occurrences : car alors

---

(a) Elisabeth, fille de Henri II, naquit en 1546, l'année où l'on signa la paix avec Henri VIII, Roi d'Angleterre.

(b) Son mariage avec Don Carlos, fils de Philippe II, fut un des articles de la paix de Cateau-Cambresis, en 1559.

DISCOURS IV.

la paix se fit avec le Roy Henri d'Angleterre ; & pour la mieux confirmer & fortifier, le Roy le fit son compere, & donna à sa filliole ce beau nom d'Elizabeth, à la naissance & au baptesme de laquelle se firent d'aussi grandes resjouissances qu'à celles du petit Roy François dernier.

Toute enfantine qu'elle estoit, elle promettoit quelque chose de grand un jour ; & quand elle vint à estre grande, encore promit-elle davantage ; car toute vertu & bonté abondoient en elle, tellement que toute la Cour l'admiroit & pronostiquoit une grande grandeur & royauté un jour pour elle. Aussi dit-on que, lorsque le Roy Henry maria sa seconde fille Madame Claude au Duc de Lorraine, il y en eut aucuns qui luy remonstrerent le tort qu'il faisoit à l'aisnée de marier sa puisnée avant elle, il fit response : *Ma fille Elizabeth est telle qu'il ne luy faut donner un Duché pour la marier. Il luy faut un Royaume : encore ne faut-il pas qu'il soit des moindres, mais des plus grands, tant grande elle est en tout : & m'asseuré tant, qu'il ne luy en peut manquer un ; voilà pourquoy elle le peut encore attendre.* Vous eussiez dit qu'il prophétisoit pour l'advenir : aussi ne chauma-t-il pas de son costé à luy en procurer & pourchasser un.

Car lorsque la paix fut faite entre les deux

Roy à Cercan, elle fut promise (a) en mariage à Don Carlos, Prince des Espagnes, qui fust esté un brave & vaillant Prince, & l'image de son grand-pere, l'Empereur Charles, s'il eust vescu. Mais le Roy d'Espagne, son pere, venant à estre veuf, par le trespas de la Reyne d'Angleterre, sa femme & sa cousine germaine, ayant veu le portrait de Madame Elizabeth, & la trouvant fort belle & fort à son gré, en coupa l'herbe sous le pied à son fils, & la prit pour luy, commençant cette charité par soy-mesme. Aussi les François & Espagnols disoient pour lors tous d'une mesme voix, la voyant si accomplie, que vous eussiez dit qu'elle avoit esté conceue & faite avant le monde, & reservée dans la pensée de Dieu, jusques à ce que sa volonté la joignit avec ce grand Roy son mary. Car il n'estoit autrement prédestiné, que luy estant si haut, si puissant, & quasi approchant en toute grandeur un Ciel, espousant autre Princesse que sur-humaine & céleste, & en tous points parfaite & accomplie : & lors que le Duc d'Alve (a) la vint voir & espouser pour le Roy son maistre, la trouva extrêmement agréable & advenante pour

(a) Aussi les Espagnols l'appeloient-ils *Isabelle de la paix*.

(b) Le duc d'Albe.

sondit maistre; & dit *que cette Princesse seroit bien aisément oublier au Roy d'Espagne les regrets de ses dernieres femmes, & de l'Angloise & Portugaise.*

Depuis, à ce que je tiens de bon lieu, ledit Prince Don Carlos l'ayant veue, en devint si amoureux, & si plein de jalousie, qu'il l'en porta grande toute sa vie à son pere, & fut si dépité contre luy, pour luy avoir soustrait sa belle proye, qu'oncques bien il ne l'en aima; jusques à luy dire & reprocher qu'il luy avoit fait un grand tort & injure, de luy avoir osté celle qui luy avoit esté promise si solemnellement par un bon accord de paix (a). Aussi dit-on que cela fut cause de sa mort en partie, avec d'autres sujets que je ne diray point à cette heure; car il ne se pouvoit garder de l'aimer dans son ame, l'honorer & révérer, tant il la trouvoit aymable & agréable à ses yeux, comme certes elle l'estoit en tout.

Son visage (b) estoit beau, & ses cheveux noirs,

(a) On parlera ailleurs de Don Carlos & de sa mort.

(b) « Elle étoit (dit Amelot de la Houssaye) très-belle.
» Elle avoit le visage rond, les yeux gais & brillans, les
» cheveux noirs, la peau également fine & blanche. Sa
» vertu surpassoit sa beauté; & cependant elle eut le mal-
» heur d'être suspecte à son mari, qui ne pouvoit croire
» que la fille d'un père si galant, & d'une mère qui avoit
» toujours nagé dans les intrigues & les plaisirs, fût

qui adombroient son teint, & le rendoient si attirant, que j'ay ouy dire en Espagne, que les Seigneurs ne la pouvoient regarder, de peur d'en estre épris, & en causer jalousie au Roy son mary, & par conséquent eux courir fortune de la vie (a).

Les gens d'Eglise en faisoient tout de mesme, de peur de tentation, ne cognoissants assez de forces & commandement à leur chair, pour l'en garder d'en estre tentée : & encore qu'elle eust eu la petite-vérolle, estant grande & mariée, on luy secourut son visage si bien, par des sueurs d'œufs frais, chose fort propre pour cela, qu'il n'y parut rien ; dont j'en vis la Reyne sa mere fort curieuse à luy envoyer par force couriers beaucoup de remedes ; mais celui de la sueur d'œuf en estoit le souverain.

Sa taille estoit très-belle, & plus grande que celle de toutes ses sœurs, qui la rendoit fort admirable en Espagne, d'autant que les tailles hautes y sont rares, & fort pour cela estimées ; & cette taille, elle l'accompagnoit d'un port, d'une majesté, d'un geste, & d'un marcher, &

" avoir assez de raison pour sacrifier les siens à son de-
" voir.... (Mémoires historiques, politiques, Tome I, page 327).

(a) Voilà un de ces faits qui peignent l'ame sombre, défiante & jalouse de Philippe II. Les Espagnols le connoissoient bien.

d'une grace entremeſlée de l'Eſpagnole & de la Françoiſe, en gravité & en douceur, que j'ay veu : quand elle paſſoit par ſa Cour, ou qu'elle alloit ſe pourmener en quelque part, fuſt en allant aux Egliſes, ou aux Monaſteres, ou aux jardins, il y avoit ſi grande preſſe pour la voir, & ſi grande foule & abord de peuple, qu'on ne ſe pouvoit tourner parmi cette tourbe ; & bienheureux & heureuſe eſtoit celuy ou celle qui pouvoit le ſoir dire : *J'ay veu la Reyne*. Auſſi on dit, & j'ay veu, que jamais Reyne ne fut tant aimée en Eſpagne comme elle ; & n'en deſplaiſe à la Reyne Iſabelle de Caſtille : auſſi l'appelloit-on la Reyne *Iſabella de la paz y de bondad* ; c'eſt-à-dire, *la Reyne de la paix & de bonté*. & nos François l'appellerent *la Silvie de paix*.

Un an (a) avant qu'elle vînt en France à Bayonne, elle tomba malade en tel extrémité, qu'elle fut abandonnée des Médecins. Sur quoy il y eut un certain Médecin Italien, qui pourtant n'avoit grande vogue à la Cour, qui ſe préſentant au Roy, dit *que ſi on le vouloit laiſſer faire, il la guériroit* ; ce que le Roy luy permit : auſſi eſtoit-elle morte. Il l'entreprend, & luy donne une médecine, qu'après l'avoir priſe, on luy vit tout-à-coup monter miraculeuſement la couleur au viſage, &

(a) En 1564.

reprendre son parler, & puis après sa convalescence. Et cependant toute la Cour & tout le peuple d'Espagne rompoit les chemins de processions, d'allées & venues, qu'ils faisoient aux Eglises & aux Hospitaux, pour sa santé; les uns en chemise, les autres nuds pieds, nues testes offrants offrandes, prieres, oraisons & intercessions à Dieu, par jeusnes, macérations de corps, & autres telles bonnes & saintes dévotions pour sa santé: si bien que l'on croyoit plus fermement que toutes les bonnes prieres, larmes, vœux & cris oüis de Dieu, furent plustost cause de la guérison de cette Princesse, que non pas l'œuvre de ce Médecin.

J'arrivay en Espagne un mois après la recouvrance de sa santé, mais j'y vis bien autant de dévotion du peuple, pour en remercier Dieu, comme il y en avoit eu pour la luy donner: des festes, des réjouissances, des magnificences, des feux de joye, il n'en faut douter nullement.

Je ne voyois autre chose par toute l'Espagne; & arrivant à la Cour, deux jours avant qu'elle sortist de la chambre depuis sa maladie, je la vis sortir & se mettre en coche tousjours à la portiere, comme c'estoit sa place ordinaire: aussi telle beauté ne devoit estre recluse au-dedans, mais descouverte.

Elle estoit vestuë d'une robe de satin blanc, toute couverte de passement d'argent, le visage tousjours defcouvert. Mais je crois que jamais rien ne fut veu fi beau que cette Reyne, comme je pris cette hardieffe de luy dire; car elle m'avoit fait fort bonne chere & recueil, mefme venant de France & de la Cour, luy portant des nouvelles du Roy fon bon frere, & de la Reyne fa bonne mere, (car c'eftoit toute fa joye & plaifir que d'en fçavoir). Ce ne fut pas moy feul qui la trouvay ainfi belle, mais toute la Cour, & tout le peuple de Madrid : fi bien qu'on euft dit la maladie en cela l'avoir favorifée; qu'après luy avoir fait de cruels maux, elle luy avoit embelly le teint, & rendu fi délicat & poly; de forte qu'elle fe trouva encore plus belle que devant.

Sortant donc la premiere fois de fa chambre, pour la plus belle & fainte chofe qu'elle voulut faire, elle alla aux Eglifes remercier Dieu de la grace de fa fanté; & continua ce bon & faint œuvre l'efpace de quinze jours, fans le vœu qu'elle fit à *Noftre-Dame de Guadaloupe*; fe faifant ainfi voir au peuple le vifage découvert felon fa mode, que pour maniere de parler vous euffiez dit qu'il l'idolatroit pluftoft qu'il ne l'honoroit & révéroit

Auffi quand elle mourut (a), ainfi que j'ay

(a) Elle étoit morte le 3 Octobre 1568. La bataille de Jarnac s'étant donnée au mois de Mars de l'année fuivante, la douleur du peuple devoit être moins vive, quand Liguerolles arriva en Efpagne.

ouy conter à feu Monsieur de Lignerolles (a), qui la vit mourir, estant allé porter au Roy d'Espagne les nouvelles de la victoire de la bataille de Jarnac, jamais on ne vit peuple si désolé ny affligé, ny tant jetter de hauts cris, ny tant espandre de larmes, qu'il fit, sans se pouvoir remettre en façon du monde, si-non au désespoir, & à la plaindre incessament.

Elle fit une fort belle fin, & d'un courage fort constant, abandonnant ce monde, & desirant fort l'autre.

On parle fort sinistrement de sa mort, pour avoir esté advancée. J'ay ouy conter à une de ses Dames, que, la premiere fois qu'elle vit son mary, elle se mit à le contempler si fixement, que le Roy, ne le trouvant pas bon, luy demanda : *Que mirais, si tengo canas?* c'est-à-dire, *Que regardez-vous, si j'ay les cheveux blancs* (b) ? Ces mots luy toucherent (c) si fort au cœur, que depuis on augura mal pour elle.

(a) Le Voyer, sieur de Lignerolles.

(b) Philippe II. étoit né en 1526. Il épousa en 1559, Isabelle de France. Ainsi il n'avoit que trente-deux ans au plus, lors de ce mariage.

(c) Ces faits s'accordent avec le récit de Pierre Victor Palma Cayet dans sa chronologie novennaire. Elle alloit, (dit-il) en Espagne avec un regret, & ne faisoit que demander si-tôt qu'elle voyoit quelque beau château... *Y*

On dit qu'un Jésuite, fort homme-de-bien, un jour en son sermon, parlant d'elle, & loüant ses rares vertus, charitez & bontez, luy eschappa de dire, que ç'avoit esté fait fort meschamment de l'avoir fait mourir & si innocemment, dont il fut banny jusques au plus profond des Indes d'Espagne. Cela est très-vray, à ce que l'on dit.

Il y a d'autres conjectures plus grandes, qu'il faut taire (14). Mais tant y a que c'estoit la meilleure Princesse qui ait esté de son temps, & autant aimée de tout le monde.

Tant qu'elle a esté en Espagne, jamais elle n'a oublié l'affection qu'elle portoit à la France, & l'a toujours continuée; & ne fit pas comme Germaine de Foix, femme seconde du Roy Ferdinand, laquelle se voyant eslevée en si haut rang, devint si orgueilleuse, que jamais elle ne fit cas de son pays, & le desdaigna tellement, que le Roy Loüis XII, son oncle, & Ferdinand s'estants veus à Savonne, & elle, estant avec le Roy son mary,

a-t-il d'aussi belles maisons en Espagne?... Quand il fallut quitter les François qui l'accompagnoient, le Roi de Navarre, son épouse, & son fils embrassèrent la malheureuse princesse. Cela ne plût pas au duc d'Albe. Car, comme l'observe Cayet, *les Espagnols se fâchent quand on baise leurs femmes.* L'humeur du duc d'Albe effraya Elisabeth, qui se pâma dans les bras du Roi de Navarre.

tint une telle grandeur, que jamais elle ne fit cas des François, non pas mesme de son frere le Duc de Nemours, Gaston de Foix (a), & ne daigna parler & regarder les plus grands de la France qui estoient-là, dont elle en fut grandement moquée : mais puis après la mort de son mary, elle en pâtit bien; car elle baissa d'estat, & fut misérable, n'en fit-on grand compte, Dieu luy en rendant la pareille. Aussi dit-on, qu'il n'y a rien si glorieux qu'une personne petite & basse, montée en grande hauteur; non que je veuille dire que cette Princesse fut de bas lieu, estant de la maison de Foix, très-illustre & grande maison : mais de simple fille de Comte, estant venue à estre Reyne d'un si grand Royaume, c'estoit beaucoup, & avoit grande occasion de s'en glorifier, mais non de s'oublier & d'en user ainsi à l'endroit d'un si grand Roy de France, son oncle, ny de ses plus proches, ny de ceux du lieu de sa naissance; en quoy elle monstroit bien qu'elle n'avoit grand esprit, ou qu'elle estoit sotte glorieuse.

Aussi y a-t-il différence entre la maison de Foix & celle de France : non que je ne veuille dire la maison de Foix grande & très-noble; mais la maison de France l'est encore plus.

Nostre Reyne Elizabeth n'en a jamais fait de

___
(a) Le vainqueur de Ravenne.

mesme. Aussi estoit-elle née grande de soy, d'un fort grand esprit, & estoit très-habille, & la grandeur d'un Royaume ne luy pouvoit manquer. Et si avoit, (si elle eust voulu) double sujet de faire la hautaine & la superbe, plus que Germaine de Foix : car elle estoit fille d'un grand Roy de France : & colloquée avec le plus grand Roy du monde, qui ne l'estoit d'un seul Royaume, mais de plusieurs, comme vous diriez, Roy de toutes les Espagnes, de Hierusalem, des deux Siciles, de Majorque, de Minorque, de Sardaigne, des Indes Occidentales, qui semblent un monde, & Seigneur d'une infinité d'autres terres & grandes seigneuries que Ferdinand n'eut jamais.

Et par ainsi, devons-nous loüer nostre Princesse de sa douceur, qui est bien-séante à un grand ou à une grande envers un chacun, & de l'affection envers les François, lesquels, quand ils arrivoient en Espagne, estoient recueillis d'elle avec un visage si benin, depuis le plus grand jusques au plus petit, qu'oncques nul partit d'avec elle, qui ne se sentist très-honoré & très-content. Je le peux dire quant à moy, pour l'honneur qu'elle me fit de parler à moy, & de m'entretenir souvent, tant que je fus-là ; me demandant des nouvelles, à toute heure, du Roy, de la Reyne sa mere, de Messieurs ses freres, de Madame sa sœur, de tous ceux & celles de la

Cour, n'oubliant à les nommer tous & toutes, & s'en enquerir, tellement que je m'eſtonnois comment elle s'en pouvoit reſſouvenir, ainſi que comme ſi elle ne venoit que de partir de la Cour, & luy diſois comme il eſtoit poſſible qu'elle euſt telle mémoire parmy ſa grandeur.

Lors qu'elle fut à Bayonne (a), elle ſe monſtra auſſi familiere aux Dames & filles de la Cour, ny plus ny moins comme quand elle eſtoit fille ; & de celles qui eſtoient abſentes & mariées, & nouvellement venues depuis ſon partement, s'en enqueroit fort curieuſement.

Elle en faiſoit de meſme aux Gentilshommes, & de ceux qui eſtoient-là, s'informoit qui ils eſtoient, & diſoit ſouvent : *ceux-là & celles-là eſtoient de mon temps à la Cour ; je les connois bien : ceux-là n'y eſtoient point ; je deſire les connoiſtre.* Enfin, elle contentoit tout le monde.

Lors auſſi qu'elle fit ſon entrée à Bayonne, elle eſtoit ſur une haquenée, fort ſuperbement & richement harnachée d'une garniture de perles toute en broderie, qui avoit eſté à l'Impératrice défuncte, lors qu'elle faiſoit ſes entrées parmy ſes villes, qu'on diſoit valoir plus de cent mille eſcus ; encore diſoit-on bien plus. Elle avoit une très-belle grace à cheval, & là y faiſoit beau voir ;

_____

(a) En 1565.

Discours IV.

car elle se montroit si belle & si agréable, que tout le monde en estoit ravy.

Nous eusmes tous commandement d'aller au-devant d'elle, pour l'accompager en son entrée; ainsi que nostre devoir nous le commandoit; & nous en sceut fort bon gré, & nous fit cet honneur, lorsque nous luy fismes tous la révérence, de nous en remercier: & me fit fort bonne chere par-dessus tous; car il n'y avoit pas quatre mois que je l'avois laissée en Espagne; ce qui me toucha fort, ayant eu cette faveur par-dessus mes compagnons, de laquelle je receus plus d'honneur qu'il ne m'appartenoit. Moy, retournant du Portugal & du Pignon de Velez, qui fut conquesté en Barbarie, elle me fit présenter par le Duc d'Alve au Roy d'Espagne, qui me fit fort bonne chere, & me demanda des nouvelles de la conqueste & de l'armée.

Elle me présenta à Don Carlos, l'estant venuë voir dans sa chambre, ensemble à la Princesse, & à Don Jean. Je fus deux jours sans l'aller voir, à cause du rhume des dents que j'avois gagné sur la mer. Elle demanda à Riberac, fille, *ou j'estois, & si j'estois malade?* Et ayant sceu mon mal, elle m'envoya son apothicaire, qui m'apporta d'une herbe très-singuliere pour ce mal; que la mettant & la tenant dans le creux de la main, soudain le mal se passe, comme il me passa aussi-tost.

Je me vante que je fus le premier qui portay à la Reyne sa mere l'envie qu'elle avoit de venir en France, & la voir, dont elle m'en fit très-bonne chere alors & depuis; car c'estoit sa bonne fille, qu'elle aimoit par dessus toutes; aussi elle luy rendoit bien la pareille; car elle l'honoroit, respectoit, & craignoit tellement, que je luy ay ouy dire, que jamais elle n'a receu lettres de la Reyne sa mere, qu'elle ne tremblast, & ne fust en allarme, qu'elle se courrouçast contre elle, & luy dist quelque parole fascheuse : & Dieu sçait, jamais elle ne luy en dit une depuis qu'elle fut mariée, ny se fascha jamais contre elle; mais elle la craignoit tant, qu'elle avoit cette appréhension.

A ce voyage de Bayonne, Pompadour, l'année auparavant, avoit tué Chambret à Bourdeaux, assez mal, ce disoit-on : de quoy la Reyne-Mere fut en telle colere, que si elle l'eust tenu, elle luy eust fait trancher la teste, & nul ne luy osa parler de sa grace.

Monsieur Strozzi s'advisa d'envoyer sa sœur la Segnora Lerice Strozzi, Comtesse de Tende, que la Reyne d'Espagne aimoit uniquement, depuis son jeune age, & qu'elles estudioient ensemble. Ladite Comtesse, qui aimoit son frere, ne l'en refusa point, & en pria la Reyne d'Espagne, qui luy respondit qu'elle feroit pour elle tout ce qu'elle voudroit, mais non point cela : car elle craignoit de fafcher & importuner la Reyne fa mére & luy defplaire, ou qu'elle fe courrouçaft contre elle. Mais par importunité de la Comteffe, ayant fçeu par une tierce perfonne interpofée, qui en avoit fondé le gué fous main, & dit à la Reyne-Mere, que la Reyne fa fille luy vouloit tant requerir cette grace pour gratifier ladite Comteffe, mais qu'elle n'ofoit, craignant luy defplaire; mais la Reyne-Mere fit refponfe, *que la chofe feroit bien impoffible, fi elle l'en refufoit* : ce que fçachant la Reyne d'Efpagne, fit fa petite requefte avec une crainte pourtant. Soudain elle luy accorda. Voyez la bonté de cette Princeffe & fa vertu, d'honorer & craindre (eftant fi grande) la Reyne fa mere. Hélas! le proverbe chreftien ne fut pas bien tenu en fon endroit, que qui veut vivre longues années, faut craindre & honorer pere & mere; &, pourtant, en faifant tout cela, elle eft morte au plus beau & plaifant Avril de fon aage : & maintenant, à l'heure que j'efcris, elle n'auroit pas quarante-fix ans; & qu'il faille que ce beau foleil fe foit fi-toft difparu & caché dans une tombe obfcure, qui euft peu encore efclairer ce beau monde de fes beaux rayons vingt bonnes années, fans que la vieilleffe l'euft offenfé : car elle eftoit de naturel & de teint pour durer long-temps belle, & auffi que la vieilleffe ne l'euft ofé attaquer; car fa beauté euft efté plus forte.

Certes, si sa mort fut dure aux Espagnols, elle nous fut bien autant amere à nous autres François; car, tant qu'elle a vescu, nous n'avons jamais veu venir en France un monde de brouilleries, qui depuis nous ont esté portées d'Espagne; tant sçavoit elle gaigner & entretenir le Roy son mary à nostre repos : ce qui nous la doit faire plaindre à jamais, pour la bonne affection qu'elle nous a toujours portée, comme à ses enfants.

Elle a laissé deux filles, des honnestes & des vertueuses Infantes de la Chrestienté. Quand elles furent un peu grandes de l'aage de trois ou quatre ans, elle pria le Roy son mary de luy donner & laisser l'aisnée (a) tout à soi, & qu'elle la vouloit nourrir à la Françoise; ce que le Roy luy octroya volontiers : dont elle la prit en main, & luy donna si belle & bonne nourriture & façon Françoise, qu'elle est aujourd'huy aussi bonne Françoise que sa sœur Madame de Savoye (b) est bonne

(a) Cette aînée étoit l'Infante Isabelle Claire Eugenie. Elle naquit en 1566; mariée en 1598, à l'archiduc Albert, son cousin germain, elle mourut sans laisser de postérité, à Bruxelles le 30 Novembre 1633. On dit que pour le caractère & les inclinations, elle ressembloit à sa mère. Sa douceur lui valut la confiance & la tendresse de Philippe II; tant il est vrai que cette vertu a des charmes, même pour l'homme le plus féroce.

(b) Celle-ci, nommée l'Infante Catherine, épousa en

Espagnole, qui aime & chérit les François, selon l'instruction de la Reyne sa mere : & asseurez-vous que tout le crédit & la puissance qu'elle a du Roy son pere, elle l'employe bien pour le bien & secours des pauvres François, quand elle les sçait en peine & entre les mains des Espagnols.

J'ay ouy conter, qu'après la déroute (a) de Monsieur de Strozzi, force soldats & Gentils-hommes François ayant esté mis en galeres ; un jour, estant à Lisbonne, elle alla visiter toutes les galeres qui estoient-là ; & voyant plusieurs François à la chaisne, les en osta tous, qui monterent jusques à six vingt, & leur donna à tous de l'argent pour les conduire en leur pays ; si bien que les Capitaines des galeres furent contraints de cacher ceux qui leur resterent.

C'est une très-belle Princesse, & fort agréable, & de fort gentil esprit, & qui sçait toutes les affaires d'Estat du Roy son pere, & y est fort rompue ; aussi l'y nourrist-il fort : j'espere en parler à part ; car elle mérite beaucoup d'honneur, pour l'affection qu'elle porte à la France : aussi dit-elle qu'elle n'en quitte pas sa part, y prétendant

1585, Charles Emanuel duc de Savoye ; & mourut à Turin en 1597, laissant neuf enfans ; quoiqu'elle fût pour l'humeur la vivante image de son père, il ne l'aima jamais comme l'aînée.

(a) En 1582.

bon droit; & si nous avons obligation à cette Princesse de nous aimer, aussi nous la devons avoir encore plus grande à la Reyne sa mere, de nous l'avoir ainsi nourrie & eslevée.

Que pleust à Dieu que je fusse un bon *Pétrarquiseur* (a), pour bien exalter selon mon desir cette Elisabeth de France; car si la beauté de son corps m'en sçavoit donner très-ample matiere, celle de sa belle ame m'en donneroit bien autant, ainsi que tesmoignent ces vers, qui furent faits d'elle à la Cour, lorsqu'elle fut mariée :

> Heureux le prince à qui le Ciel ordonne
> D'Elizabeth l'amiable accointance !
> Plus vaut que sceptre, ou hautaine couronne,
> D'un tel thrésor l'heureuse jouïssance.
> Biens si divins elle eut en sa naissance,
> Q'on en admire et la preuve & l'effet.
> Ses jeunes ans en monstrent l'apparence;
> Mais ses vertus portent le fruit parfait.

Cette Reyne, quand elle fut rendue au Duc de l'Infantado, & au Cardinal de Burgos, qui estoit commis de par le Roy de la recevoir à Roncevaux dans une grande salle : après que lesdits deputez luy eurent fait la révérence, elle s'estant levée de sa chaire pour les recueillir, le Cardinal de Burgos la harangua, à qui après elle fit responsse

(a) C'est-à-dire que j'eusse le talent de Petrarque.

Discours IV.

fi honneste & de fi belle façon & bonne grace, qu'il en demeura tout estonné ; car elle disoit des mieux, & avoit esté très-bien nourrie.

Cy-après le Roy de Navarre (a), qui estoit-là pour sa conduite principale, & chef de toute l'armée qui estoit avec elle (b), fut sommé de la leur livrer, suivant le pouvoir qu'ils en avoient monstré au Cardinal de Bourbon pour la recevoir, il respondit, (car il disoit des mieux), qu'il l'avoit déjà veu, & pour ce dit : *Je vous remets cette Princesse, que j'ay prise de la Maison du plus grand Roy du monde, pour estre rendue entre les mains du plus illustre Roy de la terre, si que vous cognoissant très-suffisants & bien choisis du Roy vostre Maistre pour la recevoir, je ne fais nullement*

(a) Antoine de Bourbon, père de Henri IV.

(b) Puisque Brantôme parloit de ce qui s'étoit passé, lorsque le Roi de Navarre remit Elisabeth aux seigneurs Espagnols, il auroit dû ne pas omettre, que ceux-ci cherchant à ravaler la dignité de ce prince, lui firent insinuer qu'il y auroit des difficultés entr'eux, par rapport à la préséance. Le Roi de Navarre tint bon, & ne permit pas qu'on donnât la plus légère atteinte au titre de Roi, dont il étoit décoré. Ce démêlé qu'on suscita exprès, avoit un but politique : à Madrid on auroit voulu ne point traiter avec ce prince, comme souverain de la Navarre. (Ces détails se trouvent dans l'histoire du règne de François II, par Mathieu, Liv. IV, page 213 & 214.)

difficulté ny doute, que vous ne vous acquittiez dignement de cette charge ; & pour ce je m'en descharge sur vous, vous priant d'avoir en singuliere recommandation sa personne & sa santé ; car elle mérite : & veux que vous sçachiés que jamais n'est entré en Espagne un si grand ornement de toutes vertus & chastetez, ainsi qu'avec le temps vous le pourrez bien cognoistre par les effets.

Les Espagnols respondirent (a) tout aussi-tost, que déjà, à son abord & à sa façon & grave majesté, ils en avoient très-ample connoissance ; comme de vray ses vertus estoient rares.

Elle avoit un beau sçavoir comme la Reyne sa mere l'avoit bien fait estudier par Monsieur de Saint-Estienne son Précepteur ; qu'elle a toujours aimé & respecté jusques à sa mort. Elle aimoit fort la Poësie, & à lire. Elle parloit bien, avec un très-bel air, tant françois qu'espagnol ; & y avoit une fort bonne grace. Son langage espagnol estoit aussi beau, aussi friant, & aussi attirant qu'il estoit possible, & l'apprit en trois ou quatre mois qu'elle fut-là.

(a) Outre l'histoire de Mathieu que nous indiquons, on retrouve une partie de nos détails dans la chronologie novennaire, ou mémoires de Victor Palma Cayet.

Aux François, elle parloit tousjours françois, ne l'ayant jamais voulu discontinuer, mais le lisoit toujours dans les plus beaux livres qu'on luy pouvoit faire avoir de France; dont elle estoit curieuse de s'en faire porter. A l'Espagnol, & autres Estrangers, elle parloit espagnol, & fort disert. Enfin, cette Princesse estoit parfaite en tout; au reste, tant magnifique & libérale que rien plus.

Elle ne porta jamais une robe deux fois, & puis la donnoit à ses femmes & filles, & Dieu sçait quelles robes, si riches & si superbes, que la moindre estoit de trois à quatre cent escus; car le Roy son mary l'entretenoit fort superbement de ces choses-là: si-bien que tous les jours elle en avoit une, comme je tiens de son tailleur, qui, de pauvre qu'il alla-là, en devint si riche que rien plus, comme je l'ay veu.

Elle s'habilloit très-bien & fort pompeusement, & ses habillemens luy séoient très-bien, entre autres les manches fenduës, avec des fers qu'on appelle en Espagne, *puntas*. Sa coëffure de mesme, que rien n'y manquoit. Ceux qui la voyent ainsi en peinture, l'admirent: je vous laisse à penser quel contentement peuvent avoir ceux qui l'ont veue en face, en geste, & en bonnes graces.

Pour perles & pierreries en quantité, elles ne

luy manquoient point ; car le Roy son mary luy avoit ordonné un grand estat pour elle, & pour sa maison. Hélas ! que luy a servy tout cela pour une telle fin ? Ses Dames & ses filles qui la servoient, s'en sont fort ressenties. Celles qui, à la mode Françoise, ne se purent contraindre de demeurer aux pays estrangers, & qui s'en voulurent retirer en France, elle leur fit donner & ordonner, par la priere qu'elle fit au Roy son mary, à chacune d'elles quatre mille escus pour leur mariage, comme ont fait Mesdamoiselles de Riberac, sœurs, autrement dites Guitinieres, de Fumel, les deux sœurs de Thorigny, de Noyan, Paruë, de la Motte au Groin, Montal, & plusieurs autres. Et celles qui voulurent demeurer, s'en trouverent mieux, comme Mesdamoiselles de Saint-Ana & de Saint-Légier, qui eurent cet honneur d'estre Gouvernantes de Mesdames les Infantes, & furent mariées richement avec deux grands Seigneurs d'Espagne : & celles-là furent les plus sages ; car vaut mieux estre grand en un pays estranger, que petit dans le sien : aussi Jesus dit, *que nul n'est prophete dans son pays.*

Voilà ce que je diray pour à cette heure de cette belle, bonne, sage, & très-vertueuse Reyne, en attendant que j'en parle une autre fois. Cependant, je mettray ce sonnet, qui fut fait à sa loüange par

Discours IV.

un honneste Gentilhomme, elle estant encore Madame, mais promise pourtant.

Princesse, à qui les Cieux ont fait tant d'advantage,
Que, pour la part qu'avez en la divinité,
Vous couronnant de los de l'immortalité,
Ils vous ont octroyé les vertus en partage.

Depuis qu'il leur a pleu, que l'on voit en vostre age
Les célestes effets de vostre déité,
Lorsque vous tempérez, d'une humble gravité,
La royale grandeur d'un divin héritage.

Puisqu'il leur plaist aussi vous tant favoriser,
Qu'on oyra vostre nom par-tout jamais priser,
Et qu'en vous ils ont mis le meilleur de leur mieux :

Aussi deut-on changer vostre nom de naissance ;
Et au-lieu qu'on vous nomme *Elizabeth de France*,
On vous devroit nommer *Elizabeth des Cieux*.

Je sçay qu'en ce discours l'on pourra me reprendre, que j'ay mis beaucoup de particularitez qui sont fort superflues. Je le crois : mais je sçay que si elles déplaisent à aucuns, elles plairont aux autres ; me semblant que ce n'est pas assez, quand on loüe des personnes, dire qu'elles sont belles, sages, vertueuses, valeureuses, vaillantes, magnanimes, libérales, splendides, & très-parfaites. Ce sont loüanges & descriptions générales, & lieux communs empruntez de tout le monde. Il en faut spécifier bien le tout, & descrire particuliérement les perfections, afin que mieux on les touche au doigt : & telle est mon opinion, & qu'il me plaist ainsi d'en retenir & resjoüir ma mémoire de ce que j'ay veu.

ÉPITAPHE DE LADITE REINE.

Dessous ce marbre gist Elizabeth de France,
Qui fut Reyne d'Espagne, & Reyne du repos,
Chestienne & Catholique. Sa très-belle présence
Nous fut utile à tous. Or que ses nobles os
Sont du tout asseichés, & gissent dessous terre,
Nous n'aurons rien que mal, & que trouble, & que guerre.

DISCOURS CINQUIEME.

De la Reine de France et de Navarre,

MARGUERITE,

Fille unique maintenant restée de la noble Maison de France.

Quand bien je considere les miseres & mal-adventures de cette belle Reyne d'Ecosse, (de laquelle j'ay parlé cy-devant, & d'autres Princesses & Dames que je ne nommeray, de peur de par telle digression gaster mon discours,) avec celles de la Reyne de Navarre, de quoy je parle maintenant, n'estant pour lors encore Reyne de France, je ne puis croire autrement, que la Fortune, déesse absolue de l'heur & malheur des personnes, ne soit du tout ennemie contraire des beautez humaines (a). Car s'il y en eut jamais une au monde parfaite en beauté, c'est la Reyne de Navarre, & toutesfois pourtant peu favorisée de la bonne fortune jusques icy ; si-bien que l'on disoit qu'elle a esté envieuse de la nature d'avoir fait

---

(a) Au début de Brantôme, il est inutile de prévenir le lecteur qu'il va lire un panégyrique. Brantôme ne voyoit rien de plus beau qu'une belle femme : il avoit raison : mais la beauté ne fait pas la vertu ; & voilà ce qu'on juge au tribunal de l'histoire.

cette Princesse si belle, par despit elle luy a voulu courir à sus. Mais soit que sa beauté est telle, que les coups de ladite fortune n'ont nulle puissance sur elle; d'autant que le courage généreux qu'elle a extrait par sa naissance de tant de braves & valeureux Roys ses peres, grands-peres, ayeuls, bisayeuls & ancestres, luy a fait toujours jusques icy une audacieuse résistance.

Pour parler donc de la beauté de cette rare Princesse, je croys que toutes celles qui sont, qui seront, & jamais ont esté, près de la sienne, sont laides, & ne sont point beautez : car la clarté de la sienne brusle tellement les aisles de toutes celles du monde, qu'elles n'osent ny ne peuvent voler, ny comparoistre à l'entour de la sienne. Que s'il se trouve quelque mescréant, qui, par une foy escharse (a), ne veuille donner créance aux miracles de Dieu & de nature, qu'il la contemple seulement : son beau visage, si bien formé, en fait la foy; & diroit-on que la mere Nature, ouvriere très-parfaite, mit tous ses plus rares sens & subtils esprits pour la façonner. Car soit qu'elle veuille monstrer sa douceur ou sa gravité, il sert d'embraser tout un monde, tant ses traits sont beaux, ses linéaments tant bien tirez, & ses yeux si transparents & agréables, qu'il ne s'y peut rien

_____
(a) Foible, débile.

trouver

DISCOURS V. 337

trouver à redire : & qui plus est, ce beau visage est fondé sur un beau corps de la plus belle, superbe & riche taille qui se puisse voir, accompagnée d'un port & d'une si grave majesté, qu'on la prendra toujours plustost pour une Déesse du Ciel, que pour une Princesse de la terre; encore croit-on que par l'advis de plusieurs, jamais Déesse ne fut veue plus belle: si-bien que, pour publier ses beautez, ses mérites & vertus, il faudroit que Dieu allongeast le monde, & haussast le ciel plus qu'il n'est; d'autant que l'espace du monde & de l'air n'est assez capable pour le vol de sa perfection & renommée. Davantage (a), si la grandeur du ciel estoit plus petite le moins du monde, ne faut point douter qu'elle l'égaleroit.

Voilà les beautez du visage & du corps de ceste belle Princesse, que pour à cette heure je puis représenter (comme un bon Peintre) au naïf: je dis celles que l'on peut voir par l'extérieur; car celles qui sont secrettes & cachées sous un linge blanc, & riches parures & accoustrements, on ne les peut dépeindre, ny juger, sinon que trèsbelles & singulieres aussi : mais c'est par foy, créance & présomption; car la veue en est interdite. Grande (b) rigueur pourtant, que de ne voir

(a) Il ne manquoit plus à Brantôme que de dire.. *sans la foi à la beauté de Marguerite, point de salut...*

(b) Si l'on croit les écrits du tems, Marguerite n'en

Tome LXIII.   Y

une belle peinture, faite par un divin ouvrier, qu'à la moitié de sa perfection : mais la modestie & louable *vérécondie* l'ordonne ainsi, qui se loge plus volontiers parmy les grandes Princesses & Dames, que parmy le vulgaire.

Pour apporter quelques exemples à manifester combien la beauté de cette Reyne a esté admirée & tenüe pour rare, je me souviens encore, (a) lorsque les Ambassadeurs Polonois vindrent en France, pour annoncer à notre Roy Henry son élection du Royaume de Pologne, & lui en rendre l'hommage & l'obéissance. Après qu'ils eurent fait la révérence au Roy Charles, à la Reyne-Mere, & à leur Roy, ils la firent aussi particulierement, & à divers jours, à Monsieur, au Roy & à la Reyne de Navarre : mais le jour venu qu'ils la firent à ladite Reyne de Navarre, elle leur parut si belle, & si superbement & richement parée & accoustrée avec si grande majesté & grace, que tous demeurerent perdus d'une telle beauté. Et, entre autres, il y eut *le Lasqui*, (b) l'un des principaux de l'Ambassade, à qui je vis dire en se retirant, perdu d'une

étoit pourtant pas avare : (voyez la notice qui précède ses mémoires,) Tome LII de la collection.

(a) En 1573.

(b) C'étoit Leckfinski, un des ancêtres de Stanislas, père de la feue Reine de France. (Voilà ce que dit l'auteur du recueil intitulé... *Ducatiana*, Tome I, pag. 39.)

telle beauté : *Non, je ne veux rien plus voir, après telle beauté.* Volontiers je ferois comme font aucuns Turcs pélerins de la Mecque, où est la sépulture de leur Prophete Mahomet, qui demeurent si aises, si esperdus, si ravis & transis d'avoir veu une si belle & si superbe Mosquée, qu'ils ne veulent rien plus voir après, & se font brusler des yeux par les bassins d'airain ardents, qu'ils en perdent la veuë, tant subtilement le sçavent-ils faire ; disant, qu'après cela rien ne se peut voir de plus beau, ny ne veulent plus rien voir après. Ainsi disoit ce Polonois, de la beauté admirable de cette Princesse : & certes, si les Polonois ont esté ravis de telle admiration, il y en a bien eu d'autres. J'allegue Don Jean d'Austriche, lequel (comme j'ai dit cy-devant parlant de luy) passant par France, ainsi subtilement comme il fit, estant arrivé à Paris, sçachant que ce soir se faisoit un bal solemnel au Louvre, le vint voir déguisé, plus pour le sujet de la Reyne de Navarre, que pour tout autre ; il eut moyen & loisir de la voir à son aise danser, menée par le Roy son frere, comme d'ordinaire il le faisoit, & la contempla fort, l'admira, & puis l'exhalta par dessus les beautez d'Espagne & d'Italie (deux régions pourtant qui en sont très-fertiles), & dit ces mots en Espagnol : *Aunque la hermosura de sta Reyna sea mas divina que humana es mas para perder y damnar los Hombres, que savarlos.* C'est-à-dire : « combien que la beauté de cette Reyne soit plus divine que humaine, elle est plus pour perdre & damner les hommes, que pour les sauver. »

Peu de temps aussi après, il la vit (a) ainsi qu'elle alla aux bains de Liege, & passant à Namur; ce qui fut le comble des souhaits de Don Jean, pour jouïr d'une si belle veuë : & alla au devant d'elle en fort grande & superbe magnificence espagnole, & la reçut comme si c'eust esté la Reyne Elisabeth, sa sœur, du temps qu'elle vivoit sa Reyne & Reyne d'Espagne. Et d'autant qu'il avoit esté fort ravy & satisfait de la beauté de son corps, il en fut de mesme de celle de son ame, laquelle j'espere descrire en son lieu. Ce ne fut pas seulement Don Jean qui la loüa, & se pleut en ses loüanges, mais tous ces grands & braves Capitaines Espagnols, jusques aux soldats renommez de ces vieilles Bandes, qui tous alloient disant parmy eux en leurs refrains soldatesques : *Que la conquista de tal hermosura valia mas que la d'un Reame; y que bien aventurados serian los soldados, que, por servirla, podrian morir sobre su bandera.* C'est-à-dire : « que la conqueste d'une telle beauté valoit

___

(a) Ce fut en 1577. (Lisez l'histoire du voyage de cette princesse,) Tom. LII de la collection, page 253 & suiv.

» plus que celle d'un Royaume; & que bienheu-
» reux seroient les soldats, qui, pour la servir,
» pourroient mourir soubs sa banniere. »

Il ne se faut esbahir si telles manieres de gens,
bien créez & gentils trouvoient cette Princesse si
belle; car j'ay veu aucuns Turcs qui sont venus
en Ambassade devers nos Roys, ses freres, tout
barbares qu'ils estoient, se perdre en la contem-
plant, & dire que la pompe de leur Grand-Seigneur, quand il alloit à sa Mosquée, ou marchoit
en son armée, n'estoit si belle à voir, comme la
beauté de cette Reyne.

Bref, j'ay veu une infinité d'autres Etrangers,
que je sçay estre venus en France & à la Cour, exprès pour voir cette beauté, dont la renommée
avoit passé par toute l'Europe, ce disoient-ils.

Je vis une fois un galant Cavalier Napolitain,
qui estoit venu à Paris, & à la Cour, & n'y trouvant point ladite Reyne, pour ce qu'elle estoit en
son voyage des bains, retarda son retour de deux
mois, pour l'attendre & la voir; & l'ayant veue,
il dit ces mots : « d'autres fois, la Princesse de
» Salerne a remporté une telle réputation de sa
» beauté dans nostre ville de Naples, que l'Es-
» tranger qui abordoit & s'en retournoit sans voir
» ladite Princesse, en racontant de son voyage, si
» on luy demandoit *s'il avoit veu cette Princesse,*

» & respondit que *non*, on luy repliquoit, *qu'il*
» *n'avoit donc veu Naples*. Mais semblablement,
» si à mon retour sans voir cette belle Princesse,
» on m'eust demandé si j'avois veu la France & sa
» Cour, encore que je l'eusse veue, j'eusse bien
» peu dire que *non*, puisque je n'avois point veue
» cette Reyne, que je peux dire en estre tout l'or-
» nement & l'enrichissure : mais à cette heure,
» l'ayant si bien veue & contemplée, je peux bien
» dire que j'ay veu toute la beauté du monde, &
» que nostre Princesse de Salerne n'estoit rien au
» prix de cette Reyne. Maintenant je m'en vais
» très-content, pour avoir jouy d'un si belle aspect.
» Je vous laisse donc à penser combien vous au-
» tres François pouvez estre heureux de voir tous
» les jours à vos aises ce beau visage, & de vous
» approcher de ce doux feu, qui de loing peut
» plus eschauffer & embraser des poictrines froi-
» des, que toutes les autres de nos belles Dames
» ne sçauroient faire de près » : Voilà les propos
que m'en tint un jour ce gentil Cavalier Napolitain.

Un honneste Gentilhomme François, que je nommerois bien, voyant un jour cette belle Reyne en son plus beau lustre, & plus haute & pompeuse majesté, dans une salle de bal, ainsi que nous en devisions ensemble, me tint tels mots : *Ah !*

& le Sieur dés Essars qui en ses livres d'Amadis, s'est tant efforcé & peiné à bien descrire & richement représenter au monde la belle Nicquée, & sa gloire, eust veu de son temps cette belle Reyne, il ne luy eust fallu emprunter tant de belles & riches paroles pour la dépeindre & la monstrer si belle; mais il luy eust suffi à dire seulement, que c'estoit la semblance & l'image de la Reyne de Navarre, l'unique du monde; &, par ainsi, cette belle Nicquée sans grande superfluité de paroles, estoit mieux peinte qu'elle n'a esté.

A quoy Monsieur de Ronsard eut grande raison de composer cette riche Elégie qu'on voit parmy ses Œuvres, à l'honneur de Marguerite de France, non encore mariée, où il a introduit & fait la Déesse Venus demander à son fils, après s'estre bien pourmené icy bas, & veu les Dames de la Cour de France, s'il n'y avoit point apperçeu quelque beauté surpassant la sienne? Oui, dit-il, ma mere, j'en ay veu une, en qui tout le bonheur du plus beau ciel se versa dès qu'elle vint en enfance. Venus en rougit, & ne l'en voulut croire, ains dépescha l'une des Charites, pour descendre en terre la reconnoistre, & luy en faire après le rapport. Sur ce, vous voyez dans cette Elégie une belle & tres-riche description des beautez de cette accomplie Princesse, soubs le nom & le corps de la belle Charite Pa-

Y iv

fithée. La lecture n'en peut (a) que fort plaire à tout le monde. Mais Monsieur de Ronsard, ainsi que me dit un jour une fort honneste & habile Dame, demeura-là un peu manque & trop court, en ce qu'il devoit feindre Pasithée remonter au ciel, là se descharger de sa commission, & dire à Venus, que son fils n'en avoit tant dit qu'il y en avoit; & puis la faire attrister, dépiter de jalousie, & se plaindre à Jupiter du tort qu'il avoit d'estre allé former en terre une beauté qui faisoit honte à celle de son ciel, & principalement à la sienne, qu'elle pensoit estre de toutes les autres la plus belle: & que pour tel dépit, elle s'habilla de deuil, & pour un temps elle fit abstinence de ses plaisirs & gentillesses; car il n'y a rien qui dépite plustost une belle dame en perfection, que quand on luy dit qu'elle a sa pareille, ou qui la surpasse.

Or, notez que si notre Reyne estoit toute belle de soy & de sa nature, elle se sçavoit si bien habiller, & si curieusement & richement accommoder, tant pour le corps que la teste, que rien n'y restoit pour la rendre en sa pleine perfection.

(a) Nous doutons malgré les prétendues beautés de cette pièce, qu'aucun de nos lecteurs la voulût lire jusqu'au bout.

DISCOURS V. 445

On donne le los à la Reyne (a) Isabelle de Bavieres, femme du Roy Charles sixiesme, d'avoir apporté en France les pompes & les gorgiasetez pour bien habiller superbement & gorgiasement les Dames : mais à voir dans les vieilles tapisseries de ce temps des maisons de nos Roys, où sont pourtraites les Dames ainsi habillées qu'elles estoient pour lors, ce ne sont que toutes droleries, bifferies & grosseries, au prix des belles & superbes façons, coëffures, gentilles inventions & ornements de nostre Reyne ; en laquelle toutes les Dames de la Cour & de France se sont si bien moulées, que depuis, paroissants à sa mode parées, sentent mieux leurs grandes Dames, qu'auparavant leurs simples Damoiselles ; & avec cela cent fois plus agréables & désirables : aussi toutes en doivent cette obligation à nostre Reyne Marguerite. Je me souviens (car j'y estois,) que lors que la Reyne-Mere du Roy mena sa fille au Roy de Navarre son mary,

(a) En vérité voilà un beau modèle a proposer, que l'exemple d'Isabeau de Bavière, l'opprobre de nos annales, & un des fléaux les plus terribles, dont le ciel dans sa colère ait pu affliger la France. Blanche de Castille, & Anne de Bretagne se distinguoient d'une autre manière, qu'en inventant des modes, & en créant des colifichets. Aussi leur réputation est-elle durable, & on bénit leur mémoire.

elle passa à Coignac, où elle fit quelque séjour; & là, plusieurs grandes, belles & honnestes Dames du pays les vindrent voir, & leur faire la révérence, qui toutes furent ravies de voir la beauté de cette Reyne de Navarre, & ne se pouvoient saouler de la loüer à la Reyne sa mere, qui estoit perdue de joye: par quoy elle pria un jour sa fille de s'habiller le plus pompeusement, & à son plus beau & superbe appareil, qu'elle portoit à la Cour en ses plus grandes & magnifiques festes & pompes; pour en donner le plaisir à ces honnestes Dames; ce qu'elle fit, pour obéir à une si bonne mere, & parust vestue fort superbement d'une robe de toile d'argent ou colombin à la Boulonnoise, manches pendantes, coëffée si richement, & avec un voile blanc ny trop grand ny trop petit, & accompagnée avec cela d'une majesté si belle & si bonne grace, qu'on l'eust plustot dite Déesse du Ciel, que Reyne en terre. Si les Dames auparavant en avoyent esté esperdues, le furent cent fois davantage. La Reyne luy dit alors: *Ma fille vous estes très-bien.* Elle luy respondit: *Madame, je commence de bonne heure à porter & user mes robes & les façons que j'emporte avec moy de la Cour: car quand j'y retourneray, je ne les emporteray point; mais je m'y retourneray avec des cizeaux & des estoffes seulement, pour me faire habiller selon la mode qui courra.* La Reyne luy répondit : *Pourquoy dites-vous cela, ma fille ? Car c'est vous qui inventez & produisez les belles façons de s'habiller : &, en quelque part que vous alliez, la Cour les prendra de vous, & non vous de la Cour.* Comme de vray, par après qu'elle y retourna, on ne trouva rien à dire en elle, qui ne fust encore plus que de la Cour, tant elle sçavoit (a) bien inventer en son gentil esprit toutes belles choses.

Cette belle Reyne, en quelque façon qu'elle s'habillast, fust à la Françoise avec son chaperon, fust en simple escoffion, fust avec son grand voile, fust avec un bonnet, on ne pouvoit dire que luy séoit le mieux, ni quelle façon la rendoit plus belle, plus admirable, & plus agréable : tant en toutes ses façons se sçavoit-elle bien accommoder, tousjours y adjoustant quelque invention nouvelle, non commune & nullement imitable ; ou si d'autres Dames à son patron s'y vouloient former, n'en approchoient nullement, ainsi que je l'ay remarqué mille fois. Je l'ay veue quelquefois ; & d'autres avec moy, vestue d'une robe de satin blanc avec force clinquants, & un

_____

(a) Elle avoit là un talent fort utile pour le bonheur de la France. Le courtisan Brantôme n'étoit pas philosophe.

peu d'incarnadin meflé, avec un voile de crefpe tanné, ou gaze à la Romaine, jetté fur fa tefte comme négligemment : mais jamais rien ne fut fi beau ; & quoy qu'on dift des Déeffes du temps paffé, & des Empérieres, comme nous les voyons par leurs médailles antiques pompeufement accouftrées, ne paroiffoient que chambrieres au prix d'elle.

J'ay veu fouvent contention entre plufieurs de nous autres courtifans ; quel habillement lui étoit plus propre & mieux féant, & qui l'embelliffoit le plus. Enfin, chacun en difoit fon advis. Quant à moi, pour la parure la mieux féante que je luy ay jamais (a) veue, felon mon advis, & felon d'autres auffi, ce fut un jour que la Reyne-Mere fit un feftin aux Thuilleries aux Polonnois. Elle s'eftoit veftuë d'une robe de velours incarnat d'Efpagne, fort chargée de clinquant, & d'un bonnet de mefme velours, tant bien dreffé de plumes & pierreries, que rien plus. Elle parut fi belle ainfi, comme lui fut dit auffi, que depuis elle le reporta fouvent, & s'y fit peindre: de forte qu'entre toutes fes diverfes peintures, celle-là emporte fur toutes les autres, ainfi que l'on en peut voir encore la peinture, car il s'en trouve affez de belles, & fur icelles en juger.

(a) Il paroît que l'auteur avoit tenu regiftre de tous les petits triomphes de fa princeffe.

Discours V.

Lors qu'elle parut ainsi parée dans les Thuilleries, je dis à Monsieur de Ronsard, qui estoit près de moy: « Dites le vray, Monsieur : ne
» vous semble-il pas voir cette belle Reyne
» en tel appareil paroistre comme la belle Aurore
» quand elle vient à naistre avant le jour avec sa
» belle face, & leur accoustrement avoir beau-
» coup de simpathie & ressemblance? Monsieur de Ronsard me l'advoua; & sur cette comparaison, (qu'il trouva fort belle) il en fit un très-beau sonnet, qu'il me donna, que je voudrois avoir donné beaucoup, & l'avoir pour l'inserer icy.

Je vis aussi cette belle grande Reyne (a) aux premiers Estats à Blois, le jour que le Roy son frere fit son harangue, vestuë d'une robe d'orangé & noir; mais le champ estoit noir, avec force clinquant, & son grand voile de majesté, qu'estant assise en son rang, elle se monstra si belle & si agréable, que j'oüis dire à plus de trois cent personnes de l'assemblée, qu'ils s'estoient plus advisés & ravis à la contemplation d'une si divine beauté, qu'à l'oüie des graces & beaux propos du Roy son frere, encore qu'il eust dit & harangué des mieux. Je l'ay veuë aussi s'habiller quelquefois avec ses cheveux naturels, sans y

(a) Vers la fin de 1576.

adjouster aucun artifice de perruque; & encore qu'ils fussent fort noirs, les ayant empruntez du Roy Henry son pere, elle les sçavoit si bien tortiller, friser & accommoder, en imitation de la Reyne d'Espagne, sa sœur, qui ne s'accommodoit gueres mieux que des siens, & noirs à l'Espagnolle, que telle coëffure & parure lui séoit aussi bien & mieux que toute autre que ce fust. Voilà ce que c'est d'un naturel beau qui surpasse tout artifice, tel soit-il; & pourtant elle ne s'y plaisoit guerres, & peu souvent s'en accommodoit, si non de perruques bien gentiment façonnées.

Bref, je n'aurois jamais fait, si je voulois descrire ses parures & ses formes de s'habiller, ausquelles elle se monstroit plus belle; car elle en changeoit de si diverses, que toutes luy estoient bien-séantes, belles, & propres, si que la nature & l'art faisoient à l'envy à qui la rendroit plus belle. Ce n'est pas tout: car ses beaux accoustrements & belles parures n'oserent jamais entreprendre de couvrir sa belle gorge, ny son beau sein; craignant de faire tort à la veue du monde, qui se passoit sur un si bel objet: car jamais n'en fut veue une si belle, ny si blanche, si pleine, ny si charnue qu'elle monstroit, & si descouverte, que la plupart des courtisans en mouroient, voire les Dames que j'ay veues aucunes de ses plus confidentes & privées, avec sa licence, la baiser par un grand raviſſement.

Il me ſouvient qu'un honneſte Gentilhomme nouveau venu à la Cour, qui ne l'avoit jamais veuë, lors qu'il l'apperçut me dit ces mots: *Je ne m'eſtonne pas ſi vous autres Meſſieurs vous aimez tant la Cour; car quand vous n'y auriez autre plaiſir tous les jours, que de voir cette belle Princeſſe, vous en avez autant que ſi vous eſtiez en un paradis terreſtre.*

Les Empereurs Romains de jadis, pour plaire au peuple, & leur donner plaiſir, leur exhiboient des jeux & des combats parmy leurs théâtres; mais pour donner plaiſir au peuple de France, & gagner ſon amitié, il ne faudroit que leur repreſenter & faire voir ſouvent cette Reyne Marguerite, pour ſe plaire & resjoüir en la contemplation d'un ſi divin viſage, qu'elle ne cachoit guères d'un maſque, comme toutes les autres Dames de noſtre Cour; car la pluſpart du temps, elle alloit le viſage deſcouvert: & un jour de Paſques fleuries à Blois, (a) eſtant encore Madame & ſœur du Roy, (mais lors ſe traitoit ſon mariage) je la vis paroiſtre à la proceſſion, ſi belle, que rien au monde de ſi beau n'euſt ſçeu ſe faire voir. Car outre la beauté de ſon viſage

(a) En 1571.

& de sa belle grandeur de corps, elle estoit très-superbement & richement parée & vestuë : son beau visage blanc, qui ressembloit un ciel en sa plus grande & blanche sérénité, estoit orné par la teste de si grande quantité de grosses perles & riches pierreries, & sur-tout de diamants brillants, mis en forme d'estoilles, qu'on eust dit que le naturel du visage, & l'artifice des estoilles & pierreries, contendoient avec le ciel quand il est bien estoillé, pour en tirer la forme. Son beau corps, avec sa riche & haute taille, estoit vestu de drap d'or frisé, le plus beau & le plus riche qui fust jamais veu en France ; & c'estoit un présent qu'avoit fait le Grand-Seigneur à Monsieur de (a) Grand-Champ à son départ de Constantinople, vers lequel il estoit Ambassadeur, ainsi que sa coustume envers ceux qui lui sont envoyés des plus grands, d'une piece qui montoit quinze aulnes : lequel Grand-Champ me dit, qu'elle avoit cousté cent escus l'aulne ; car c'estoit un chef-d'œuvre. Lui venu en France ; ne sçachant à qui employer plus dignement ce don d'une riche estoffe, pour le mieux faire valoir & estimer à la porter, la redonna à Madame la sœur du Roy, qui en fit faire une robbe, qui pour la

---

(b) Guillaume de Grand-Champ, étoit un ambitieux, dont on a parlé dans les mémoires du duc de Bouillon, Tome XLVIII de la collection, page 315.

premiere fois s'en para ce jour-là, & lui féoit très-bien. Car aussi de grandeur à grandeur, il n'y a que la main, & la porta tout ce jour, bien qu'elle pesast extrêmement : mais sa belle, riche & forte taille la supporta très-bien, & lui servit de beaucoup ; car si elle fust esté une petite nabotte de Princesse, ou Dame d'une coudée de hauteur, comme j'en ay veu, elle eust crevé soubs le faix, ou bien eust fallu changer de robbe, & en prendre une autre. Ce n'est pas tout : car estant en procession, marchant à son grand rang, le visage tout descouvert, pour ne priver le monde en une si bonne feste, de sa belle lumiere, parut encore plus belle en tenant & portant en la main sa palme, (comme font nos Reynes de tout temps) d'une royale majesté, d'une grace moitié altiere & moitié douce, & d'une façon peu commune, mais différente de toutes les autres ; que qui ne l'eust jamais veue, ny cognue, eust bien dit : *Voilà une Princesse qui en tout va par-dessus le commun de toutes les autres du monde.* Et tous nous autres courtisans allions disants d'une commune voix hardiment, que cette belle Princesse doit & peut bien porter la palme en la main, puis qu'elle l'emporte pardessus toutes celles du monde, & les surpasse toutes en beauté, en bonne grace, en toute perfection : & vous jure qu'à cette procession, nous y perdifmes nos dévotions; car nous y vaquafmes pour contempler & admirer cette divine Princeffe, & nous y ravir plus qu'au fervice divin (a), & fi ne penfions pourtant faire faute ni péché; car qui contemple & admire une divinité en terre, celle du ciel ne s'en tient offenfée, puis qu'elle l'a faite telle.

Lors que la Reyne fa mere l'emmena (b) de la Cour, pour aller trouver fon mary en Gafcogne, je vis quafi tous les courtifans regretter fon defpart, comme fi une grande calamité leur fuft tout-à-coup tombée fur la tefte. Les uns difoient: *la Cour eft veufve de fa beauté*; les autres: *la Cour eft fort obfcure, elle a perdu fon foleil*; d'autres: *qu'il fait noir à la Cour, il n'y a plus de flambeau*; d'autres repartoient: *nous avions bien à faire que la Gafcogne nous vînt gafconner & ravir noftre beauté, deftinée pour embellir la France & la Cour, & l'hoftel du Louvre, Fontainebleau, Saint-Germain, & autres belles places de nos Roys, pour la loger à Pau, ou à Nérac, demeures bien diffemblables les unes des autres*; d'autres difoient: *cela eft fait, la Cour*

(a) Nous ne croyons pas qu'aucun Cafuite approuvât ce raifonnement. Il paroît que dès-lors il y avoit à la Cour d'aimables roués.

(b) En 1579.

Discours V.

& la France ont perdu la plus belle fleur de leur guirlande.

Bref, on n'oyoit de toutes parts raisonner que tels & autres pareils petits mots sur ce despart, moitié de dépit, de colere, & moitié de tristesse; & encore que la Reyne Loüise de Lorraine y fust restée, qui estoit une très-belle & sage Princesse & vertueuse, de laquelle j'espere en parler dignement en son lieu : mais parce que de longue main, la Cour avoit accoustumé une si belle veue, ne se pouvoit engarder de la regretter, & proférer de telles paroles ; & plusieurs y eut-il qui cuiderent tuer Monsieur de Duras (a) de dépit, qui l'estoit venu quérir de par le Roy de Navarre son maistre, comme je le sçay. Un de ces ans vindrent nouvelles de la Cour, qu'elle estoit morte en Auvergne, n'y avoit pas huit jours. Il y eut quelqu'un qui rencontrat là-dessus, & dit : *Il n'en est rien ; car depuis ce temps, il a fait trop beau & clair au ciel : que si elle fust morte, nous eussions veu esclipse de soleil, pour la grande simpathie que ces deux soleils ont en-*

(a) En 1576, quelque tems après son évasion de la Cour, le Roi de Navarre y envoya le sieur de Duras, sous prétexte de réclamer Marguerite, cette princesse dit la même chose dans ses mémoires ; mais nous avons discuté l'intérêt que Henri prenoit à elle, (Tome XLIX de la collection, page 89.

semble, & n'eussions rien veu qu'obscuritez & nuages.

C'est assez, ce me semble, parler de la beauté de son corps, encore que le sujet en soit si ample, qu'il meriteroit une décade ; toutesfois j'espere d'en parler encore ailleurs : mais il faut dire quelque chose de sa belle ame, qui est si bien logée en si beau corps ; & si l'a portée belle dès sa naissance, elle l'a sçeu (a) bien garder & entretenir. Car elle se plaist fort aux lettres & à la lecture, & ayant esté jeune & en son age parfait. Aussi peut-on dire d'elle, que c'est la Princesse, voire la Dame qui soit au monde, la plus éloquente & la mieux disante (b), qui a le plus bel air de parler, & le plus agréable qu'on sçauroit voir. Lorsque les Polonnois (comme j'ai dit cy-devant) luy vindrent faire la révérence, il y eut l'Evesque de Cracovie, le principal ou le premier de l'Ambassade, qui fit la harangue pour tous, & en Latin; car il estoit un sçavant & suffisant Prélat. La Reyne luy respondit si pertinemment & si éloquemment, sans s'aider d'aucun truchement, ayant fort bien en-

(a) Brantôme auroit du mal à prouver que Marguerite ait conservé cette pureté d'ame, au sein de la dissolution de mœurs qu'elle afficha : mais souvenons-nous que le panégyriste a le droit d'exagérer.

(b) A cet égard on doit lui rendre justice. Le style de ses mémoires dépose en sa faveur.

tendu & compris son harangue, que tous en entrerent en si grande admiration, que d'une voix ils l'appellerent une seconde *Minerve* ou Déesse d'éloquence.

Lorsque la Reyne sa mere la mena vers le Roy son mari, comme j'ay déja dit, elle fit son entrée à Bourdeaux, comme de raison, estant fille & sœur du Roy & femme du Roy de Navarre, premier Prince du Sang, & Gouverneur de Guyenne : la Reyne sa mere le voulut ainsi ; car elle l'aimoit & l'estimoit fort. Son entrée fut belle, non tant pour les magnificences & somptuositez qu'on luy fit & dressa, mais pour voir entrer en triomphe & la plus belle & accomplie Reyne du monde, montée sur une belle haquenée blanche, harnachée fort superbement, & elle vestuë toute d'orangé & de clinquant, si somptueusement que rien plus, laquelle le monde ne se pouvoit assez saouler de voir, la regarder, l'admirer & l'exalter jusques au ciel.

Avant qu'entrer, les Estats de la ville luy vindrent faire la révérence, & luy offrir leurs moyens & puissances, & la haranguer aux Chartreux, comme est la coustume. Monsieur de Bourdeaux porta la parole pour le Clergé ; Monsieur le Mareschal de Biron, comme Maire, & avec la robe de Maire, pour le Corps de la ville, & comme Lieutenant-Général, fit la sienne après ;

& Monsieur Largebaston, Premier-Président, pour la Cour. Elle leur respondit à tous, les uns après les autres, (car je le vis, estant près d'elle sur l'eschaffaut par son commandement), si éloquemment, si sagement & si promptement, & avec telle grace & majesté, mesme à un chacun, par un tel changement de paroles, sans réïtérer les premieres ny les secondes, sur un mesme sujet pourtant; qui est chose à remarquer; que je vis le soir ledit Sieur Président, qui me vint dire, & à d'autres, en la Chambre de la Reyne, qu'il n'avoit jamais ouy mieux dire en sa vie quiconque fust, (car il s'entendoit en telles merceries); & que bien souvent il avoit eu cet honneur d'avoir ouy parler les Reynes Marguerite & Jeanne, qui l'avoient précédée en telles cérémonies que celle-là, & que, pour avoir esté de leur temps *deux bouches d'or des plus disertes de la France*, (ainsi m'usa-t-il de ces mots) jamais n'approchoient-elles rien de l'éloquence de cette derniere Reyne Marguerite, & qu'elles n'estoient que novices & apprentives auprès d'elle, & que vrayement elle estoit fille de mere.

Je le dis à la Reyne sa mere, par après ce que m'avoit dit le Président, qui en fut si aise que rien plus : & elle me dit qu'il avoit raison de le croire, & le dire ; car, encore qu'elle fust sa fille, elle pouvoit dire, sans mentir, que c'estoit la Prin-

cesse la plus accomplie du monde, & qui disoit
ce qu'elle vouloit, & des mieux. De mesme je
l'ay veu dire à force Ambassadeurs, & à grands
Seigneurs estrangers, quand ils avoient parlé à
elle, ils s'enpartoient d'avec elle tous confondus
d'un si beau dire.

Je luy ay veu si souvent faire de si beaux discours, si graves & si sententieux, que si je les
pouvois bien mettre au net & au vray icy par
escrit, j'en ferois ravir & esmerveiller le monde;
mais il ne me seroit possible, ny à quiconque
soit, de pouvoir les redire tant ils sont inimi-
tables.

Or, si elle est grave & pleine de majesté, &
éloquente en ses hauts discours & sérieux, elle
a bien autant de gentille grace à rencontrer de
bons & plaisants mots, & brocarder si gentiment, & donner les traits & la venuë, que sa
compagnie est plus agréable que toute autre du
monde; car encore qu'elle pique & brocarde quelqu'un, cela est si à propos & si bien dit, qu'il
n'est possible de s'en fascher; mais encore bien
aise.

De plus, si elle sçait bien parler, elle sçait
autant bien escrire. Ses belles lettres, que l'on
peut voir d'elle, le manifestent assez; car ce sont
les plus belles les mieux couchées, soit pour estre

graves, que pour estre familieres, qu'il faut que tous grands Escrivains du passé, & de nostre temps, se cachent, & ne produisent les leurs, quand les siennes comparoistront, qui ne sont que chansons auprès des siennes. Il n'y a nul qui, les voyant, ne se mocque du pauvre *Ciceron* (a) avec les siennes familieres; &, qui en pourroit faire un recueil, & d'elle, & de ses discours, ce seroient autant d'escoles & d'apprentissages pour tout le monde, dont ne s'en faut esbahir; car de soi, elle a l'esprit bon & prompt, un grand entendement sage & solide. Bref, elle est vraye Reyne en tout, qui meriteroit de régir un grand Royaume, voire un Empire, sur quoy je ferai cette digression, d'autant qu'elle fait à nostre sujet.

Lorsque le mariage d'elle fut accordé à Blois, & du Roy de Navarre, où il y eut assez de difficultez que la Reyne Jeanne (b) faisoit, bien différente d'alors qu'elle escrivoit à ma mere, qui estoit sa Dame d'honneur, malade en sa maison: j'ay

(a) A force de s'enthousiasmer de son sujet, Brantôme en dit trop pour être cru: ce qu'il y a de vrai, c'est qu'on ne pouvoit guères avoir l'esprit plus fin & plus délicat que celui de Marguerite. Ceux qui ont lu ses mémoires ne nous démentiront pas.

(b) La fameuse Jeanne d'Albret, mère de Henri IV.

veu ladite lettre, eſcrite de ſa main, au thréſor de noſtre maiſon; & dit ainſi:

MA GRANDE AMIE,

Pour vous resjouïr & prendre ſanté des bonnes nouvelles que le Roy mon mary ma mandées, qu'eſt comme ayant pris la hardieſſe de demander au Roy Madame ſa jeune fille pour mon fils, la luy accorde dont je ne vous en veux celer l'aiſe que j'en ay.

Il y a bien à diſcourir là-deſſus. Il y eut donc, lors de cet accord, une Dame de la Cour, que je ne nommeray point, auſſi ſotte qu'il en fuſt de ſa portée. Eſtant la Reyne-Mere le ſoir retirée à ſon coucher, elle s'enquit à ſes Dames, ſi elles avoient veu ſa fille, & quelle joye elle montroit de l'accord de ce mariage? Cette Dame ſotte, & qui n'avoit encore gueres veu ſa Cour, s'advança la premiere, & dit: *Comment, Madame, ne ſeroit-elle joyeuſe d'un tel mariage, puiſqu'elle en vient à la Couronne, & eſt en terme d'eſtre poſſible Reyne de France; ſi elle eſcheoit au Roy ſon mary pretendu, comme il ſe peut faire un jour.* La Reyne, oyant un ſi ſot mot, luy dit: *Mamie, vous eſtes une grande ſotte. J'aimerois mieux que vous fuſſiez crevée de cent mille morts, que ſi voſtre ſotte prophetie eſtoit jamais accomplie, par la longue vie*

& *la longue prosperité que je souhaite au Roy, &* *à tout le reste de mes enfants.* Sur quoy il y eut une grande Dame assez familiere avec elle, qui luy répliqua: *Mais, Madame, si ce malheur arrivoit, que Dieu nous en garde, ne seriez-vous pas bien-aise de voir vostre fille Reyne de France, puisque la Couronne luy escherroit de bon droit par celuy de son mary?* La Reyne fit réponse: *Encore que j'aime bien cette fille, je pense que quand cela arriveroit, nous verrions la France bien troublée de maux & de malheurs; & aimerois cent fois mieux mourir,* (comme elle a fait) *que de la voir en cet estat; car je crois qu'on ne voudroit pas obeïr absolument au Roy de Navarre, comme à mes enfants, pour beaucoup de raisons que je ne dis point.*

Voilà deux prophéties accomplies, l'une d'une *sotte Dame*, & l'autre d'une habile Princesse, & pour quelques années. Mais la prophétie a failly aujourd'huy, par la grace que Dieu luy a donnée, & par la force de sa bonne espée & valeur de son brave cœur, qui l'ont rendu si grand, si victorieux, si redouté, & si absolu Roy, comme il est aujourd'huy, après tant de traverses & travaux. Dieu le maintienne par sa sainte grace en cette grande prospérité, ainsi qu'il nous est de besoin à tous nous autres ses pauvres sujets.

Or, *si par abolition de la Loy Salique,* dit encore la Reyne, *le Royaume venoit à ma fille par* son juste droit, comme aussi d'autres Royaumes tombent en quenoüille, certes ma fille est bien aussi capable de régner, ou plus, que beaucoup d'hommes & Roys, que je sçay, & qui ont esté : & crois-je que son regne seroit beau, & le rendroit pareil à celuy du Roy son grand-pere ; car elle a un grand esprit & des (a) grandes vertus pour ce faire. Là-dessus elle alla dire que c'estoit un grand abus, que cette Loy Salique, & qu'elle avoit ouy-dire à Monsieur le Cardinal de Lorraine, qu'alors qu'il arresta, avec les autres Députez à l'Abbaye de Cercan la paix entre les deux Roys, venant à soudre quelque point de la Loy Salique qui touchoit la succession des femmes au Royaume de France, il y eut Monsieur le Cardinal de Granvelle, autrement dit d'Arras, qui rabroüa fort Monsieur le Cardinal de Lorraine; luy disant que c'estoit des vrais abus que nostre Loy Salique, & qu'il luy en creva l'œil; & que c'estoient de vieux resveurs & croniqueurs qui l'avoient ainsi escrit, sans sçavoir pourquoy, & l'ont fait ainsi accroire; & qu'elle ne fut jamais faite ny portée en France ; mais que

(a) L'auteur du divorce satyrique, l'historien d'Aubigné, & Scipion du Pleix ne conviennent pas de cet article. Si l'on réduit au quart les torts qu'ils lui reprochent, il en reste assez pour douter des grandes vertus que Brantôme lui fait attribuer ici par Catherine de Medicis.

c'eſtoit une couſtume (a), que les François de main en main s'eſtoient entredonnée, & avoient introduite, qui n'eſt nullement juſte, & par conſéquent violable. Voilà ce qu'en dit la Reyne-Mere. Et quand tout eſt dit, ce fut Pharamond, comme la pluſpart tiennent, qui l'apporta de ſon pays, & l'introduiſit: ce que nous ne devrions obſerver, puiſque c'eſtoit un payen (b), & d'aller ſi eſtroitement garder parmy nous autres Chreſtiens les Loys d'un Payen, c'eſt offenſer grandement Dieu. Il eſt vray que la pluſpart de celles que nous avons, nous les tenons des Empereurs Payens; mais auſſi celles qui ſont ſaintes, juſtes, & équitables, comme de vray il y en a force, & la pluſpart ſont telles. Mais cette-cy Salique de Pharamond, elle eſt injuſte, & contre la Loy de Dieu?

(a) Quand ce ne ſeroit qu'un préjugé, l'habitude l'a ſi bien gravé dans le cœur de tout bon François, qu'il a acquis force de loi.

(b) Ce raiſonnement eſt trop abſurde, pour perdre ſon tems à le réfuter; en général la digreſſion que fait ici Brantôme, ne mérite pas une réponſe. On voit qu'il n'étoit ni publiciſte, ni moraliſte, ni légiſlateur. Il faut que l'homme de cour, aimable & ſpirituel, ne ſorte point de ſa ſphère: elle ſe borne à raconter des anecdotes, à diſſerter ſur des intrigues, & à ne s'arrêter que ſur la ſuperficie des objets. Brantôme excelloit dans ce genre: pourquoi ne s'y renfermoit-il pas?

car il eſt dit au Vieux Teſtament, & au XXVe. Chapitre des Nombres: *Les enfants maſles ſuccederont premierement, puis, en leur defaut les filles.* Cette ſainte Loy veut les filles heriter aprés les maſles. Encore quand on prendroit bien au pied de l'eſcriture cette Loy Salique, il n'y auroit pas ſi grand mal comme on le prend, ainſi que j'ay oüy diſcourir à des grands perſonnages; car elle parle ainſi: *Que tant qu'il y aura des maſles, les filles n'heritent ny ne regnent pas.* Conſéquemment, en défaut des maſles, les filles y viendront. Et puiſqu'il eſt juſte qu'en Eſpagne, Navarre, Angleterre, Eſcoſſe, Hongrie, Naples & Sicile, les filles regnent, pourquoy ne l'eſt-il juſte tout de meſme en France? Car ce qui eſt juſte (a), eſt juſte par-tout & en tous lieux, & le lieu ne fait point que la Loy ſoit juſte.

Tant de fiefs que nous avons en France, Duchez, Comtez, Baronnies, & autres Royales Seigneuries, qui ſont quaſi, mais beaucoup, Royales en leurs droits & privileges, viennent bien aux femmes & aux filles (b), comme nous avons Bourbon, Vendoſme, Monpenſier, Nevers, Rhetel, d'Eu, Flandres, Bourgogne, Artois, Zélande,

---

(a) L'hérédité des mâles à la couronne ne tient point à la juſtice univerſelle. C'eſt une convention particulière.

(b) Si l'on remontoit à l'origine, on verroit que les fiefs ne furent point héréditaires.

Bretagne : & mesme comme Matilde, qui fut Duchesse de Normandie ; Eléonor, Duchesse de Guyenne, qui enrichirent Henry II, Roy d'Angleterre ; Beatrix, Comtesse de Provence, qui l'apporta au Roy Loüis son mary ; la fille unique de Raimond, Comte de Toulouze, qui l'apporta à Alphonse, frere de Saint-Loüis ; puis Anne, Duchesse de Bretagne, de frais, & autres ; pourquoy le Royaume de France n'appelle à soy aussi les filles de France ?

La belle Galathée, l'ors qu'Hercule l'espousa après sa conqueste d'Espagne, ne dominoit-elle pas en la Gaule, du mariage desquels deux sont issus nos braves, vaillants & généreux Gaulois, qui d'autresfois se sont tant fait vanter ?

Et pourquoy sont les filles des Ducs en ce Royaume, plus capables de gouverner un Duché, & y faire justice, qui approchent de l'authorité du Roy, plustost que les filles des Roys de gouverner le Royaume de France ? Et comme si les filles de France ne fussent aussi capables & propres à commander & regner, comme autres Royaumes & grandes Seigneuries que j'ay nommées !

Pour plus grande preuve de l'abus de la Loy Salique, il n'en faut d'autres que de tant de Croniqueurs, escrivains & bavards, qui en ont escrit, qui ne se peuvent accorder entr'eux de son étymologie.

Les uns, comme Postel, estiment qu'elle prit

son ancienne origine des Gaules, & qu'elle fut appellée *Salique*, au-lieu de *Gallique*, pour la proximité & voisinage que la lettre *G*, en vieille moule, avoit avec la lettre *S* ; mais c'est un resveur en cela (comme je tiens d'un grand personnage), ainsi qu'en autres choses.

Jean Ceval (a), Evesque d'Avranches, grand rechercheur des antiquitez de la Gaule de France, la voulut apporter à ce mot *Salle*, parce que cette Loy estoit seulement ordonnée pour *Salles* & palais Royaux.

Claude Seissel assez mal-à-propos a pensé qu'elle vînt du mot *Sal* en Latin, comme une Loy pleine de *Sel*, c'est-à-dire pleine de sapience, par une métaphore tirée du sel.

Un docteur ès droits, nommé Ferrarius Montanus, a voulu dire que Pharamond fut appellé *Salicq*.

Les autres la tirent de Salogast, l'un des principaux Conseillers de Pharamond.

Les autres, pensants subtiliser d'avantage, disent que, par la fréquence des articles qui se trouvent dans icelle Loy, commençant par ces mots : *Si aliquis, si aliqua*, elle prit sa dérivaison (b), qu'elle est

(a) C'est Robert Cenal (Cenalis).

(b) Il paroît que c'est-là l'origine la plus vraisemblable de cette loi salique, contre laquelle Brantôme s'escrime de toutes ses forces.

venüe des François Saliens, comme est fait mention dans Marcellin.

Enfin, voilà de grands rebus & resveries, & ne se faut esbahir si Monsieur l'Evesque d'Arras en faisoit la guerre à Monsieur le Cardinal de Lorraine; ainsi que ceux de sa nation, en leurs farces & joingleries, croyant que cette Loy fust de nouvelle impression, appelloient Philippe de Valois, *le Roy trouvé*; comme si, par un nouveau droit, & non jamais reconneu par la France, il se fust fait Roy. Sur quoy depuis se sont fondez, en ce que le Comté de Flandres estant tombé en quenouille, le Roy Charles-Quint n'en prétendit lors aucun droit ny nom; mais au contraire, il appannagea Philippe son frere de la Borgogne, pour en faire le mariage avec la Comtesse de Flandres, ne la voulant prendre pour luy, ne la trouvant si belle, mais bien plus riche, que celle de Bourbon; qui est encore une grande asseurance, que l'article de cette Loy Salique n'a pas tousjours esté observée au membre comme au chef: & ne faut douter que les filles venant à la Couronne, mesme quand elles sont belles, honnestes & vertueuses, comme cette-cy, n'attirassent plus le cœur de leurs sujets, par leurs beautez & douceurs, que toutes les forces des hommes.

Monsieur du Tillet dit que la Reyne Clotilde fit recevoir en France la Religion chrestienne, &

depuis

DISCOURS V.

depuis ne s'eſt trouvée aucune qui s'en ſoit deſvoyée, qui eſt un grand honneur pour les Reynes: ce qui n'eſt advenu aux Roys depuis Clovis; car Chilpéric premier fut entaché de l'erreur arrienne, & deux ſeuls Prélats de l'Egliſe Gallicane par leur réſiſtance l'en oſterent, comme dit Grégoire de Tours.

Davantage, Catherine (a), fille de Charles (b), ne fut-elle pas ordonnée Reyne de France par le Roy ſon pere & de ſon conſeil?

Du Tillet dit encore de plus, que les filles de France eſtoient en telle révérence, qu'encore qu'elles fuſſent mariées à moindres que Roys, néanmoins prenoient le titre royal, & eſtoient appellées Reynes avec le nom propre; & cet honneur leur eſtoit donné pour leur vie, par démonſtration qu'elles eſtoient filles de Roy de France. Cette couſtume ancienne monſtroit ſourdement, que les filles de France pouvoient bien eſtre Reynes, auſſi-bien que les fils. Il ſe trouve que, du temps du Roy Saint-Loüis, tenant la Cour des Pairs, la Comteſſe de Flandres eſt renommée préſente, & tenant lieu avec les Pairs.

(a) Le trait eſt brillant à citer. Lorſque Charles VI appela Catherine au trône, il étoit dans un état d'imbécillité. L'anarchie régnoit d'une extrémité du royaume à l'autre; toutes les loix reſtoient muettes.

(b) Charles VI.

Voyez que dit encore Monsieur du Tillet pour la Loy Salique, escrite pour les seuls sujets : quand il n'y avoit fils, les filles héritoient en l'ancien patrimoine. Qui voudroit régler la Couronne, Mesdames filles de France, au défaut des fils, la prendroient; & néanmoins elles en sont perpétuellement excluses par coustume & loy particuliere de la Maison de France, fondée sur la magnanimité des François, qui ne peuvent souffrir d'estre dominez par (a) les femmes.

Et ailleurs dit : Et se faut esbahir de la longue ignorance qui a attribué cette coutume à la Loy Salique, qui est contraire.

Le Roy Charles-Quint (b), traitant le mariage de Madame de France sa fille, avec Guillaume, Comte de Hainaut, en l'an 1374, stipula la renonciation dudit Comte au droit de Royaume & de Dauphine; ce qui est un grand point : & par-là voyez les contrariétez.

Certes, si les femmes sçavoient (c) manier les ar-

(a) C'est probablement pour dédommager ce sexe qu'il a eu constamment en France l'influence la plus marquée. On lui a restitué en galanterie ce qu'on lui a ôté en politique.

(b) Charles V.

(c) Si Brantôme s'en étoit tenu-là on auroit pu rire : mais la dissertation érudite qu'on vient de lire, est un peu longue.

mes auſſi-bien que les hommes, elles s'en feroient accroire : mais, en récompenſe, elles ont leur beau viſage qu'on ne recognoit pas comme on devroit, car, certes, il vaut mieux d'eſtre commandé de belles, gentilles & honneſtes femmes, que des hommes faſcheux, fats, laids & mauſſades, comme jadis il y en a eu en cette France.

Je voudrois bien ſçavoir ſi ce Royaume s'eſt mieux trouvé d'une infinité de Roys fats, ſots, tyrans, fainéants, idiots, fols, qui ont eſté ? Ne voulant pourtant taxer nos braves Pharamonds, nos Clodions, nos Clovis, nos Pepins, nos Martels, nos Charles, nos Loüis, nos Philippes, nos Jeans, nos François, nos Henris ; car ils ont eſté trop braves & magnanimes, ceux-là : & bien heureux eſtoit le peuple qui eſtoit ſous eux, qu'ils euſſent fait une infinité de filles de France qui ont eſté très-habiles, fort prudentes, & bien dignes pour commander. Je m'en rapporte aux Régences des meres des Roys (a), comment on s'en eſt bien trouvé.

Frédégonde (b), comment adminiſtra t-elle les af-

(a) Nous n'en connoiſſons guères qui n'ayent coûté du ſang, & des pleurs à la nation. Alors il eſt vrai qu'on le comptoit pour rien. Peut-être par la ſuite les choſes iront-elles autrement.

(b) Quels maux ne fit pas la cruelle & ambitieuſe

faires de France pendant le bas age du Roy Clotaire, son fils, les administrant si sagement & d'extrement, qu'il se vit, avant mourir, Monarque de la Gaule, & de beaucoup de l'Allemagne?

Le semblable fit Matilde, femme de Dagobert, à l'endroit du Roy Clovis deuxiesme, son fils : & long-temps après, Blanche, mere de Saint-Louis, laquelle se comporta si sagement, ainsi que j'ay leu, que tout ainsi que les Empereurs Romains se faisoient appeller *Augustes* en commémoration de l'heur & prospérité qui s'estoit trouvée au grand Empereur Auguste; aussi toutes les Reynes-meres anciennement, après le décès des Roys leurs maris, vouloient estre nommées *Reynes Blanches*, par une honorable mémoire tirée du Gouvernement de cette sage Princesse. Encore que Monsieur du Tillet y contredist encore un peu en cela; toutesfois, je le tiens d'un grand Sénateur.

Et pour passer plus bas, Ysabeau de Baviere (a) eut la régence de son mary Charles VI, estant altéré de son bon sens, par l'advis de son Conseil : comme aussi fut Madame de Bourbon (b) du petit

Fredegonde ? C'est au moins ce que disent nos anciens Chroniqueurs.

(a) Pour complletter l'œuvre, il ne falloit plus que citer la régence d'Isabelle de Baviere : quiconque sait notre histoire ne prononce son nom qu'avec horreur.

(b) Encore passe pour celle-là ; elle avoit des vertus & des talens.

Roy Charles VIII, son frere, en son bas age; Madame Loüise de Savoye, du Roy François premier; & la Reyne-mere, du Roy Charles IX, son fils.

Si donc les Dames estrangeres, (hors Madame de Bourbon, car elle estoit fille de France), ont esté si capables de gouverner si bien la France, pourquoy ne le seroient les nostres telles, & ne la gouverneroient aussi bien, & d'aussi bon zele & affection, puis qu'elles y sont nées, & y ont pris leur lait, & que le fait leur touche?

Je voudrois bien sçavoir en quoy nos derniers Roys ont surpassé (a) nos trois filles de France dernieres, Elisabeth, Claude & Marguerite que si elles fussent venües à estre Reynes de France, qu'elles ne l'eussent aussi bien gouvernée, (sans que je veüille pourtant taxer leur suffisance & régence; car elle a esté très-grande & très-sage), aussi bien que leurs freres? J'ay ouy-dire à beaucoup de grands personnages, bien entendus & bien prévoyants, que nous n'eussions eu les malheurs que nous avons eus, que nous avons, & que nous aurons encore, & en alléguoient des raisons qui seroient trop longues à mettre icy. (b). Mais

(a) Il est certain que les trois fils de Henri II n'ont pas régné brillamment; aussi leur administration vicieuse éteignit-elle cette dynastie.

(b) On lui a obligation de ne l'avoir pas fait.

voilà ce que dit le commun & sot vulgaire : *Il faut observer la Loy Salique. Pauvre* (a) *fat qu'il est !* Ne sait-il pas bien encore, que les Germains, de l'estre desquels nous sommes sortis, avoient accoustumé d'appeller les femmes à leurs affaires d'Estat, tout aussi-bien que les hommes, comme nous apprenons de Tacite ? Par-là nous apprenons que cette Loy Salique a esté depuis corrompue, puisqu'ils les ont senty dignes de commander. Mais ce n'est qu'une vraye coustume, & que les pauvres filles, qui estoient foibles pour débattre leur droit par la pointe de l'espée, comme il se débattoit anciennement, les hommes les en excluoient & chassoient du tout. Ah ! que ne vivent maintenant nos braves (b) & vaillants Palladins de France, un Roland, un Renaud, un Ogier, un Olivier, un Deudon, un Graffon, un Yvon, & une infinité d'autres braves, desquels la profession estoit, & la gloire, de secourir les Dames, & les maintenir en leurs afflictions & traverses de leurs vies, de l'honneur & biens, pour maintenant combattre le droit de nostre Reyne Marguerite : laquelle, tant

---

(a) C'étoient-là les expressions favorites de Scaliger. Brantôme se métamorphosant en érudit, en avoit pris momentanément le ton & le langage.

(b) Nos anciens Preux vouloient bien être les serviteurs des dames : mais auroient-ils consenti à laisser tomber le royaume en quenouille ; c'est une question à résoudre.

Discours V.

s'en faut qu'elle joüisse d'un seul poulce de terre du Royaume de France (a), duquel elle est si noblement sortie, & qui possible lui appartient de tout droit divin & humain, qu'elle ne joüit pas de sa Comté d'Auvergne, qui lui appartient par toute justice & équité, pour estre restée seule & heritiere de la Reyne sa mere, & est retirée dans un chasteau d'Usson, parmi les déserts, rochers & montagnes d'Auvergne; habitation certes par trop dissemblable à une grande Ville de Paris, où elle devroit maintenant tenir son trosne & son siege de justice qui lui appartient, & de son droit, & de celui du Roy son mary. Mais le malheur est tel, qu'on ne veut recevoir ny l'un ny l'autre. Que si tous deux estoient bien unis ensemble, & de corps & d'amitié, comme ils ont esté, possible que tout en iroit mieux pour tous, & se feroient craindre, respecter & recognoistre pour tels qu'ils sont. Dieu a voulu depuis qu'ils se sont bien reconciliés (b), qui est un très-grand heur.

(a) Catherine de Medicis, sa mère, l'avoit déshéritée ; & il faut avouer que sa conduite à cette époque la rendoit digne de ce traitement. Si on veut savoir ce qu'elle faisoit au château d'Usson, on le verra dans la notice qui précède ses mémoires, (Tome LII de la collection, page 126 & 127 ; quoiqu'alors Marguerite avançât en âge, elle avoit conservé les goûts de sa jeunesse.

(b) Cette prétendue réconciliation ne dura pas. Le divorce sépara Henri IV d'une femme indigne de lui.

J'ay ouy-dire à Monsieur de Pibrac une fois, que cette alliance de Navarre a esté fatale en cela, pour avoir veu en discordance le mary & la femme, comme autresfois a esté de Loüis Hutin, Roy de France & de Navarre, avec Marguerite de Bourgongne, fille du Duc Robert troisiesme.

Plus, Philippe le Long, Roy de France & de Navarre, avec Jeanne, fille du Comte Othelin de Bourgongne, laquelle, se trouvant innocente, se purgea fort bien.

Puis, Charles-le-Bel, Roy de France & de Navarre, avec Blanche, fille d'Othelin, encore Comte de Bourgongne, qui fut sa premiere femme.

Et, de frais, le Roy Henry d'Albret, avec Marguerite de Valois, comme je tiens de bon lieu, qui la traitoit très-mal, & eut encore fait pis sans le Roy François (a), son frere, qui parla bien à luy, le rudoya fort, & le menaça pour honorer sa femme & sa sœur, veu le rang qu'elle tenoit.

Le Roy Antoine dernier mourut aussi estant en mauvais mesnage avec la Reyne Jeanne sa femme.

Nostre Reyne Marguerite est ainsi un peu en division & divorce avec le Roy son mary : mais Dieu les mettra un jour en bonne union, en (b) dépit du temps misérable.

(a) François I.
(b) La prophétie ne s'accomplit pas.

Discours V. 377

J'ay ouy-dire à une Princesse (a), qu'elle luy sauva la vie au massacre de la Saint-Barthelemy : car indubitablement il estoit proscrit & couché sur le papier rouge, (comme on dit), parce qu'on disoit, qu'il falloit oster les racines, comme le Roy de Navarre, le Prince de Condé, l'Admiral, & autres Grands : mais ladite Reyne se jetta à genoux devant le Roy Charles, son frere, pour luy demander la vie de son mary & Seigneur. Le Roy Charles la lui accorda assez difficilement, encore qu'elle fust sa bonne sœur. Je m'en rapporte à ce qui en est, car je n'en sçay que par ouy-dire. Et si porta fort impatiemment ce massacre, & en sauva plusieurs, jusques à un Gentilhomme Gascon, (il me semble qu'il s'appelloit Lerac (b), qui, tout blessé qu'il estoit, vint à se jetter sous son lit, elle estant couchée, & les meurtriers l'ayant poursuivy jusques à la porte, dont les en chassa ; car elle ne fut jamais cruelle, mais toute bonne, à la mode des filles de France.

On dit que la pique d'elle & du (c) Roy son mary a

(a) On a remarqué que la Reine Marguerite dans ses mémoires, (Tome LII de la collection, page 179.) démênt ce fait. Nous ajouterons qu'elle n'auroit eu garde de le taire, s'il eût eu la moindre ombre de réalité.

(b) Il se nommoit *Leyran*, & étoit de la maison de Levis.

(c) On a observé ailleurs que la mésintelligence de

procédé plus de la diversité de la Religion, que d'autre chose; car chacun ayme & soutient fort la sienne; si que la Reyne estant allée à Pau, Ville principale de Béarn, ainsi qu'elle y eut fait dire la Messe, il y eut un Secretaire du Roy son Mary, nommé le Pin, qui avoit esté autresfois à Monsieur l'Admiral (a), qui s'en estomacha, si-bien qu'il fit mettre en prison quelques-uns de la Ville qui y avoient esté. La Reyne en fut très-mal contente; & le lui pensant remonstrer, il luy parla plus haut qu'il ne devoit, & indiscretement, mesme devant le Roy, qui luy en fit une bonne réprimande, & le chassa; car il sçait bien aimer & respecter ce qu'il doit, tant il est brave & généreux, ainsi que ses belles & nobles actions l'ont manifesté tel toujours, dont j'en parleray plus au long dans sa belle vie (b).

Ledit du Pin se fondoit sur l'édict, qui est là fait

___

Henri IV avec Marguerite, a eu plusieurs causes. Respectivement ils avoient de nombreux griefs à se reprocher. En faisant de part & d'autre des brêches continuelles à la fidélité conjugale, il est difficile que deux époux ne se brouillent pas. (Lisez les mémoires de la Reine Marguerite, Tome LII de la collection, page 371 & 372).

(a) Ces détails s'accordent avec le récit de Marguerite. (Voyez ses mémoires, Tome *ibid* de la collection, page 341 & suiv.)

(b) *On n'a point cette vie.*

Discours V. 379

& observé sur la vie, ny dire ny ouyr Messe. La Reyne s'en sentant piquée, Dieu sçait comment jura & protesta qu'elle ne mettroit jamais le pied en ce pays-là, d'autant qu'elle vouloit estre libre en l'exercice de sa Religion; &, par ainsi, elle en partit, & depuis elle garda fort bien son serment.

J'ay ouy-dire qu'elle n'eut chose (a) tant sur le cœur, que telle indignité d'estre privée de l'exercice de sa Religion, laquelle, pour la passer de fantaisie, elle pria la Reyne, sa bonne mere, de la venir querir pour la voir, & aller jusques en France voir le Roy & Monsieur son frere (b) qu'elle honoroit & aimoit beaucoup; où estant allée, ne fut veue ny reçue du Roy son frere comme il devoit: voyant un grand changement depuis qu'elle estoit partie, & plusieurs personnes eslevées en des grandeurs qu'elle n'avoit veu ny pensé, cela luy faschoit fort de les rechercher & leur faire la cour, comme les autres, nullement ses pareilles, faisoient; tant

(a) Avec la permission de Brantôme, d'autres motifs déterminèrent cette princesse à quitter la Cour de son mari. Nous invitons le lecteur à lire la notice qui précède ses mémoires.

(b) Cela ne l'empêchoit pas d'apprécier ce frère; (le duc d'Alençon, depuis le duc d'Anjou): elle connoissoit fort bien ses vices, sa pusillanimité, & la fausseté de son caractère. Aussi l'étroite liaison qu'elle eut avec lui, imprima-t-elle une tache sur sa conduite.

s'en faut, qu'elle les méprisoit grandement comme j'ay veu, tant avoit-elle le courage grand. Hélas! trop grand certes, s'il en fut oncques, mais pourtant cause de tout son malheur; car si elle l'eust voulu un peu contraindre & rabaisser le moins du monde, elle n'eust esté traversée comme elle a esté.

Sur-quoy je feray ce conte, que, lorsque le Roy son frere alla en Pologne, & y estant, elle sçeut que Monsieur de Gua, fort favorisé du Roy son-dit frere, avoit tenu quelques propos assez désavantageux d'elle (a), & assez bastants pour mettre le frere & la sœur en inimitié ou quelque pique. Au bout de quelque temps, ledit Monsieur de Gua, retourné de Pologne, retourne à la Cour, & portant des lettres dudit Roy à sa sœur, les luy alla porter & baiser les mains en sa chambre, (ce que je vis). Quand elle le vit entrer, elle fut en grande colere; & ainsi qu'il se vint présenter à elle, pour luy donner sa lettre, elle luy dit d'un visage courroucé : *Bien vous sert, de Gua, de vous présenter devant moy avec cette lettre de mon frere, qui vous sert de sauvegarde, l'aimant si fort, que tout ce qui vient de luy, est en toute franchise avec moy ; que sans cela, je vous apprendrois à parler*

(a) Voyez ses mémoires, Tome LII de la collection, page 196.

d'une telle Princesse, que moy, sœur de vos Roys, vos Maistres & souverains.

Monsieur de Gua luy respondit fort humblement: Je ne me fusse aussi, Madame, jamais présenté devant vous, sçachant bien que vous me voulez mal, sans quelque bonne enseigne du Roy mon maistre, qui vous aime, & que vous aimez fort aussi ; m'asseurant, Madame, que pour l'amour de luy, & que vous estes toute bonne & généreuse, vous m'oyrez parler. Et luy ayant fait ses excuses, & dit ses raisons, comme il sçavoit bien dire, il nia très-bien de n'avoir jamais parlé de la sœur de ses Roys que très-révéremment.

Elle le renvoya, avec protestation de luy estre cruelle ennemie, comme elle lui a tenu jusques à sa mort.

Au bout de quelque temps, le Roy (a) escrit à Madame de Dampierre (b), & la prie, sur tous les plaisirs qu'elle luy savoit faire, de faire avec la Reyne de Navarre, qu'elle pardonnast à Monsieur de Gua, & le prist en amitié, pour l'amour de luy : ce que Madame de Dampierre entreprit à son très-grand regret ; car elle cognoissoit le naturel de ladite Reyne : mais parce que le Roy l'aimoit, & se fioit

(a) Henri III, alors roi de Pologne.
(b) Jeanne de Vivonne, mère de la spirituelle Claude Catherine de Clermont-Dampierre, épouse du maréchal de Retz.

fort en elle, à tout hazard elle entreprit cette charge, & vint un jour trouver ladite Reyne en sa chambre; & où la trouvant en assez bonne trempe, elle en entama le propos, & luy fit une remonstrance, que, pour avoir la bonne grace, l'amitié & la faveur du Roy, son frere, qui estoit déja (a) Roy de France, elle devoit pardonner à Monsieur de Gua, & lui remettre tout le passé, & le prendre en grace, car le Roy l'aimoit fort, & le favorisoit plus qu'aucun des siens; & par ce moyen, elle le prenant en amitié, recevroit beaucoup de bons services, offices & plaisirs de luy, puisqu'il gouvernoit si paisiblement le Roy son maistre; & qu'il valoit bien mieux qu'elle s'en aidast & prévalust, que de le désespérer, & le bander contre elle, & luy pourroit beaucoup nuire; & qu'elle avoit bien veu, de son temps, au regne du Roy François premier, Mesdames Magdeleine & Marguerite, depuis l'une Reyne d'Escosse, & l'autre Duchesse de Savoye, ses tantes, encore qu'elles eussent le cœur bien grand & haut, s'abaisser ici bas que de faire la cour à Monsieur de Sourdis, qui n'estoit que maistre de la garde-robe du Roy leur pere, & le rechercher afin que par son moyen elles se ressentissent de la grace & faveur du Roy leur pere; & qu'à l'exem-

(a) C'étoit au moment où Charles IX venoit par sa mort de laisser le trône de France vacant.

ple de ses tantes, elle en devoit faire de mesme à l'endroit de Monsieur de Gua.

La Reyne de Navarre, après avoir ouy fort attentivement Madame de Dampierre, luy respondit assez froidement, avec un visage un peu riant pourtant, selon sa mode, & luy dit : *Madame de Dampierre, ce que me dites seroit bon pour vous, qui avez besoin de faveurs, de plaisirs & bienfaits; & si j'estois vous, ces paroles que me dites, me seroient fort bien addressées & fort propres, & les recevrois fort volontiers, & mettrois en usage : mais à moy, qui suis fille du Roy, & sœur des Roys de France, & femme de Roy, elles ne peuvent servir ; d'autant qu'avec ces grandes & belles qualitez, je ne puis estre mendiante* (a) *pour mon honneur, des faveurs, & graces, & bienfaits du Roy mon frere : car je le tiens pour de si bon naturel, & cognoissant si bien son devoir, qu'il ne me les desniera jamais, sans la faveur de Gua; autrement, il feroit un grand tort à son honneur & à sa Royauté : & quand bien il seroit si desnaturé de s'oublier tant que de me tenir autre qu'il doit, j'aime mieux pour mon honneur, & ainsi mon courage me le dit, estre*

(a) Les expressions sont un peu dures; & elles apprennent aux courtisans sous quels rapports on les a dans tous les tems envisagés à la Cour.

privée de ses bonnes graces, par faute de n'avoir recherché de Gua & ses faveurs, que si l'on me reprochoit ou soupçonnoit les avoir par son moyen ou intercession, veu qu'il me semble assez les mériter pour estre ce que je luy suis ; & s'il se sent digne d'estre Roy, & aimé de moy & de son peuple, je me sens, comme sa sœur, estre assez digne d'estre Reyne, & aimée, non-seulement de luy, mais de tout le monde. Et si mes tantes, que vous m'alléguez, se sont si abbaissées comme vous dites, faire l'ont pu, si elles l'ont voulu, ou telle a esté leur humeur ; mais leur exemple ne me peut donner loy, ny aucune sorte d'imitation (a), ne me voulant nullement former sur ce modele, sinon sur le mien propre. Par ainsi, elle se teut, & Madame de Dampierre se retira : non pourtant que la Reyne luy en voulust mal autrement ; car elle l'aimoit fort.

Une autre fois, lorsque Monsieur (b) d'Espernon

(a) Marguerite tint parole, & fut implacable dans sa haine, s'il est vrai, comme on le prétend, qu'elle ait influé sur l'assassinat du favori de Henri III.

(b) Le voyage du duc d'Epernon en Gascogne, avoit pour objet spécial, de réconcilier Henri III avec le Roi de Navarre, & de le presser d'abjurer le protestantisme. Cela se passoit vers la fin de 1584. (Voyez les observations sur les mémoires du duc de Bouillon, Tome XLIX de la collection, page 99 & suiv).

alla

Discours V.

alla en Gascogne après la mort de Monsieur, (voyage fondé sur divers sujets, à ce que l'on disoit), alors il vit le Roy de Navarre à Pamiers, & s'entrefirent de grandes cheres & caresses. Je parle ainsi; car lors Monsieur d'Espernon estoit demy-Roy en France, pour la débordée faveur qu'il avoit avec le Roy son maistre. Après donc s'estre bien carressés & fait bonne chere ensemble, le Roy de Navarre le pria de le venir voir à Nérac, après qu'il auroit esté à Toulouse, & s'en voudroit retourner; ce qu'il luy promit: & s'estant acheminé pour faire ses préparatifs à le bien festiner, la Reyne de Navarre, qui estoit-là, & qui vouloit mal mortel à Monsieur d'Espernon pour beaucoup de grands sujets, dit au Roy son mary, *qu'elle se vouloit oster de-là, pour ne pas troubler & empescher la feste; ne pouvant nullement supporter la veue de Monsieur d'Espernon, sans quelque scandale & venin de colere qu'elle pourroit vomir, qui pourroit donner fascherie aucunement au Roy son mary.* Par quoy estant sur son partement, le Roy la pria, sur tous les plaisirs qu'elle luy sçauroit faire, de ne bouger, & luy aider à recevoir mondit sieur d'Espernon, & mettre toute sa rancune qu'elle luy portoit sous les pieds pour l'amour de luy, d'autant que cela leur importoit grandement à tous deux, & à leur grandeur.

Et bien, Monsieur, luy dit la Reyne) *puisqu'il*

vous plaist me le commander, je demeureray, & luy feray bonne chere, pour votre respect & l'obédience que je vous dois ; (& puis dit à aucunes de ses Dames) : Mais je vous responds bien, que lorsqu'il arrivera, & tant qu'il demeurera, ces jours-là je m'habilleray d'un habillement dont je ne m'habilleray jamais, qui est de dissimulation & hypocrisie. Car je masqueray si bien mon visage de feintise, qu'il n'y verra que tout bon & honneste recueil & toute douceur ; & pareillement je poseray à ma bouche toute discrétion : si-bien que je me rendray par l'extérieur telle que l'on pensera. l'intérieur de mon cœur bon, duquel autrement je n'en puis respondre ; n'estant nullement à mon pouvoir, estant du tout à luy, tant il est haut, plein de franchise, & ne sçauroit porter d'eau punaise, ny le venin d'aucune hypocrisie, ny moins le faire abbaisser, puisqu'il n'y a rien que Dieu & le Ciel qui le puisse amollir, & le rendre tendre, en le refaisant ou le refondant.

Pour rendre donc content le Roy son mary, car elle l'honoroit fort, aussi luy rendoit-il de mesme, elle se desguisa de telle façon, que Monsieur d'Espernon venant arriver dans sa chambre, elle le recueillit de la mesme forme que le Roy l'en avoit priée (& elle luy avoit promis) : si bien que toute la chambre, qui estoit pleine d'une infinité d'assistans, qui se pressoit pour voir cette entrée & entrevue, en furent fort esmerveillés; & le Roy & Monsieur d'Espernon en demeurerent contents : mais les plus clairvoyants, & qui cognoissoient le naturel de la Reyne, se doutoient bien de quelque garde dedans; aussi disoit-elle *qu'elle avoit joüé un rolle en cette comédie mal-volontiers.* Je tiens de bon lieu tout cecy.

Voilà deux contes, par lesquels on peut bien cognoistre la hauteur du courage de cette Reyne, lequel estoit tel, que j'ay ouy-dire à la Reyne sa mere sur ce discours & sujet, qu'elle en estoit fort semblable au Roy son pere, & qu'elle n'avoit aucun de ses enfants qui le semblast (a) mieux qu'elle, tant en façon, humeurs, linéaments, & traits de visage, qu'en courage & générosité ; d'autant qu'elle avoit veu le Roy Henry, durant le Roy François son pere, qui, pour son Royaume, n'eut pas recherché ny naqueté le Cardinal de Tournon, ny l'Admiral d'Annebaut, grands favoris du Roy: mesme qu'il eust eu la paix ou les treves souvent de l'Empereur Charles, s'il les eust voulu requerir & rechercher; mais sa générosité ne se pouvoit soufmettre à telles recherches. Aussi tel estoit le pere, telle estoit la fille. Mais pourtant tout cela luy a beaucoup nuy. Je m'en rapporte à une infinité

(a) C'est-à-dire qui lui ressemblât mieux.

de traverses & indignités qu'elle a reçues (a) à la Cour, que je ne diray point; car elles sont trop odieuses, jusques à en avoir esté renvoyée, avec certes un grand affront, & pourtant innocente de ce qu'on luy mettoit à sus, ainsi que la preuve en fit foy à plusieurs; car je le sçay: & comme le Roy son mary en fut asseuré, il en demanda raison au Roy, dont il en fut très-bon en cela, & s'y en cuida soudre entre les deux freres quelque contention sourde & haine.

La guerre de la Ligue après arriva; & d'autant que la Reyne de Navarre se craignoit de quelques-uns (b), à cause qu'elle estoit fort grande Catholique, elle se retira à Agen, qui luy avoit esté donné, & le pays, par les Roys ses freres, en appanage & en don, pour sa vie durant: & puisqu'il y alloit de la Religion Catholique, & qu'il la falloit maintenir, & exterminer l'autre, elle voulut fortifier la sienne de son costé de tout ce qu'elle put, & faire la guerre contre l'autre; mais elle y fut très-mal

(a) Voyez la notice qui est en tête des mémoires de Marguerite, (Tome LII de la collection, page 118).

(b) Cette princesse brouillée avec son frère & son époux, se retira alors à Agen, sous prétexte de défendre le catholicisme, elle déclara la guerre aux protestans: mais on crut moins à son zèle qu'à la haine dont elle étoit animée. (Lisez la notice indiquée ci-dessus, pag. 125).

servie par le moyen de Madame de Duras, qui la gouvernoit fort, & qui, sous son nom, faisoit des grandes exactions & concussions. Le peuple de la ville s'en aigrit, & sous main en couva une liberté & moyen de chasser, & leur Dame, & ses garnisons. Sur lequel mescontentement, Monsieur le Mareschal de Matignon prit occasion de faire entreprise à la ville, ainsi que le Roy, en ayant sceu les moyens, luy commanda avec une grande joye, pour aggraver sa sœur (qu'il n'aimoit) de plus en plus de déplaisir. Parquoy l'entreprise, qui pour la premiere fois avoit esté faillie, fut menée pour la seconde si dextrement par mondit sieur le Mareschal & les habitants, que la ville fut prise & forcée en telle sorte & de telle promptitude & allarme, que tout ce que put faire cette malheureuse Reyne, fut de monter en trousse derriere un Gentilhomme, & Madame de Duras derriere un autre, & se sauver de vitesse, & faire douze grandes lieues d'un traite, & le lendemain autant, & se sauver dans la plus forte forteresse de la France, qui est Carlat : où estant, & pensant estre en seureté, elle fut, par les menées du Roy son frere, (qui estoit un très-habile & très-subtil Roy s'il en fut oncques), vendue par ceux du pays & de la Place ; & en estant sortie, s'en deffiant, ainsi qu'elle se sauvoit, fut prisonniere entre les mains du Marquis de Canillac, Gouverneur d'Auvergne, & menée dans le Chasteau d'Usson, bien forte place aussi, voire imprenable, que le bon & fin Renard le Roy Loüis XI avoit rendu en partie telle pour y loger ses prisonniers, les tenant-là plus en seureté cent fois qu'à Loches, bois de Vincennes, & Lusignan.

Voilà donc cette pauvre Princesse prisonniere en ce lieu, & traitée, non en fille de France certes, ny en Princesse si grande que celle-là. Toutesfois, si son corps estoit captif, son brave cœur ne l'estoit point, & ne luy manqua point, & luy assista très-bien, pour ne se point laisser aller en son affliction. Que c'est que peut un grand cœur conduit d'une grande beauté! Car celuy qui la tenoit prisonniere, en devint prisonnier dans peu de temps, encore qu'il fust fort brave & vaillant. Pauvre homme! que pensoit-il faire? Vouloir tenir prisonniere, sujette, & captive, en sa prison, celle qui, de ses yeux & de son beau visage, peut assujettir, en ses liens & chaînes, tout le reste du monde comme un forçat!

Le voilà donc ce Marquis, ravy & pris de cette beauté; mais elle, qui ne songe en aucunes (a) délices d'amour, ains en son honneur & en sa liberté,

___

(a) Ce n'est pas-là ce que disent ses détracteurs; & il faut l'avouer, les monumens attestent que Marguerite ne fut ni inhumaine ni cruelle.

DISCOURS V.

joue son jeu si accortement, qu'elle se rend la plus forte, & s'empare de la Place (a), & en chasse le Marquis, bien esbahy d'une telle surprise & ruse militaire. Elle l'a gardée déja il y a six à sept ans, non pourtant en tous les souhaits ny plaisirs du monde, despouillée de la Comté d'Auvergne, détenuë par le Grand-Prieur de France, que le Roy fit instituer Comte & héritier par la Reyne-Mere en son testament, avec son grand regret, de quoy elle ne pouvoit laisser à la Reyne *sa bonne fille* au moins quelque chose du sien propre; tant estoit la haine grande que le Roy luy portoit. Hélas! quelle mutation au prix de celle que j'ay veu qu'ils s'entr'aimoient tant, & n'estoient qu'un corps, une ame, & une mesme volonté! Ha! que d'autresfois j'ay veu qu'il les faisoit beau voir discourir ensemble! car, fust ou sérieusement, ou en gayeté de cœur, rien n'estoit plus beau à voir ny ouïr; car tous deux disoient ce qu'ils vouloient. Ah! que le temps est bien changé à celuy que quand on les voyoit danser tous deux en la grande salle du bal, d'une belle accordance & bonne volonté! Le Roy la menoit ordinairement danser le grand bal. Si l'un avoit belle majesté, l'autre ne l'avoit pas

---

(a). Le fait est vrai, elle se rendit maîtresse du château Lasse de Canillac qui la fatiguoit, elle se livra à toutes sortes d'excès.

B biv

moindre. J'ay veu assez souvent la mener danser la Pavanne d'Espagne, danse où la belle grace & majesté font une belle représentation : mais les yeux de toute la salle ne pouvoient se saouler, ny assez se ravir par une si agréable veüe ; car les passages y estoient si bien dansez, les pas si sagement conduits, & les arrests faits de si belle sorte, qu'on ne sçauroit que plus admirer, ou la belle façon de danser, ou la majesté de s'arrester, représenter maintenant une gayeté, & maintenant un beau & grave desdain : car il n'y a nul qui les ait veus en cette danse, qui ne die ne l'avoir veüe danser jamais si bien, & de si belle grace & majesté, qu'à ce Roy frere, & qu'à cette Reyne sœur ; & quant à moy, je suis de telle opinion, & si l'ay veüe danser (a) aux Reynes d'Espagne & d'Ecosse trèsbien.

Je leur ay veu pareillement fort bien danser le *Pazzamento* d'Italie : ores, en marchant avec un port & geste graves, & conduisant si bien & si gravement leurs pas ; ores les coulant seulement ; & ores en y faisant de fort beaux, gentils & graves passages, que nul autre, ou Prince, ou autre, y pouvoit approcher, ny Dame ; car la majesté

(a) Il paroît qu'alors les têtes couronnées se piquoient de bien danser : n'auroit-il pas mieux valu qu'elle se piquassent de bien régner.

n'y estoit point espargnée : aussi cette Reyne prenoit grand plaisir à danser ces danses graves, pour sa belle grace, apparence & grave majesté, qu'elle faisoit apparoir mieux qu'aux autres danses, comme bransles, voltes & courantes. Elle ne les aimoit gueres, encore qu'elle s'en acquittast très-bien, parce qu'elles n'estoient pas dignes de sa majesté, mais ouy bien propres pour les graces communes des autres Dames.

Je luy ay veu aussi aimer quelquesfois le bransle de *la torche*, ou *du flambeau*, & pour ce mesme sujet. Sur quoy, je me souviens qu'une fois estant à Lyon au retour (a) du Roy de Pologne, aux nopces de Besne, l'une de ses filles, elle dansa ce bransle devant force estrangers de Savoye, de Piedmont, d'Italie, & autres, qui dirent n'avoir rien veu de si beau que cette Reyne, ny si belle & grave danse, comme certes elle est, dont il y en eut quelqu'un qui alla rencontrer là-dessus, disant que cette Reyne n'avoit point de besoin (comme les autres Dames) du flambeau qu'elle tenoit en la main; car celuy qui sortoit de ses beaux yeux, qui ne mouroit point comme l'autre pouvoit faire, ayant autre vertu que de mener danser les hommes, puisqu'il pouvoit embraser tous ceux de la salle, sans se pouvoir jamais esteindre, comme

(a) En 1574.

l'autre qu'elle avoit en la main, & qu'il estoit pour esclairer de nuit parmy les ténebres, & de jour parmy le soleil mesme.

Doncques faut-il dire là-dessus, (a) que la fortune a esté à tous nous autres aussi-bien ennemie qu'à elle, que nous ne voyons plus ce beau soleil esclairer sur nous autres, & qu'il s'en soit allé cacher en ces sommets de rochers & montagnes de l'Auvergne : aussi s'il se fust allé poser sur quelque beau port ou havre de mer, au feu duquel les mariniers & passans se fussent guidez sans danger du naufrage, pour leur servir de fanal, sa demeure en seroit plus belle, plus profitable, & plus honorable pour elle, & pour tous. Ah ! peuple de Provence, vous la devriez supplier d'aller habiter dans vos beaux ports & belles costes de mer, qu'elle rendroit encore plus illustres qu'ils ne sont, & plus habitables & plus riches : car de toutes parts aborderoient gens, galères, navires & vaisseaux, pour voir la merveille du monde, comme celle de Rhodes pour son beau phare & reluisant fanal ; au-lieu que, resserrée dans les barrieres & barricades de ses montagnes d'Auvergne, & ne se pouvant faussér aisément, elle nous est

―――――――
(a) A moins qu'on ne suppose Brantôme amoureux, il est difficile de lire de sens-froid tout ce fatras amphigourique.

cachée & inconnue du tout à nos yeux ; si-non d'autant que nous en avons sa belle idée. Ah ! belle & antique ville de Marseille, que vous seriez heureuse, si votre port estoit honoré du flambeau & fanal de ses beaux yeux ! Aussi-bien la Comté de Provence luy appartient, ainsi que plusieurs autres Provinces, voire la France. Que maudite soit la malheureuse obstination que l'on a en ce Royaume, de ne la rechercher avec le Roy son mary, recueillir & honorer (a) comme l'on doit ! J'escrivois cecy au plus fort de la guerre de la Ligue. Si c'estoit une Reyne ou Princesse mauvaise ou malicieuse, avare ou tyranne, comme il y en a eu force le temps passé en France, & possible qu'il y en aura encore, je n'en sçaurois que dire : mais elle est toute bonne, toute splendide & libérale, n'ayant rien à soy, donnant à tout le monde, & gardant peu pour soy, tant charitable, tant aumosniere à l'endroit des pauvres. Aux plus grands elle faisoit honte en libéralitez, comme je l'ay veüe au jour des estrennes faire des présents à toute la Cour, (b) que les

(a) Pouvoit on honorer une femme que sa conduite rendoit méprisable.

(b) Ce n'étoit pas chez elle libéralité, mais profusion : aussi le désordre régnat-il toujours dans ses affaires ? Sous ce rapport, elle ressembloit beaucoup à son père, & à son frère Henri III.

Roys ſes freres s'en eſtonnoient & n'en faiſoient de pareils.

Elle donna à la Reyne Loüiſe de Lorraine une fois pour ſes eſtrennes, un éventail fait de nacre de perles, enrichy de pierreries & groſſes perles, ſi beau & ſi riche, qu'on diſoit eſtre un chef-d'œuvre, & l'eſtimoit-on plus de douze cent eſcus. L'autre pour rétribuer (a) ce préſent, luy envoya de longs fers d'eſguillettes, que l'Eſpagnol appelle *puntas*, enrichies de quelques perles & pierreries, qui pouvoient monter à cent eſcus, & la paya de ſes eſguillettes pour ſes eſtrennes, fort certes diſſemblables.

Bref, cette Reyne eſt toute royale, & libérale, & honorable, & magnifique : & n'en deſplaiſe aux Impératrices du temps paſſé, leurs magnificences deſcrites par Suetone, Pline, & autres, n'en ont rien approché, tant pour eſtre à ſa Cour & aux villes, que pour aller aux champs & par pays, fuſt en ſes litieres tant dorées, tant ſuperbement couvertes & peintes de tant de belles deviſes, ſes coches & carroſſes de meſme, & ſes haquenées ſi richement enharnachées.

Ceux qui ont veu tels ſuperbes appareils, comme moy, ſçavent qu'en dire : & qu'il faille maintenant qu'elle ſoit fruſtrée de tout cela, que depuis

(a) Pour répondre &c.

Discours V.

sept ans elle n'a bougé recluse de ce chasteau austere & mal plaisant, où pourtant (a) elle prend sa patience, tant elle a de vertu de sçavoir se commander, qui est une des grandes, à ce qu'ont dit plusieurs Philosophes.

Pour parler encore de sa bonté, elle est telle, & si noble, & si franche, que je crois qu'elle luy a fort nuy; car encore qu'elle eust de grands sujets & moyens pour se venger de ses ennemis & leur nuire, elle s'est retenue bien souvent les mains, lesquelles, si elle eust voulu employer ou faire employer, & commander à d'autres qui estoient assez prompts, possible par exemple d'aucuns chastier bien à son escient, les autres se fussent fait sages & discrets; mais elle remettoit les vengeances à Dieu.

Ce fut aussi ce que lui dit une (b) fois Monsieur de Gua, ainsi qu'elle le menaçoit: *Madame, vous estes si bonne & si généreuse, que je n'ay point ouy dire que vous ayez jamais offensé aucun. Je croy que vous ne voudriez commencer en moy, qui vous suis très-humble Serviteur.* Aussi, bien

---

(a) Marguerite y passoit son tems, dénuée souvent des choses les plus nécessaires : mais l'amour la consoloit de tout. Voilà ce que Brantôme auroit dû dire.

(b) Si l'on en croit les écrits du tems, cette princesse pour se venger de du Guast, ne s'en remit pas à Dieu seul. Elle chargea les hommes de ce soin.

qu'il luy eust beaucoup nuy, elle ne lui rendit la pareille, ny vengeance. Il est vray que lors qu'on l'eut tué, & qu'on lui vint annoncer, elle estant malade, elle dit seulement : *Je suis bien* (a) *marrie que je ne sois bien guérie, pour de joye solemniser sa mort.* Mais aussi, elle avoit cela de bon, que quand on se fut humilié à elle, pour rechercher pardon & sa grace, elle remettoit & pardonnoit tout, à la mode de la générosité du lion, qui jamais ne fait mal à celuy qui s'humilie.

Je me souviens que lorsque Monsieur le Mareschal de Biron fut Lieutenant du Roy en Guyenne, la guerre s'estant esmeue, (b) son chemin s'adressa un jour (ou qu'il le fist à escient) près de Nérac, ou estoient pour lors le Roy & la Reyne de Navarre ; il débanda son arquebuserie pour l'atta-

(a) Si Brantôme a cru que cette réponse annonçoit de la clémence & de l'humanité, nous présumons qu'il s'est trompé.

(b) Cela se passa en 1580, à l'époque de la guerre dite des *amoureux*. Marguerite fut très-piquée de ce qu'elle appeloit *l'insolence* de Biron. Cependant il faisoit son métier, en exécutant les ordres qu'il avoit reçus. D'ailleurs qu'étoit-ce que cette guerre des *amoureux* ? Une querelle produite par des intrigues & des tracasseries de Cour ? Qu'importoit aux peuples l'infamie des procédés de Henri III, & la petite vengeance de Marguerite ? On trouvera le détail de ces événemens dans le Tome XLIX de la collection, page 97 & suiv.

quer. Venant à une escarmouche, le Roy de Navarre, luy-mesme en personne, sortit à la teste des siens, & tout en pourpoint, comme un simple Capitaine, la souftint, & si bien; qu'ayant des meilleurs arquebusiers, il n'y alla rien du sien. Et pour plus de bravade, Monsieur le Mareschal fit lascher quelques volées de canon contre la ville; de sorte que la Reyne, qui y estoit accourue & mise sur les murailles pour en avoir le passe-temps, faillit à en avoir là sa part; car une balle vint donner tout auprès d'elle. Ce qui l'irrita beaucoup, tant pour le peu de respect que Monsieur le Mareschal lui avoit porté de la venir braver en sa place, que parce qu'il avoit eu commandement du Roy de ne s'approcher pour faire la guerre de plus près de cinq lieues à la ronde du lieu où seroit la Reyne de Navarre; ce qu'il n'observa pour ce coup, dont elle en conceut une telle colere & inimitié contre le Mareschal, qu'elle songea fort de s'en ressentir & s'en venger.

Au bout d'un an & demy après, elle s'en vint à la Cour, où estoit le Mareschal, que le Roy avoit appellé à soy de la Guyenne, de peur de nouveau remuement; car le Roy de Navarre menaçoit de remuer, s'il ne l'oftoit de-là. La Reyne de Navarre, se ressentant dudit Mareschal, n'en fit cas en façon du monde, mais le desdaigna fort: parlant par-tout mal de lui, & de l'injure qu'il luy avoit faite. Enfin, Monsieur le Mareschal, redoutant la fureur & la haine de la fille & sœur des Roys ses maistres, & cognoissant le naturel de cette Princesse, songea de la faire rechercher & sa grace, & y faite ses excuses, & s'humilier; à quoi, comme généreuse, elle ne contredit aucunement, & le prit en grace & amitié, & oublia le passé. Sur quoy je sçay un Gentilhomme de par le monde, qui, venant arriver à la Cour, & voyant la chere que faisoit ladite Reyne à mondit sieur le Mareschal, en fut fort estonné; & d'autant qu'il avoit cet honneur d'estre ouy quelquesfois de la Reyne en ses paroles, il luy dit qu'il s'estonnoit fort de ce changement & de cette bonne chere, & qu'il ne l'eust jamais creu, veu l'offense & injure receue : mais elle fit responce, que d'autant qu'il avoit recogneu sa faute, & fait ses excuses & recherché sa grace par humilité, qu'elle luy avoit octroyée de cette façon, non pas s'il se fust mis & continué sur sa bravade de Nérac. Voilà comme cette bonne Princesse est peu vindicative, n'ayant pas en cela imité son ayeule la Reyne Anne envers le Mareschal de Gié, comme j'ay dit cy-devant (a).

(a) Ce n'est pas là le plus beau trait de la vie d'Anne de Bretagne. Mais quoi qu'en dise Brantôme, on ne doit point mettre ces deux princesses en parallèle. Leurs mœurs forment un disparate complet.

J'alléguerois

Discours V.

J'alléguerois force autres pareils exemples de sa bonté, en ses reconciliations & pardonnances.

Rebours, une de ses filles, qui mourut à Chenonceaux (a), luy avoit fait quelque grand desplaisir : elle ne luy en fit plus cruel traitement, & venant à estre fort malade, la visita, & ainsi qu'elle voulut rendre l'ame, l'admonesta, & puis dit : *Cette pauvre fille endure beaucoup ; mais aussi elle a bien fait du mal. Dieu luy pardonne comme je luy pardonne.* Voilà la vengeance & le cruel mal qu'elle luy fit. Voilà aussi comme cette grande Reyne a esté par sa générosité fort lente en ses vengeances, & a esté toute bonne.

Aussi ce grand Roy de Naples, Alphonse, qui estoit subtil à aimer les beautez des Dames, disoit *que la beauté est la significance de la bonté* (b), *& des douces & bonnes mœurs, comme la belle fleur l'est d'un beau fruit :* & pour ce, ne faut douter, que si nostre Reyne ne fust esté composée de sa grande beauté, ains de toute laideur, qu'elle ne fust esté très-mauvaise, veu les grands sujets qu'on

---

(a) Voyez ce qu'elle dit de cette fille dans ses mémoires, Tome LII de la collection, page 364.

(b) Le Roi Alphonse avec tout son esprit, se trompoit lourdement ; & l'histoire fournit mille faits en ce genre qui démentent son assertion.

luy en a donnés. Auſſi, comme diſoit la feuë Reyne Iſabelle de Caſtille, ſage, vertueuſe & Catholique Princeſſe: *Que el fruto de la clemencia en una Reyna de gran beldad, y de animo grande y codicioſa de verdadera honra, ſin duda es mas dulce que qualquiera vengança, aunque ſea emprendida con juſto titulo.* C'eſt-à-dire: « le fruit de la clémence en une Reyne de grande beauté, de grand cœur, & convoiteuſe d'honneur, eſt plus doux que quelque veangeance que ce ſoit, entrepriſe par juſte raiſon & titre. »

Cette Reyne a bien obſervé ſaintement cette regle, pour ſe vouloir conformer aux Commandements de ſon Dieu, qu'elle a touſjours aimé, craint & ſervi dévotement. Ores que le monde l'a abandonnée, & luy fait la guerre, elle a pris ſon recours ſeul à Dieu, qu'elle ſert ordinairement tous les jours, & fort dévotement. (a), ainſi que j'ay ouy dire à ceux qui l'ont veuë en ſes afflictions; car jamais elle ne perd ſes Meſſes, & fort ſouvent fait ſes Paſques, & lit fort en l'Eſcriture-Sainte, y trouvant ſon repos & ſa conſolation.

Elle eſt fort curieuſe de recouvrer tous les beaux

(a) Rien n'eſt plus vrai; Marguerite galante, & coquette, affichoit la dévotion. Cet alliage n'eſt pas rare: on prétend qu'en Italie, la plupart des femmes ſuivent pieuſement ce cours de morale dans la pratique.

livres nouveaux qui se composent, tant en lettres saintes, qu'humaines; & quand elle a entrepris à lire un livre, tant grand & long soit-il, elle ne laisse & ne s'arreste jamais, jusques à ce qu'elle en ait veu la fin, & bien souvent en perd le manger & le dormir. Elle-mesme compose tant en prose qu'en vers (15). Sur-quoy ne faut penser autrement que ses compositions ne soient très-belles, doctes & plaisantes, car elle en sçait bien l'art : & si on les pouvoit voir en lumiere, le monde en tireroit un grand plaisir & profit.

Elle fait souvent des vers & stances très-belles, qu'elle fait chanter (& mesme qu'elle chante, car elle a la voix belle & agréable, l'entremeslant avec le luth qu'elle touche bien gentiment) à des petits enfants chantres, qu'elle a; & par ainsi elle passe son temps, & coule ses infortunées journées, sans offenser personne, vivant en vie tranquille qu'elle a choisie pour la meilleure.

Elle m'a fait cet honneur de m'escrire en son adversité assez souvent, ayant esté présomptueux d'avoir envoyé sçavoir de ses nouvelles. Mais quoy! elle estoit fille & sœur de mes Roys, & pour ce je voulois sçavoir de sa santé, dont j'en estois bien-ayse & heureux, quand je la trouvois bonne. En la premiere elle m'escrit ainsi :

Par la souvenance que vous avez de moy (qui

m'a esté moins nouvelle qu'agréable), je connois que vous avez bien conservé l'affection qu'avez tousjours eue à nostre maison, à ce peu qui reste d'un misérable naufrage, qui, en quelque estat qu'il puisse estre, sera tousjours disposé de vous servir, me sentant bien heureuse que la fortune n'ait pu effacer mon nom de la mémoire de mes plus anciens amis, comme vous estes. J'ay sçeu que, comme moy, vous avez choisi la vie tranquille, en laquelle j'estime heureux qui s'y peut maintenir, comme Dieu m'en a fait la grace depuis cinq ans, m'ayant logée en une arche de salut, où les orages de ces troubles ne peuvent, Dieu mercy, me nuire, à laquelle s'il me reste quelque moyen de pouvoir servir à mes amis, & à vous particulierement, vous m'y trouverez entierement disposée & accompagnée d'une bonne volonté.

Voilà de très-beaux mots, & voilà aussi l'estat & la belle résolution de cette belle Princesse. Que c'est que d'estre extraite d'une si noble maison, & de la plus grande du monde, d'où elle a tiré ce grand courage par succession & héritage de tant de braves & vaillants Roys ses pere, grandpere, ayeuls & ancestres! & qu'il faille, comme elle dit, que d'un si grand naufrage, elle soit seule restée, & non pourtant recognue & révérée comme elle devroit de son peuple, dont je crois que le peuple de France en pâtit (a) beaucoup en ses miseres pour ce seul sujet, & en pâtira de cette guerre de la Ligue. Mais cecy manque aujourd'huy : car par la valeur & sagesse, & beau réglement (b) de nostre Roy, jamais la France ne fut plus florissante, ny pacifique ny mieux réglée ; qui est le plus grand miracle qu'on vit jamais, estant sortie d'un si grand abysme de maux & corruptions : en quoy paroist bien que Dieu aime nostre Roy ; aussi est-il tout bon & tout miséricordieux. O ! qu'il est mal conseillé, qui se fie en l'amour du peuple d'aujourd'huy ! O ! que les Romains recognurent bien autrement la postérité d'Auguste César, de qui ils avoient receu tant de biens & de grandeurs ! & le peuple François qui en a tant receu de ses derniers Roys depuis cent ans, & mesme du Roy François I, & de Henry II, que sans eux il y a long-temps que la France seroit bouleversée sens-dessus-dessous par ses ennemis qui la guerroient pour lors.

(a) Ce n'étoit pas ce qui faisoit pâtir le peuple ; c'étoit l'ambition des grands, & leur avidité, qui se couvrant du voile de la religion, faillirent renverser la monarchie, & couvrirent la France de décombres & de ruines. Voilà les vraies causes de nos guerres civiles, & des calamités qui, pendant si long-tems accablèrent la France.

(b) Henri IV alors étoit reconnu Roi, & la nation commençoit à respirer.

& mesme l'Empereur Charles, cet affamé & ambitieux : & qu'il faille qu'ils en soient si ingrats, ces peuples, à l'endroit de leur fille Marguerite, seule & unique Princesse de France! Il est aisé d'en prévoir une ire de Dieu sur eux, puisque rien n'est tant à luy odieux, que l'ingratitude, & mesme à l'endroit des Roys & Reynes, qui tiennent icy-bas la place & représentation de Dieu. Et toy, desloyale fortune, que tu monstres bien qu'il n'y a personne tant aimée du Ciel, & favorisée de nature, qui se puisse promettre asseurance de toy, & de ton estat, pour un seul jour! Si n'as-tu pas grand honneur d'offenser ainsi cruellement celle qui est en tout parfaite de beauté, douceur, vertu, magnanimité, & de bonté en ce monde.

Tout cecy j'escrivois aux plus fortes guerres de la Ligue, qu'avons eues depuis dix ans. Pour faire fin, si je n'avois à parler de cette nostre grande Reyne ailleurs, & en d'autres discours, j'allongegerois celuy-cy le plus que je pourrois : car d'un si excellent sujet, les longues paroles n'en sont jamais ennuieuses, mais je les remettray pour ce coup en autre part.

Cependant, vivez (a), Princesse, vivez, en dé-

(a) Il ne manquoit à ce panégyrique qu'une peroraison : aussi Brantôme n'a-t-il pas manqué d'y en accoller une.

pit de la fortune. Vous ne ferez jamais autre qu'immortelle, & en la terre & au ciel, où vos belles vertus vous porteront fur leurs teftes. Si la voix ou renommée publique n'euft fait un brandon public de vos louanges & grands mérites, ou que je fuffe de ces bien-difants, je me mettrois à en dire davantage; car fi jamais fut veu au monde perfonne en figure celefte, certes vous l'eftes.

> Celle qui nous devoit à bon droit ordonner
> Ses loix, & ses Edits, & par fur nous régner;
> Qu'on verroit deffous elle un règne de plaifance,
> Tel qu'il fut fous fon frère, aftre heureux de la France!
> Fortune l'en empefche. Hé! faut-il qu'un bon droit
> Injuftement perdu par la fortune foit!
> Jamais rien de fi beau nature n'a pu faire,
> Que cette grande Princeffe unique de la France:
> Et fortune la veut totalement défaire!
> Voilà comme le mal avec le bien balance (a).

(a) « Dans tout ce difcours, auffi-bien que dans le IIIᵉ
» fur MARIE STUART, le bon Brantôme eft un véritable
» enthoufiafte, qui nous feroit de ces princeffes des faintes,
» fi nous étions d'affez bonne compofition pour l'en croire.
» On ne peut nier que Marguerite de Valois ne fût une
» très-belle femme, & qu'il n'ait eu raifon de louer fa
» bonne grace, fon bel extérieur, & même fon efprit.
» Mais quant à *fa bonté, fes mérites & fes vertus*, en
» vérité il extravague, & il n'y avoit qu'un homme encore
» enivré du fouvenir des plaifirs qu'il avoit goûtés dans

» des Cours auſſi corrompues que celles de cette Reine
» & de ſa mère, qui pût prodiguer de pareils éloges à
» une princeſſe ſi horriblement diſſolue. Quelque violent
» que ſoit le *divorce ſatyrique*, publié ſous le nom de
» Henri IV ſon mari, qui n'étoit pourtant guères plus
» ſage qu'elle, on y dépeint beaucoup plus ſincèrement
» ſon caractère; & malheureuſement pour ſa mémoire,
» c'eſt ce que ne confirment que trop bien nos plus
» ſincères & nos meilleurs hiſtoriens ». (Par rapport à cette diatribe de l'ancien éditeur des œuvres de Brantôme, nous obſerverons que le fond en eſt vrai, mais que les coups de pinçeau ſont appliqués avec trop de rudeſſe. En peignant Marguerite comme nous l'avons fait dans la notice qui précède ſes mémoires, on s'eſt conformé aux faits appuyés ſur des monumens; & c'eſt à cette notice qu'on renvoye le lecteur).

OBSERVATIONS
DES ÉDITEURS
SUR LES DAMES ILLUSTRES
DE BRANTOME.

(1) Le Maréchal Gié, célèbre par le crédit dont il jouit sous trois règnes, n'en fut point quitte pour un simple exil. Anne de Bretagne ne lui pardonnoit pas de s'être déclaré en faveur de la mère de François I, qu'elle détestoit. En conséquence elle travailla à le perdre. Il est rare que les hommes, qui ont occupé de grandes places, & sur-tout celles dont les fonctions ont des rapports avec l'administration des finances, ne soyent pas susceptibles de quelque inculpation. Leur intégrité personnelle ne les met pas à l'abri du reproche. On les rend responsables des Agents, qui les entourent. Sous ce point de vue on conçoit combien il leur est difficile d'échapper à la censure publique. Le Maréchal de Gié fut donc accusé de malversation. On le traîna comme un criminel d'Orléans à Chartres, & de Chartres à Dreux, pour y être confronté avec le Sire d'Albret. Les circonstances particulières, qui précédèrent cette confrontation, en exposant ce Seigneur

à la risée du public, aggravèrent son humiliation. La scène se passa chez le Sire d'Albret. Le Maréchal avoit une longue barbe. Soit par distraction, soit pour se mieux recueillir, il la tenoit dans ses mains, & s'en couvroit le visage. Un singe du Sire d'Albret étoit couché sur le lit de son maître. Le malicieux animal saute à bas, & se cramponne à la barbe du Maréchal, de manière qu'on eut bien de la peine a l'en arracher. Les spectateurs oublièrent en ce moment que le Maréchal Gié étoit malheureux, cet incident leur parut trop plaisant, pour ne pas se livrer à des éclats de rire immodérés. Au surplus on a droit de présumer que les preuves des prétendues concussions de l'accusé ne furent pas concluantes, c'étoit à sa tête qu'on en vouloit. Ses Juges le dépouillèrent de ses emplois, & du bâton de Maréchal de France. Pour répandre sur lui un vernis odieux, ou peut-être pour colorer la conduite qu'on venoit de tenir à son égard, on changea l'administration des finances : on destitua plusieurs Trésoriers. En confisquant les biens de ces traitans, il est très possible qu'on ait restitué à l'état le fruit de leurs brigandages. L'un d'entre eux (Jean Duplessis surnommé *Courcou*) apparemment plus coupable que les autres, fut condamné a être pendu. Selon l'usage, de grosses sommes qu'il regorgea, lui firent esquiver la corde.

D'ailleurs l'histoire atteste que *Courcou*, & ses camarades méritoient une punition exemplaire. Leurs friponneries avoient causé la ruine des armées françoises en Italie. Quant au Maréchal de Gié, l'écrivain de qui nous empruntons ces détails, convient que son véritable crime étoit d'avoir déplu à Anne de Bretagne. Ne seroit-il pas permis de conjecturer que l'Amiral (Jean Mallet Sire de Graville (par qui le Maréchal fût remplacée, n'étoit pas fâché qu'on le crût criminel. Cette manière de procéder est depuis long-tems un des articles du code des courtisans. (Extrait du XXVe. chapitre de la chronique manuscrite de France de l'an 1503 par Jean d'Authon.)

(2) Il est inutile de répéter ce qu'on a dit à ce sujet dans les observations sur les (a) mémoires du Duc de Bouillon. Nous y ajouterons qu'Anne de Bretagne, en rassemblant à la Cour de nos Rois les femmes & les filles des grands vassaux de la Couronne, ne soupçonnoit pas qu'elle préparoit un foyer de corruption dont les étincelles embraseroient la France entière. Cette Princesse vertueuse & chaste étoit loin de prévoir qu'une école de galanterie, formée en grande partie sur les principes de l'ancienne Chevalerie,

(a) Tome XLVII de la collection, page 454 & suiv.

deviendroit un cloaque de libertinage & de prostitution. Tant qu'Anne de Bretagne vécut, son exemple, & l'austérité de mœurs qu'elle afficha, conservèrent à sa Cour cette courtoisie, ce ton d'amabilité honnête, qui en étoient l'ornement. Pour qu'une femme y fût accueillie, il falloit qu'elle eût une réputation sans tache. La flétrissure seule du soupçon étoit un titre d'exclusion ; & c'est ce qu'a fort bien exprimé un de nos écrivains du seizième siecle. « La Reyne Anne Duchesse de Bretagne (a) (dit-il) & Madame Anne de France (b) Duchesse de Bourbonnois, celle-là

(a) Lisez les antiquités de Mascon dans l'ouvrage de Pierre de Saint Julien, de la maison de Balleure, doyen de Châlons, intitulé.... *De l'origine des Bourguignons, & antiquités de Bourgogne, &c. Paris Chesnau,* 1581, *in-fol.*

(b) Si l'on s'en rapportoit à Brantôme, (& on le verra plus loin à l'article d'Anne de France, plus connue sous le nom de *la dame de Beaujeu*). Elle se sentit du goût pour Louis XII, alors duc d'Orléans. On prétend que ce prince, en y répondant mal, s'attira l'inimitié de la dame de Beaujeu, & que de ce petit événement il en résulta de grands. Ce ne seroit pas la première fois que cela auroit eu lieu à la Cour des Rois ; & les grands événemens produits par les petites causes, occupent une place considérable dans les annales des nations. En supposant que la dame de Beaujeu ait eu réellement cette foiblesse passagère, l'histoire n'a pas moins rendu hommage à ses vertus. (Voyez les observations sur les mémoires de la Tremoille, Tome XIV de la collection, page 270).

» deux fois Reyne de France, & celle-cy fille du
» Roy Louis XI & régente en France pendant la
» minorité du Roy Charles VIII Son frere,
» avoient si vertueusement extirpé l'impudicité,
» & planté l'honneur au cœur des Dames, Da-
» moiselles, femmes des villes, & toutes au-
» tres sortes de femmes françoises, que celles,
» qu'on pouvoit savoir avoir offensé leur honneur,
» estoient si *ahonties*, & mises hors des rangs,
» que les femmes de bien eussent pensé faire tort
» à leur réputation, si elles les eussent souffertes
» en leur compagnie » …. A la vérité il faut
avouer que Louis XII, vertueux lui même par
principes, seconda les intentions de son épouse.
Si Charles VIII eût vécu, peut-être Anne de
Bretagne, malgré ses efforts, auroit-elle vu le désordre éclore sous ses yeux. Le jeune Monarque,
vif & pétulant, cédoit volontiers à l'impétuosité
de ses passions. Beaucaire nous apprend qu'en Italie ce Prince eut plusieurs aventures galantes; &
l'histoire dépose qu'il ne voulut pas repasser une
seconde fois les Monts, parce que l'amour le retenoit à Tours auprès d'une des filles de la Reine.
Il est clair, si Charles eût réussi dans ses poursui-
tes, que l'exemple auroit pu devenir contagieux.
Anne de Bretagne au contraire n'avoit rien de
semblable à redouter de Louis XII, son second

époux, qui se bornoit a être l'*Intendio* (a) de la belle Génoise (Thomassine Spinola). Le Monarque (b) l'aimoit, & la respectoit au point de se dessaisir en sa faveur sans murmurer, d'une portion des attributs de la souveraineté. Il savoit que cette

(a) Quand Louis XII en 1502 fit son entré à Gênes, la belle Thomassine ne put le voir, sans l'aimer. Elle le pria de lui accorder la qualité de sa maîtresse de cœur, *de sa dame Intendix :* c'est ce que les Italiens appellent *Intendio*, c'est-à-dire, selon Jean d'Authon, *accointance honorable, & aimable intelligence.* Thomassine obtint du bon Roi ce qu'elle demandoit, alors elle ne vécut plus que pour lui, & son propre *époux perdit ses droits, ce qui pourroit,* (a remarqué d'Authon), *donner à penser ce qu'on voudroit.* Mais (ajoute-t-il), les mieux instruits assurent que cet amour se renferma exactement dans les bornes du pur platonisme. La passion de Thomassine, dégagée des sens, se soutint. En 1505 le bruit se répandit en Italie que Louis XII étoit mort. La tendre & délicate *Intendix* mourut de douleur huit jours après. Le monarque par reconnoissance, ordonna à Jean d'Authon de consacrer à sa noble maîtresse les fruits de sa muse) & les vers du poëte furent gravés sur le tombeau de la défunte. Voilà ce que d'Authon nous apprend dans sa chronique manuscrite, qui mériteroit bien d'être imprimée.

(b) Louis XII ne se réduisit pourtant pas toute sa vie au rôle d'*Intendio*. Sa jeunesse fut très-orageuse, & il eut un fils naturel, nommé Michel de Buci, archevêque de Bourges.

Princesse avoit le défaut des femmes sages, celui de vouloir dominer. On lui représenta les inconvéniens de quelques actes de pouvoir exercés par elle en Bretagne. *Il faut donner quelque chose* (répondit-il avec prudence) *à la femme pudique.*

(3) Louis XII aimoit la comédie : le motif, qu'il en donnoit, fait son éloge. Il prétendoit y apprendre des vérités utiles, qu'on n'auroit pas osé lui dire en face. Il faut convenir que, si ce Monarque étoit un despote, il s'en est malheureusement fort peu rencontré qui pensassent de cette manière. D'après le récit de Jean d'Authon, il paroît que ce fut en 1504 que les comédies, dont parle Brantôme, eurent le plus de vogue. A cette époque, l'entrée de la Reine Anne de Bretagne à Paris, occasionna des fêtes (a) & des divertissemens. Alors (raconte notre Historien) *se jouerent nouvelles comédies à divers personnages, de l'Estat heureux de la France, où* (ce sont ses expressions) *l'Eglise estoit unie, Noblesse paisible,*

(a) Dans le nombre de ces fêtes il y eut des Tournois. Il étoit rare que ces parties de plaisir ne fussent pas ensanglantées. Maugiron combattant contre le sieur de Supplainville, lui passa sa lance au travers du corps. L'habitude d'être témoin de catastrophes de ce genre y rendoit insensible. Il fallut l'accident de Henri II, pour qu'on renonçât à des jeux si dangereux.

marchandise plantureuse, labeur fructifiant, justice à tous duement administrée...... A ces comédies morales & politiques qui peignoient la situation de la France sous le règne *du Père du peuple*, succédèrent bientôt des pièces plus gaies & plus libres. Du sarcasme, on passa à la satyre : c'est là la marche de l'esprit humain. On commença par s'égayer sur le compte du pauvre Maréchal de Gié, & sur celui des Traitans; ensuite on n'épargna plus personne. Louis XII (comme l'a écrit Brantôme) ne s'offensa point de la liberté, ou plutôt de la licence que prirent à cet égard les Ecoliers & les Clercs du Palais. Pourvu qu'on respectât l'honneur de la Reine, il permettoit tout. Louis cherchoit à savoir la vérité, afin d'en profiter; il avoit pour principe que la calomnie ne se soutient pas, & que le mépris public en fait justice. Au surplus, sa cour ne fut pas le seul lieu de l'Europe, où ces comédies furent jouées. Les Acteurs, à qui le jeu plaisoit, allèrent jusqu'à Rome ; *& Dieu sçait* (raconte encore d'Authon) *quels lardons ils y semerent : il n'y eut Pape, ni Cardinal, ni Empereur à qui ils ne jetassent une pierre en leur jardin; & tant en firent qu'à la fin leurs jeux furent interdits, & iceux à la fin punis......* Cela devoit être ; car, à moins d'être foux, ces plaisans pouvoient-ils espérer qu'on trouveroit par-tout des Louis XII ? (Extrait du premier chapitre

chapitre de la deuxième partie de la Chronique manuscrite de Jean d'Authon.)

(4) Le dernier Editeur des Mémoires de Brantôme, en parlant du *Discours merveilleux de la vie, actions & déportemens de la Reyne Catherine de Médicis*, observe que les uns l'ont attribué à Beze, d'autres à de Serres, mais que probablement il appartient à Henri Estienne. *Certainement* (ajoute-t-il) *l'ouvrage est de main de maître ; & quoi qu'en dise Brantôme, beaucoup de gens le préféreront sans doute à son panégyrique.* Quand nous (a) avons discuté tout ce qui a rapport à ce libelle (car c'est-là son vrai titre), on a énoncé la diversité des opinions ; & on a eu soin d'en comparer les résultats. On a terminé la discussion par un passage de David Ancillon, qui nous semble susceptible de quelques réflexions en ce qui concerne personnellement les Mémoires de Brantôme. Ancillon prétend que, pour savoir l'Histoire de Catherine de Médicis, ce sont ces Mémoires qu'il faut lire. Nous en convenons quant à la partie anecdotique de la vie privée de cette Princesse : mais veut-on étudier son administration, démêler les ressorts que sa politique astucieuse fit jouer, & sonder les replis de cette ame ambitieuse, ce sont

(a) Voyez les observations sur les mémoires de Castelnau, Tome XLI de la collection, page 342 & 343.

les écrits, & les monumens du tems qu'on doit interroger. Ses actions, étayées sur des preuves authentiques, forment les véritables pièces du procès. Or rien de tout cela n'existe dans les Mémoires de Brantôme ; & il est aisé de s'en convaincre en les rapprochant seulement de notre travail sur ceux de Castelnau.

(5) Dans plusieurs des Mémoires (a) qui ont précédé, il a été question de l'entrevue de Bayonne, & de la magnificence des fêtes que l'on y donna. On a joint quelques développemens au récit qu'en a fait Marguerite (b) de Valois. Nous allons suppléer le plus briévement possible aux omissions qui ont pu nous échapper. Comme ces détails ont des rapports essentiels avec l'histoire des mœurs du tems, ils nous semblent dignes de l'attention du Lecteur. La relation d'un contemporain (c), qu'on ne lit plus aujourd'hui, nous offre plusieurs

(a) Lisez particulièrement ceux de Castelnau, Tome XLIV de la collection, page 155 ; dans ce même volume, (page 415), on a considéré l'entrevue de Bayonne sous ses rapports politiques ; & nous croyons que les résultats s'y trouvent suffisamment indiqués.
(b) Tome LII de la collection page 150 & 151.
(c) Ample discours de l'arrivée de la Reine catholique, sœur du Roi à Saint Jehan de Luz, de son entrée à Bayonne, & du magnifique recueil qui lui fut fait, &c. à Paris chez Dallier, à la rose blanche 1565.

faits intéreffans en ce genre. « *La Reyne d'Espagne*
« (nous apprend-il) *avertie que* Leurs Majeftés fe
» rafraîchiffant fous la frefcade, l'attendoient, par-
» tant *d'Eyron* environ une heure après-midy,
» fut montée fur une haquenée enharnachée de
» velours noir à boucles d'argent, & houffée de
» pareil velours, enrichi de fines & belles perles,
» avec les chiffres & devifes du feu Roy Henry
» fon pere, de laquelle *Monfieur*, fon frere, luy
» fit lors préfent; & defcendant du bourg *d'Eyron*
» vers la riviere de *Marguery*, fut apperçue de
» la Reyne fa mere, laquelle foudain s'avança,
» s'embarqua, & paffa la riviere pour l'aller faluer
» & recevoir jufques de-là l'eau, accompagnée de
» Madame la Princeffe de la Roche-fur-Yon, &
» de Meffieurs les Cardinaux de Guife, de Strozzi,
» & de M. le Maréchal de Bourdillon. La Reyne
» Catholique (a), à fa rencontre, s'inclina fi bas
» qu'elle fe profterna à fuffire pour baifer le genouil
» à fa mere; ce que toutesfois ne luy fut permis
» par Sa Majefté; ains fut foudainement relevée,
» & après s'être entrebaifées par trois ou quatre
» diverfes fois, fe prindrent toutes deux à pleurer
» fi tendrement, qu'arrivantes à la riviere, à peine
» avoient-elles encore les yeux bien affeichés… »

(a) Elifabeth, fille de Henri II, & femme de Philippe II,
Roi d'Efpagne.

L'Auteur de la relation passe ensuite à la description des fêtes, & spécialement à celle *d'une course de bague, dont le prix* (dit-il) *d'une table de diamant de la valeur de six cent ducats, fut donné par la Reyne Catholique......les Mestres-de-Camp étoient le Duc de Montpensier, & le Prince de la Roche-sur-Yon.* L'Auteur ajoute que ceux qui coururent la bague, se divisoient en six bandes. Le Roi & le Duc d'Anjou conduisoient la premiere, composée de douze Chevaliers, habillés les uns à l'Egyptienne, les autres à la Moresque, ceux-cy suivant l'ancien costume François, ceux-là à l'Espagnole. A la tête de la seconde marchoit le fils du Duc de Montpensier : elle étoit habillée à l'Amazone, vêtue de toile d'or & d'argent, & de satin bleu. La troisième, que conduisoit le Duc de Guise, *vêtue à la Tartare, portoit morion en tête, & grande tarque en main gauche dont sortoit feu artificiel.* La quatrième, menée par le Duc de Longueville, étoit en habit blanc & violet, *en forme d'Anges, portant ailes de papillons sur le dos.....* Le Duc de Nemours conduisoit la cinquième, habillée en Nymphes, *& montée sur chevaux blancs. Avant qu'entrer en lice, le Duc envoya un trompette vêtu de satin blanc, & un Nain accoustré de toile d'argent, porter un cartel à la Reyne Catholique...* La sixième, ayant pour chef le Duc de Nevers, étoit vêtue à

la Moresque, & *portoit des rondelles & lances à feu, garnies de plusieurs fusées, & autres feux artificiels rendant une odeur moult souefve*...... Les tenans des cinq dernières bandes étoient au nombre de six Chevaliers; & la totalité avoit un masque sur le visage. « Toutes les cérémonies (continue l'Auteur de la relation) « & solemnités
» en tel cas requises & accoustumées, y furent
» soigneusement observées. Le Roy en ses quatre
» courses ne donna qu'une atteinte, & Monsieur
» son frere mit une fois dedans la bague : mais
» le prix fut emporté, & la bague gaignée par le
» sieur de la Chastre, Gentilhomme de la Chambre du Roy, & Lieutenant d'une Compagnie
» de cinquante hommes d'armes, lequel estant
» de la compagnie de Sa Majesté, mit dedans
» la bague trois fois de suite, & la quatrieme y
» donna une bonne atteinte ; tellement que le
» prix fut adjugé par les susdits Mestres-de-camp
» autres Juges à ce établis, & ordonnés par Sa
» Majesté, & à luy délivré par une des Damoiselles de la Reyne Catholique : mais si-tost
» qu'il l'eut pris & reçu, il l'alla présenter à une
» Damoiselle Espagnole, qui est fille de la Duchesse d'*Essuma* des plus favorites de la Reyne
» Catholique........» Au récit de cette course de bague nous joindrons celui du tournois de Bayonne, dont un autre témoin oculaire nous a transmis la

description.... « En ladite ville (raconte-t-il (a))
» le Roy fit préparer un beau & grand champ,
» à l'encontre duquel il y avoit de beaux théâtres
» pour mettre les Dames & Damoiselles, & au
» bout d'iceluy y avoit un grand portail pour
» faire entrer les compagnies, lequel fut ouvert
» le Lundy (25 Juin 1565); dans lequel y avoit
» environ vingt-cinq Mestres-de-camp à cheval,
» l'épée nue au poing, tous habillés d'une parure
» qui estoit de toile d'or, lesquels estoient les
» Princes & Grands Seigneurs ; & audit combat
» n'avoit que deux compagnies, qui estoit celle
» du Roy & de Monsieur son frere, & en cha-
» cune compagnie n'avoit que huit hommes
» d'armes bien en point avec leurs *coustilles*.
» La compagnie du Roy commença ; & entra
» un beau, grand (b) & riche chariot triomphal,
» tout revestu de toile d'or, lequel cheminoit

(a) Voyage de Charles IX, par Abel Jouan, (Tome I,
du recueil de pièces fugitives pour servir à l'Hist. de France,
page 26).

(b) On peut comparer le récit de cette fête avec la relation de celle qui précéda le massacre de la Saint Barthélemi.
L'une & l'autre furent le prélude de scènes horribles &
ensanglantées. (Voyez la description de cette fête célébrée
pour les nôces de Henri IV, avec Marguerite de Valois,
dans les observations sur les mémoires du maréchal de
Tavannes, Tome XXVII de la collection, pag. 445).

» dans les nuës, & estoit mené avec quatre belles
» haquenées blanches : au plus haut d'iceluy
» estoit la Déesse *Venus* tenant son brandon de
» feu, & au plus bas estoient de jeunes enfants
» habillés en *Mercures*, chantant, & en faisant le
» tour du camp. La Déesse envoyoit d'échaffaut
» en échaffaut par ses *Mercures* les faveurs de
» celuy pour qui estoit ledit charriot, aux Dames
» & Damoiselles tant d'Espagne que de France :
» puis quand ledit charriot eut fait le tour du
» camp, il se retira à un des bouts d'iceluy. Puis
» entra l'autre charriot du costé de *Monsieur*, tout
» de mesme que l'autre, fors les couleurs qui
» estoient différentes : car ils estoient revestus de
» toile d'argent, au haut duquel estoit *Cupido* le
» Dieu d'Amours, avec autres *Mercures*, qui
» tous alloient chantans.... La compagnie du Roy
» entra la premiere, & celle de *Monsieur* de
» l'autre costé, lesquelles le Roy & *Monsieur*
» conduisoient en armes, & se combattirent à
» l'épée seulement ; & dura ledit combat (a) bien

(a) Le combat se faisoit ainsi : les chevaliers rompoient leurs piques l'une contre l'autre. Ensuite ils se frappoient à coups d'épée, & on les séparoit ; le tenant se retiroit : l'assaillant le poursuivoit. Une troupe de diables s'emparoit de sa personne, & il restoit prisonnier ; tous les chevaliers ayant subi le même sort, le duc d'Anjou voulut les délivrer ; & après de grands exploits, il disparut dans une

» trois heures ; à l'issue d'iceluy l'on fit tirer
» grande quantité d'artillerie, & feux artifi-
» ciels......» Il nous semble que ces détails suffi-
sent pour que le Lecteur se forme une idée de
ces fêtes de Bayonne. Pendant dix-sept jours que
la Reine d'Espagne resta dans cette ville, ce ne
fut qu'une variété de jeux & de divertissemens.
On conçoit aisément l'énormité des dépenses qui
en résultèrent. Il ne faut pas perdre de vue qu'on
sortoit des horreurs d'une guerre civile, *qui (selon
l'expression de (a) Castelnau) n'avoit esté de cent
ans en France plus cruelle.* Peut-être croyoit-on
par-là en imposer au peuple : mais le remede
étoit pis que le mal, puisqu'il l'aggravoit. Considere-t-on encore les suites désastreuses de ces
fêtes, qui parurent n'être qu'un prétexte pour couvrir des projets de destruction, & de carnage ? on
ne peut les envisager qu'avec effroi. Le Philosophe
sévère les réprouve, en frémissant ; & l'homme
sensible s'attendrit sur le sort des Nations, qu'on

———

nuée. Le Roi, à qui la victoire étoit reservée, tua un
géant prétendu, qui détenoit les chevaliers en prison.
Charles IX devint alors leur libérateur ; ainsi que d'un
grand nombre de demoiselles également prises par le géant.
(Extrait de l'ample discours de l'arrivée de la Reine catholique, à Bayonne, &c.

(a) Mémoires de Castelnau, Tome XLIV de la collection,
page 48.

ruine, & qu'on dévoue à tant de calamités. Ces réflexions sont bien opposées au ton d'admiration avec lequel Brantôme parle de ces fêtes. Le Lecteur jugera si le *tort est de notre côté, ou du sien*.

(6). Dans la dernière édition des Œuvres de Brantôme, publiée en 1787 par Bastien, outre la mutilation de beaucoup de noms, qu'il a fallu restituer, il se trouve une omission importante. Elle concerne Charlotte de Clermont, mariée d'abord à N. d'Amoncour, Sieur de Montigny-sur-Aube, & en secondes noces à Jean *d'O*, Seigneur de *Manou*, Chevalier des Ordres du Roi.

Quant à la Dame de *Montlor*, & non pas de *Montros*, sœur de celle dont on vient de parler, elle s'appelloit Diane de Clermont; & elle avoit épousé Flory-Louis de Vesc & de Montlor. (Add. aux Mémoires de Castelnau, par le Laboureur, tom. 1, liv. 1, pag. 314.)

(7) L'ancien Editeur des Œuvres de Brantôme, sans entrer dans aucune discussion, renvoye le Lecteur au premier volume des Mémoires de l'Etat de France, imprimés en 1577 sous le titre de Middelbourg. On y trouvera (remarque-t-il) le contraire de tout ce que Brantôme dit, spécialement ces vers érotiques adressés par Marie Stuart au Comte de Bothwel, vers que Brantôme

prétend n'avoir point été faits par cette Princesse. C'est, comme on le voit, résoudre la difficulté en peu de mots. Mais l'écrit invoqué par l'Annotateur est-il un de ces monumens dont la véracité soit à l'abri de toute contestation ? Voilà la question qu'il auroit fallu examiner préalablement. Evalue-t-on cet écrit que l'Editeur, sans doute prisoit beaucoup : on ne peut disconvenir que ce ne soit une de ces productions satyriques, un de ces libelles diffamatoires, qu'enfantent dans tous les tems l'esprit de parti, & la haine. Au milieu de quelques faits véritables qu'il renferme, on y a semé une foule de traits calomnieux & mordants. Cette pièce, insérée dans le recueil (a) cité ci-dessus, est intitulée.......*Histoire tragique de Marie Reine d'Ecosse, touchant la conjuration faite contre le Roy son mari mis à mort, & l'adultere par elle commis avec le Comte de Bothwel....* Le titre seul équivaut à un extrait; & on devine aisément avec quelle amertume la mémoire de Marie Stuart doit y être outragée. Enfin on a la clef de l'ouvrage, quand on sait que c'est la traduction Françoise de l'original Latin attribué à l'Ex-Cordelier Buchanan. Comme on reviendra plus loin sur cet article (b), on se bornera en ce

---

(a) Tom. I, (de l'édition de 1579) fol. 81.
(b) Lisez l'observation qui suit, n°. 9.

moment à considérer, si les vers dont il s'agit, & qu'on impute à Marie Stuart, lui appartiennent, ou non. Brantôme se déclare pour la négative; & il s'étaye sur l'opinion de Ronsard, conforme à la sienne. La grande preuve, qu'ils articuloient, étoit fondée sur l'infériorité de ces vers comparés à ceux qui sont connus pour être sortis de la plume de Marie Stuart. Il s'en faut bien que ce raisonnement en fait de critique soit péremptoire. Il y a peu d'Ecrivains célèbres dont on ne puisse citer des productions indignes des chefs-d'œuvres qu'ils ont publiés. Homere n'a-t-il pas dormi quelquefois? D'ailleurs, la transplantation de Marie dans une terre étrangère, le changement d'habitudes & de manière de vivre formoient autant de causes propres à influer sur les conceptions de son esprit, & particulièrement sur cette finesse de tact qui constitue le goût. Enfin existe-t-il une différence aussi remarquable, que Brantôme l'assure, entre les productions poétiques qu'on avoue lui appartenir, & ces vers prétendus, que dans le délire de l'amour elle auroit adressés à Bothwel? Pour que le Lecteur en juge, nous placerons ici un fragment de ces vers qu'elle composa (dit-on (a))

(a) Histoire tragique de la Reine d'Ecosse, Tome I, des mémoires de l'Etat de France sous Charles IX, fol. 122, verso, & fol. 123.

en forme de Sonnet avant la mort de Henri *Darnley* son époux.

    O Dieu ayez de moi compassion,
    Et m'enseignez quelle preuve certaine
    Je puis donner, qui ne lui semble vaine,
    De mon amour, & ferme affection.
    Las ! N'est-il pas jà en possession
    Du corps, du cœur qui ne refuse peine,
    Ni déshonneur en la vie incertaine
    Où de parens je n'ai l'affection !
Pour lui tous mes amis j'estime moins que rien ;
Et de mes ennemis je veux espérer bien :
J'ai hasardé pour lui & nom & conscience :
    Je veux pour lui au monde renoncer ;
    Je veux mourir pour le faire avancer :
    Que reste plus pour prouver ma constance !

* * * * * * *

    Mon cœur, mon sang, mon ame, & mon souci,
    Las ! Vous m'avez promis qu'aurions plaisir
    De deviser avec vous à loisir
    Toute la nuit où je languis ici....

* * * * * * *

Au surplus, il nous semble aussi difficile de démontrer rigoureusement que la Reine d'Ecosse soit l'Auteur de ces vers, que si on vouloit prouver l'authenticité de sa correspondance épistolaire avec Bothwel. En effet objectera-t-on que cette correspondance a acquis un caractère légal, parce qu'elle a été produite dans l'instruction de son procès ?

Nous répondrons que ce ne seroit pas la première fois que des pièces, évidemment controuvées auroient été administrées sous les yeux de la Justice comme des moyens de conviction contre un criminel; & ce qu'il y a de vrai, c'est que, malgré ces Lettres qui attestent l'adultere de Marie Stuart & sa complicité dans l'assassinat de son mari, on n'osa pas la déclarer atteinte & coupable de ces deux crimes. L'histoire (a) nous apprend que les Lettres, dont il s'agit, avoient été tirées d'un coffre que cette Princesse tenoit originairement de François II, & qu'on enleva au Comte de Bothwel à qui elle l'avoit donné. En général, quand il est question de personnages victimes de la haine d'une faction, les conjectures s'offrent en foule, mais la vérité reste enveloppée au milieu des nuages, que la calomnie & la haine ont eu soin d'amonceler autour d'elle.

(8) L'annotateur des mémoires de Brantôme ne ménage pas Marie Stuart sur cet article. Voici les termes dans lesquels il s'exprime..... *David Rizzo, musicien Italien, dont Marie s'amouracha, & que son mari fit expédier. Le bon Brantôme passe là dessus comme sur braise, & n'a garde de nous dire le honteux sujet de cette mort. Il va faire*

___
(a) Lisez l'Histoire de Marie Stuart, Reine d'Ecosse & de France, &c. Londres, 1742; trois vol. *in-12.*

de même de l'assassinat de ce malheureux Roi, par ordre de cette sainte femme...... Ceux qui ont lu l'ouvrage de Buchanan, indiqué dans l'observation précédente, reconnoîtront aisément à l'âcreté de cette note critique qu'elle a été calquée sur l'ouvrage même de Buchanan. Si l'annotateur eût daigné consulter les monumens, il n'auroit pas adopté aveuglément toutes les imputations odieuses dont il accable Marie Stuart. Nous croyons que le lecteur acquerra la preuve de ces assertions, en recourant au travail que nous avons fait sur les mémoires (a) de Castelnau. Il y verra l'inconsidération de la Reine d'Écosse, lorsqu'elle partagea son lit & son trône avec Henry *Darnelay* son cousin. Il y verra ce tissu d'inconséquences, & cette perpétuelle légèreté d'esprit, qui la conduisirent, sinon à commettre elle-même des crimes, au moins à en paroître la complice. Il y verra enfin que ceux qui étoient les plus intéressés à décrier cette Princesse, ne lui ont point reproché de s'être prostituée au musicien David Ritzio, & que la véritable tache, dont sa mémoire doit être souillée, c'est d'avoir reçu dans ses bras *Jacques Hepburne, Comte de Bothwel*, l'assassin juridiquement prouvé d'un époux, qu'elle haïssoit autant qu'elle l'avoit aimé précédemment.

(a) Tome XLIV de la collection, pag. 406 & suiv.

(9) L'Ecossois George Buchanan fut d'abord Cordelier en France. De-là il passa à l'éducation du Comte de Brissac. Né avec un génie ardent, fier & pénétrant, afin de tout savoir, il voulut tout apprendre. La doctrine du protestantisme lui parut digne de son attention. Il ne tarda pas à en devenir le prosélyte & le défenseur. Si l'on s'en rapporte à quelques-uns de ceux qui ont écrit sa vie, l'apostasie fut chez lui moins le fruit de la conviction, que de l'amour de la nouveauté & de l'indépendance. La dissolution de mœurs (a), qu'on lui reproche, ne permet guères de croire qu'il ait été déterminé à un pareil changement par ces syndérèses de la conscience qui tourmentent l'homme véritablement pieux, & le portent à se ranger sous la bannière de la vérité, si-tôt qu'il l'entrevoit. On s'accorde généralement sur les talens de Buchanan, & sur les connoissances littéraires qu'il avoit acquises. Plus il étoit spirituel & instruit, plus son inimitié devenoit redoutable. Marie Stuart l'éprouva. Peut-être un motif, dont pour l'honneur de l'humanité l'histoire n'offre que trop d'exemples, contribua-t-il à rendre Buchanan plus acharné à poursuivre cette princesse. Il lui avoit obligation de la vie. Sans elle, en

(a) Nous citerons particulièrement les additions aux mémoires de Castelnau par le Laboureur, Tome I, page 527.

qualité d'hérétique, & de moine apostat, son bûcher étoit préparé : s'il y a des hommes pour qui la reconnoissance est un poids insupportable, il est permis de croire que Buchanan étoit du nombre. A peine échappé de l'*autodafé* que le régime persécuteur lui destinoit, il courut en Ecosse prêcher contre l'obéissance due à sa Souveraine, & à sa Libératrice. Voilà au moins ce dont les Catholiques l'accusent. Les Protestans répondent que Buchanan, entraîné par son zèle pour la vérité, & ne voyant rien au-dessus de Dieu & de sa conscience, sacrifia à ces sublimes considérations tout ce qu'il devoit à Marie Stuart. Cette question n'étant point de nôtre ressort, & nous résumant à ce qui est purement historique, nous dirons que Buchanan dans les écrits, qu'il a avoués, a traité Marie Stuart avec une sévérité farouche. Mais il a marqué du sceau de l'animosité & de l'emportement l'ouvrage dont la traduction françoise a été insérée dans le recueil indiqué ci-dessus. (a), sous le titre d'*Histoire tragique de Marie, Reine d'Ecosse*. Buchanan, à qui on l'attribue (car l'auteur, quel qu'il soit, a gardé l'anonyme), publia cet écrit (b) en 1572, afin

(a) Mémoires d'Etat de France sous Charles IX, Tome I, &c.

(b) Voici le titre de cet *in-8°*.... *De Maria Scotorum Regina, totaque ejus contra regem conjugem conspiratione*,

qu'il

SUR LES DAMES ILLUSTRES. 433

qu'il produisît l'effet qu'on en attendoit; il semble qu'on s'y soit efforcé d'accumuler sur cette Princesse l'assemblage de tous les crimes. L'ouvrage en question a été réimprimé à Londres en 1725 (a), dans une collection d'écrits relatifs à l'histoire de Marie Stuart. On a cependant eu la bonne foi d'y insérer la plupart des apologies composées en sa faveur. Telles sont, entr'autres, celles de Belleforest (b), de Turner (c), & d'Adrien Blackwood (d). Ce n'est pas que toutes ne portent

fœdo cum Bothuelis adulterio, &c. Historia.... On a réimprimé cet écrit virulent dans les œuvres de Buchanan à Edimbourg en 1716, *in-fol.* Buchanan mourut en 1582.

(a) Le docteur Samuel Jebb, fut l'éditeur de ce recueil, qui est intitulé.... *De vita & rebus gestis Mariæ Scotorum regina Scriptores XVI, junctim edidit Latino & Gallico sermone exaratos editosque Samuel Jebb. Londini 1725,* 2 vol. in-fol.

(b) L'innocence de la très-illustre & très-chaste princesse, Marie Stuart, Reine d'Ecosse, douairière de France, où sont refutées les calomnies d'un livre secrettement divulgué en France en 1572, touchant la mort du sieur Darley, son époux, &c. Lyon de Tournes 1572, *in-8°.*

(c) *Maria Stuarta regina Scotiæ vindicata & innocens à cæde Darleiana, autore Oberto Barnestapolio. Ingolstadii, 1588, in-8°.*, il y en a eu une traduction françoise en 1589.

(d) Martyre de la Reine d'Ecosse, douairière de France, contenant le vrai discours des trahisons à elle faites à la

Tome LXIII. E e

l'empreinte de l'exagération, & le cachet du fanatisme. On sait qu'il faut interroger d'autres monumens, pour s'instruire des malheurs & des fautes de Marie Stuart. L'histoire place sur la même ligne les libelles & les panégyriques. Les uns recelent la calomnie & la satyre. Les autres déguisent la vérité par le ton d'enthousiasme & d'adulation, qui les rend suspects à juste titre. Veut-on consulter des dépôts respectables. Il faut lire, par rapport à Marie Stuart, l'histoire de M. de Thou (a), les recherches d'Estienne Pasquier (b), l'histoire d'Ecosse par Robertson, & celle d'Angleterre par David Hume (c). Au surplus, tout ce qui concerne cette Reine infortunée, ne tenant qu'incidentellement à notre histoire, nous nous renfermerons dans cette série d'indications.

(10) Avant de parler de ces Commissaires, & de l'objet de leur mission, nous remonterons un peu plus haut. Il en va résulter quelques dévelop-

suscitation de la Reine Elisabeth, & sa justification des accusations tramées contr'elle (par Adrien Blackwood), Edimbourg 1587, *in-8°*.

(a) Liv. XXIX.
(b) Chap. XV de son sixième livre.
(c) Si l'on joint à ces écrits l'histoire de Marie Stuart, par MM. de Marsy & Fréron, il faut lire les éclaircissemens de M. Simonnet sur cette histoire dans le journal de Verdun, Février 1742.

pemens essentiels pour suppléer au récit de Brantôme. Après la déroute du parti de Marie à *Langside*, cette Princesse (a) se sauva en Angleterre. A peine fut-elle à *Carlisle*, qu'elle put calculer les suites de son imprudence. Détenue dans cette ville, Marie réclama vainement les droits sacrés de l'hospitalité. Elizabeth avoit juré sa perte; & l'action du drame devoit se prolonger, avant que la catastrophe amenât le dénouement. Marie dans son affliction ne manqua pas de s'adresser à la Cour de France, qui, sous tous les rapports, s'intéressoit à sa sûreté. Malgré les guerres civiles qui agitèrent continuellement le règne de Charles IX, le Monarque ne perdit point de vue Marie dans sa prison. Ses Ambassadeurs à Londres eurent ordre de veiller à sa conservation, & à la défense de cette Princesse. Aidée de leur crédit, elle échappa aux divers piéges qu'alors on lui tendit. Tel fut par exemple l'hymen, que le Duc de Norfolck lui proposa à l'instigation de ses ennemis personnels, & de ceux de Marie. Ce Seigneur Anglois, qu'on trompoit, y perdit la tête, sans que le contre-coup pût

(a) Le précis historique qu'on va lire, est l'analyse de toutes les pièces qui ont rapport à ce grand événement, & que le Laboureur a rassemblées dans le Tome I de ses additions aux mémoires de Castelnau, depuis la pag. 555 jusqu'à la pag. 649, inclusivement.

atteindre celle à qui on en vouloit directement. L'ambassadeur François, à cette époque, étoit Bertrand de Salignac, Seigneur de la Mothe Fenelon; & on voit dans sa correspondance l'activité & le zèle avec lequel il stipula les intérêts de cette Princesse. De-là provinrent momentanément des adoucissemens à sa captivité. Mais en modifiant la rigueur de sa prison, on avoit soin, pour tenir les esprits en haleine, de la rendre responsable des projets de ceux qui essayoient de briser ses fers. Le terme de l'ambassade de Salignac expira : il fut remplacé par Castelnau, l'auteur des mémoires qu'on a publiés. Marie ne s'apperçut pas de la perte qu'elle venoit de faire. Les talens & la probité du successeur de Salignac devoient la rassurer; & Castelnau le lui prouva par les faits. Tandis qu'Elisabeth l'amusoit ainsi que sa prisonniere, par de feintes négociations que ses ménées en France & en Ecosse faisoient échouer, la trame de noirceur s'ourdissoit en silence. Des conspirations vraies ou fausses se succédoient journellement. Quand ceux qui gouvernent ont besoin de ce ressort, ils en multiplient l'action, & alors le soleil ne semble se lever que pour éclairer de nouveaux complots. On ne manquoit pas d'y impliquer Marie. Sous ce prétexte le recouvrement de sa liberté s'éloignoit de plus en plus. La faction d'Elisabeth en Ecosse la fit enfin arriver au but où elle tendoit. On força le jeune Roi, fils de Marie, à signer un traité d'alliance avec l'Angleterre. C'étoit là ce qu'attendoit Elisabeth. Au même inſtant Marie fut reſſerrée plus étroitement. On la transféra au Château de *Thentbury* ſous la garde d'*Amias Powlet*, gouverneur de *Jerſey*. Ce perſonnage, né pour être geolier, avoit une férocité de caractère digne de l'emploi dont on le chargeoit.

Caſtelnau cependant étoit loin d'abandonner une Princeſſe malheureuſe, & que ſa Cour lui avoit fortement recommandée. A force de négocier, il parvint à lui procurer l'ombre de la liberté, & l'eſpoir ſéduiſant d'en jouir réellement. La réputation de Caſtelnau, & ſa dextérité dans les affaires en impoſoient à Eliſabeth, & déconcertoient ſouvent ſes projets. Malheureuſement pour Marie les circonſtances le rappellèrent dans ſa patrie. Ce fut là le prélude de la ſcène tragique, qui bientôt s'ouvrit. Le ſucceſſeur de Caſtelnau (le ſieur de Chateau-neuf) ſuivit courageuſement les traces de ſon dévancier. Le malheur des tems rendit ſes efforts inutiles. Il faillit même être victime de ſon zèle. Une conſpiration (car il en écloſoit ſans ceſſe de nouvelles) ſe manifeſta. On y enveloppa des Trappes le ſecrétaire de l'Ambaſſadeur François; & il ſeroit devenu partie lui-même dans le procès, s'il n'eût pas allégué les privilèges du

E e iij

Corps Diplomatique. A la fin le coup de théâtre, arrangé de longue main, se réalisa. Par le moyen de cette conspiration prétendue, dont les agens étoient payés, Marie fut regardée comme ayant voulu attenter aux jours d'Elisabeth. On avoit gagné son secrétaire *Nau*, François d'origine, pour déposer contre elle. On nomma une commission à l'effet d'instruire la procédure, & de juger la Reine d'Ecosse. Le Laboureur nous a conservé les noms (a) des membres de cette commission. Elle prononça que Marie Stuart étant atteinte & convaincue d'avoir conspiré contre l'Etat & la personne d'Elisabeth, & ayant eu le dessein de transporter ses droits sur le Trône d'Angleterre au Roi d'Espagne, elle méritoit la mort. Dès qu'on fut instruit en France de l'accusation intentée, Henri III dépêcha Bellievre à Londres, pour solliciter en faveur de Marie. L'agent du Monarque François n'épargna ni peines, ni soins. Mais que pouvoit le talent d'un envoyé à cette époque désastreuse, où son souverain aux prises avec la ligue, étoit sans pouvoir, sans crédit effectif, & sans considération dans toute l'Europe? Le concours des événemens favorisoit la politique barbare d'Elisabeth. Il lui falloit du sang; & Marie monta sur l'échafaud.

(a) Tome I de ses addit. aux mémoires de Castelnau, page 644.

Pour couronner l'œuvre, Elifabeth habile à jouer toutes fortes de rôles, prétendit n'avoir point délivré l'ordre muni de fon fceau pour exécuter *fa bonne fœur*. Le fecrétaire Davidfon, qui en avoit été le porteur, fut pourfuivi en juftice à ce fujet. Sa réputation d'honnête homme ne l'empêcha point d'être la victime de cette nouvelle iniquité. Après avoir langui dans les cahots, il fe vit difgracié (a) pour toujours. Elifabeth croyoit par-là en impofer au public. Elle fe trompa. L'homme en place fe couvre vainement d'un mafque : la vérité le lui arrache; & la poftérité en fait juftice. Auffi ce trait de la vie d'Elifabeth déshonore-t-il l'hiftoire de fon adminiftration. Le fupplice infligé à Marie (b) fut l'ouvrage de la vanité outragée, & d'une vengeance puérile. Loin de reconnoître dans cet acte le genie fier & mâle d'Elifabeth, on n'y trouve que la colère, & la méchanceté d'une femmelette.

(11) Parmi les lettres, que Marie dans ce moment terrible écrivit, nous avons diftingué celle

(a) Hift. d'Ecoffe par Robertfon, Tome III, Liv. VII, page 286.

(b) On avoit trouvé dans le nom de Marie Touchet... *Je charme tout...* Les beaux efprits de France trouvèrent dans celui de Marie Stuart après fa mort... *Tu as martyre....*

qui est adressée (a) à Henri III. Nous présumons qu'on ne la lira pas sans intérêt............

M. MON BON FRERE,

» Etant par la permission de Dieu pour mes
» péchés, je crois, venue me jeter entre les bras
» de cette Reine ma cousine, où j'ai en beaucoup
» d'ennuis passé plus de vingt ans, je suis enfin
» par elle & ses estats condamnée à la mort ; &
» ayant demandé mes papiers ôtés par eux, pour
» faire mon testament, je n'ay sçu rien retirer qui
» me servît, ni congé de faire un libre testament,
» ni qu'après ma mort mon corps fût transporté,
» selon mon désir, en votre Royaume, où j'ay eu
» l'honneur d'être Reine, votre sœur, & ancienne
» alliée.

» Ce jourd'hui après dîné m'a esté dénoncé, sans
» plus long respect, ma sentence, pour être exé-
» cutée demain comme une criminelle à huit
» heures du matin. Je n'ai eu loisir de faire am-
» ple discours de tout ce qui s'est passé ; mais s'il
» vous plaît croire mon Médecin, & ces autres
» miens désolés serviteurs, vous oyrez la vérité ;
» & que grace à Dieu je méprise la mort, & fidè-
» lement proteste de la recevoir innocente de
» tout crime (quand je serois leur sujette, ce que

(a) On l'a tirée d'un recueil de lettres de cette princesse, imprimé à la suite des mémoires de Melvil, (Tom. III de l'édition d'Edimbourg, 1745, page 318).

» je ne fus jamais) pour la Religion Catholique,
» & le maintien du droit que Dieu m'a donné à
» cette Couronne : voilà les deux points de ma
» condamnation : & toutesfois ne me veulent
» permettre dire que c'est pour la Religion que je
» meurs, mais pour crainte du change de la leur :
» pour preuve, ils m'ont ôté mon Aumônier,
» lequel, bien qu'il soit en la maison, je n'ai pu
» obtenir qu'il me vînt confesser ni communier
» à ma mort, mais m'ont fait grande instance de
» recevoir la consolation & doctrine de leur Mi-
» nistre amené pour ce fait. Ce porteur, & la
» compagnie, la plupart de vos sujets, vous té-
» moigneront mes déportemens en ce mien acte
» dernier. Il reste que je vous supplie comme
» Roy très-Chrestien, mon beau-frere, ancien
» allié, & qui m'avez fait tant d'honneur de pro-
» tester de m'aimer, qu'à ce coup vous fassiez
» preuve en tous ces points de votre vertu ; l'un
» par charité me soulageant de ce que, pour me
» décharger de ma conscience, je ne puis sans
» vous, qui est de récompenser mes serviteurs dé-
» folés, leur laissant leurs gages ; l'autre faisant
» prier Dieu pour une Reyne qui a esté nom-
» mée très-Chrestienne, & meurt Catholique,
» & dénuée de tous ses biens. Quant à *mon fils*,
» *je vous le recommande autant qu'il le méritera,*
» *car je n'en puis répondre.* De mes serviteurs je
» vous en requiers à mains jointes. J'ai pris la

» hardiesse de vous envoyer deux pierres rares *pour*
» *la santé*, vous la désirant parfaite, & heureuse
» & longue vie : vous les recevrez comme de vo-
» tre très-affectionnée belle sœur : mourant, &
» vous rendant témoignage de son bon cœur vers
» vous, je vous recommanderai mes serviteurs
» par un *Mémoire* (a); & vous ordonnerez que
» pour mon ame je sois payée de partie de ce que
» me devez, s'il vous plaît, & qu'en l'honneur
» de Jésus, lequel je prierai demain à ma mort
» pour vous, me laissiez de quoi fonder un obit,
» & faire les aumônes requises. Ce mercredi deux
» heures après minuit,

Votre très-affectionnée & bonne Sœur,

MARIE R.

(12) En attendant cette canonisation, nous consignons ici le portrait de cette Princesse tracé par un écrivain, qu'on ne peut suspecter à cet égard ni d'enthousiasme, ni de flatterie. Il a peint l'original d'après les monumens; & en rapprochant ce qu'il

(a) Dans ce mémoire, Marie demandoit qu'avec l'argent qui lui étoit dû, soit pour ses pensions, soit pour avances faites par sa mère, sous le règne de Henri II, on acquittât en son nom un obit, & quelques fondations. Elle demandoit encore que son douaire continuât un an après sa mort, afin de donner des récompenses à ses serviteurs, que Henri III prît son médecin à son service, qu'il gratifiât son aumônier de quelque bénéfice, & qu'enfin Didier, (un vieil officier de sa bouche,) jouît pendant sa vie d'un greffe dont elle lui avoit fait don.

dit du récit de Brantôme, on verra qu'ils s'accordent sur bien des points.

» Marie (remarque-t-il (a)) *joignoit* à tous les
» charmes de la beauté, à l'extérieur le plus agréa-
» ble & le plus accompli, un assemblage de tous
» les talens, de toutes les perfections qui entraî-
» nent les suffrages, & qui ne manquent jamais
» de faire leur effet. Elle étoit polie, affable,
» insinuante, vive, pleine de feu, & capable de
» parler & d'écrire avec autant d'aisance que de
» dignité : prompte à l'excès, emportée dans ses
» attachemens, parce que ses passions étoient vives,
» & qu'elle avoit trop de candeur & de bonne foy.
» Accoutumée dès son enfance a être traitée en
» Reine, elle ne pouvoit pas supporter la moin-
» dre contradiction. Capable en de certaines occa-
» sions de feinte & de déguisement, en consé-
» quence des principes qu'elle avoit reçus dans
» une Cour insidieuse, qui mettoit la dissimula-
» tion au nombre des talens les plus nécessaires
» dans l'art de gouverner, aimant à être flattée,
» n'étant pas insensible à ce plaisir que ressentent
» presque toutes les femmes, lorsqu'elles aper-
» çoivent les effets de leur beauté ; douée des qua-
» lités agréables, dépourvue des talens qui exci-
» tent l'admiration, elle fut plutôt une femme
» aimable qu'une Reine illustre. Un grand feu d'i-
» magination, une vivacité d'esprit que ne tem-

(a) Histoire d'Ecosse par Robertson, T. III, L. VII, p. 279.

» péroit pas suffisamment la solidité du jugement;
» une tendresse de cœur qui ne fut pas toujours
» contenue dans les bornes de la discrétion, lui
» firent commettre bien des fautes, l'entraînerent
» même dans des crimes. Si nous disons qu'elle
» fut toujours malheureuse, nous ne donnerons
» point la véritable raison de cette longue suite de
» calamités dont elle fut accablée ; nous devons
» ajouter qu'elle fut souvent imprudente.... Au
» lieu de l'accuser d'avoir eu le cœur pervers, on
» déplorera sa destinée. Les malheurs de Marie
» surpassent de beaucoup ces fictions tragiques,
» que l'imagination enfante pour attrister les hom-
» mes, & les porter à la commisération. Quand
» nous parcourons cette longue suite d'infortunes
» de la Reine d'Ecosse, nous nous trouvons dis-
» posés à oublier ses foiblesses : nous apercevons
» ses fautes avec moins d'indignation : nous nous
» félicitons des larmes qu'elle nous fait répandre,
» comme si elles couloient pour une personne
» d'une vertu irréprochable.

» Quant à ses agrémens personnels, on con-
» vient qu'elle reçut de la nature l'air de la plus
» grande beauté, & la taille la plus avantageuse.
» Elle avoit les cheveux noirs ; mais, suivant la
» mode de son tems, elle portoit souvent des che-
» veux empruntés, & de couleurs différentes. Ses
» yeux étoient d'un gris rembruni, sa peau d'un
» éclat & d'une finesse admirables, la main & le

« bras d'une beauté singulière pour la forme & la
» blancheur. Si elle dansoit, si elle se promenoit,
» si elle montoit à cheval, on croyoit voir une des
» graces. Elle aimoit la musique, chantoit, &
» jouoit du luth supérieurement. Vers la fin de sa
» vie elle prit trop d'embonpoint. Sa longue pri-
» son, la fraîcheur & l'humidité des lieux où on
» l'avoit tenue renfermée, lui causèrent des rhu-
» matismes, & la rendirent percluse de ses mem-
» bres. Jamais homme (dit Brantôme) n'avoit
» pu voir la Reine d'Ecosse, sans être épris d'ad-
» miration & d'amour. Personne ne peut lire son
» histoire sans être pénétré de douleur.

(13) Le Laboureur (a) nous a conservé une des chansons, où Chatelard, qu'il compare au cygne mourant, ou plutôt au phenix, soupiroit son amoureux martyre pour la Reine d'Ecosse. Quelques strophes de cette tendre élégie satisferont suffisamment la curiosité du lecteur....

Adieu prés, monts & plaines (b),
Rôchers, forêts & bois,
Ruisseaux, fleuves, fontaines,
Où perdu je m'en vois.
d'une plainte incertaine,

(a) Le poëte Dauphinois fit ces vers en 1566.
(b) Additions aux mémoires de Castelnau, Tom. I,
Liv. III, page 549.

De sanglots toute pleine,
Je veux chanter
La misérable peine
Qui me fait lamenter.

. . . .

O Déesse immortelle,
Ecoute donc ma voix,
Toy qui tiens en tutele
Mon pouvoir sous tes loix;
Afin que si ma vie
Se voit en bref ravie,
Ta cruauté
La confesse périe
Par ta seule beauté.

Mais qui pourra entendre
Mon soupir gémissant,
Ou qui pourra comprendre
Mon ennuy languissant?
Sera-ce cet herbage
Où l'eau de ce rivage,
Qui s'écoulant,
Porte de mon visage
Le ruisseau distillant !

. . . .

L'on voit bien que ma face
S'écoule peu à peu,
Comme la froide glace
A la chaleur du feu.
Et néanmoins la flamme,

Qui me brûle & enflamme
 De passion,
N'émeut jamais ton ame
D'aucune affection.

Ces flots qu'on voit descendre
De ces rochers ici,
Te pourroient bien apprendre
L'horreur de mon souci ;
Vu que l'un d'amitié
Se fend par la moitié,
 L'autre courant,
Avec moy de pitié,
Par les champs va mourant.

Ces buissons & ces arbres,
Qui sont autour de moy,
Ces rochers & ces marbres
Sçavent bien mon émoy.
bref, rien de la nature
N'ignore ma blessure,
 Fors seulement
Toy qui prends nourriture
En mon cruel tourment.

(14) S'en rapporte-t-on au témoignage des Protestans ; il n'y a pas à douter que Philippe II n'ait fait empoisonner Elisabeth. Plusieurs de nos Historiens, & spécialement Mezeray, ont adopté ce fait comme incontestable. Mezeray sur-tout affirme que Catherine de Médicis constata l'empoisonnement en question par des informations secrettes,

& que les domestiques d'Elisabeth, à leur retour en France, complettèrent la preuve de cette atrocité par leurs dépositions. Mais dans quel répertoire ces pièces juridiques sont-elles consignées ? Voilà ce que Mezeray auroit dû nous apprendre. Assurément nous rougirions d'être les Apologistes de Philippe II. Son caractère connu prête à des imputations aussi odieuses. Mais quelque méchant qu'il ait été, doit-on gratuitement le charger d'un crime, que peut-être il n'a pas commis ? N'en a-t-il pas assez de ceux que l'histoire lui reproche avec fondement ? Au surplus nous allons déduire les faits, & le Lecteur jugera.

En général, on a prétendu que la jalousie porta le Monarque Espagnol à immoler son épouse. Les uns ont dit qu'il suspecta ses relations avec le Prince Don Carlos son fils. D'autres ont brodé sur ce canevas. Le Laboureur (a) nous a transmis à ce sujet des détails piquants, en nous donnant l'extrait d'une pièce de vers manuscrite, intitulée, *le Diogenes*, qu'on fit circuler en France sous le regne de Henri III, afin d'exciter le Monarque à la vengeance. On y lisoit qu'Elisabeth avoit témoigné le plus vif ressentiment contre Ruy Gomez (le favori de son époux) qui, en l'impliquant

---

(a) Additions aux mémoires de Castelnau, Tome II, Liv. VI, page 414.

dans l'affaire de Don Carlos, avoit par-là entaché son honneur. Les plaintes & les menaces de cette Princesse (continue l'Auteur) lui valurent l'inimitié du Conseil de Philippe II. Elle en recueillit bientôt le triste fruit. Un certain Marquis *Del Pozzo*, amoureux d'une des filles de la Reine, en étoit traité favorablement. Il se glissoit chez elle les soirs. On mit ces rendez-vous nocturnes sur le compte de la Reine. On chercha à s'assurer de la vérité du fait, en épiant le Marquis. Le hasard voulut qu'un jour de réjouissances publiques, Elisabeth laissât tomber par la fenêtre son mouchoir, & que l'amoureux Marquis le ramassât. On l'attendit la nuit suivante. Il vint, & fut tué à coups de dague. La Reine, qui ignoroit cette intrigue & qui ne s'intéressoit point au Marquis, garda le silence. On en conclut que c'étoit dissimulation de sa part ; & il fut résolu que l'honneur de Philippe II avoit besoin d'être vengé. La Duchesse d'Albe, première Dame du Palais d'Elisabeth, se chargea de ce soin. Un matin en l'éveillant, elle lui déclara qu'il falloit avaler la potion qu'elle tenoit à la main, afin de la débarrasser d'un amas d'humeurs capables de nuire à sa grossesse. La jeune Reine se défendoit, disant qu'elle ne s'étoit jamais mieux portée. La matrone insista. Ce débat amena Philippe II : d'abord il donna le tort à la *Camera Major*. Ensuite il signifia à son épouse que le bien de l'Etat l'exigeant, il falloit qu'elle se purgeât. Elisabeth obéit. Quelques heures après elle expira dans les douleurs les plus aigues, en accouchant d'une fille, qui avoit le crâne brûlé. L'Auteur du *Diogenes* ajoute que, pour éloigner les soupçons, on imprima un Libelle espagnol, où l'on imputoit à la défunte d'avoir été attaquée de la lépre.

A cette relation, dont nous ne garantissons pas plus la véracité, que ne l'a fait le Laboureur, on peut opposer les raisonnemens suivans. Si toutes ces particularités étoient exactes, pourquoi n'en trouve-t-on pas la moindre trace dans les Lettres de *Forquevaulx*, alors Ambassadeur de France à Madrid, & conséquemment témoin des derniers momens d'Elisabeth ? Nous alléguerons encore le récit des Historiens Espagnols, qui, tels que *Herrera* (a), déclarent expressément que des médecines trop violentes, & des saignées répétées d'autant plus mal-à-propos qu'on ignoroit la

(a) Voici le passage de l'historien Espagnol... *Hallandose prenada la tercera vez con mayor difficultad que las otras, los medicos juzgaron que era malina opilacion, y no prenado, y usando de medecinas violentas, sangrias, y otras cosas semgantes, la hizieron parir a los cinco meses un hijo &c.*

grossesse de la Reine, dérangèrent l'ordre de la nature, & lui causèrent la mort. Enfin ne seroit-il pas permis de conjecturer que les Protestans, ennemis de Philippe II, ont accrédité ces bruits infamans, afin d'armer contre lui la France entière. Il est fâcheux pour la mémoire de Philippe, que sa réputation ait servi de base à une accusation aussi atroce ; tant il est vrai que de la part des méchans, le mal se présume toujours, & que sans examen on est porté à y croire.

(15) Afin que le Lecteur puisse apprécier les talens poëtiques de la Reine Marguerite, nous insérons ici deux pièces de vers de sa façon, copiées (a) sur un manuscrit déposé à la Bibliothéque du Roi de Prusse. Si les sujets, que l'Auteur traite, sont immoraux, au moins prouveront-ils que nous n'avons point calomnié sa réputation, en nous élevant contre ses mœurs dissolues.

Vers faits par la Reine Marguerite, prisonnière au château d'Usson en Auvergne, sur la mort d'*Aubiac* son amant, pendu (b) à Aigueperse

---

(a) Ducatiana, Tome I, page 46.
(b) Cet accident arriva à d'Aubiac en 1596. Selon l'auteur du divorce satyrique, ce d'Aubiac *passa de l'écurie en la chambre de la Reine*. Canillac, pour se venger d'un rival

par jugement de Lugoly, Lieutenant du Grand-Prévôt.....

Rigoureux souvenir d'une joie passée,
Qui logez les ennuis du cœur en la pensée,
Vous savez que le Ciel me privant de plaisir,
  M'a privé de desir.

Si quelque curieux, informé de ma plainte,
S'estonne de me voir si vivement atteinte,
Respondez seulement, pour prouver qu'il a tort,..
  Le bel Atys est mort.

Atys, de qui la perte attriste mes années,
Atys, digne des vœux de tant d'ames bien nées,
Que j'avois eslevé pour montrer aux humains
  Une œuvre de mes mains ;

Quand le tems (mais pourtant cette crainte soit vaine)
Permettroit qu'un oubly fît adoucir ma peine,
Je persiste aux sermens diverses fois conclus
  De n'aymer jamais plus.

Si je cesse d'aymer, qu'on cesse de prétendre !
Je ne veux désormais (a) être prise, ni prendre,

heureux, le fit pendre. On dit que dans le moment de l'exécution d'Aubiac, *au lieu de se souvenir de son ame & de son salut, baisoit un manchon de velours ras bleu, qui lui restoit des bienfaits de sa dame.* (Voyez le divorce satyrique).

(a) Marguerite ne tint pas parole. La pièce qui suit,

Et consens que le Ciel puisse éteindre mes feux,
Car rien n'est digne d'eux.

Cet amant de mon cœur qu'une éternelle absence
Eloigne de mes yeux, non de ma souvenance,
A tiré quant & soy, sans espoir de retour,
Ce que j'avois d'amour.

Autres vers faits par la même sur la mort de Datte son amant, tué par le jeune Vermond (a), *à la porte de son carrosse, du commandement du Roi.*

Atys, l'objet de cette cour,
Bel Atys, mon dernier amour,
De qui le souvenir me tue,
Dois-je point espérer de te revoir un jour,
Afin que cette attente encore m'évertue ?

Ces beaux yeux de moy tant cherchés,
Me feront-ils toujours cachés ?
Faut-il, pour jamais m'y résoudre ?
Nos cœurs & nos desirs par le Ciel attachés,
Peuvent-ils, par le tems être réduits en poudre ?

le prouve. Elle brûla d'amour long-tems après pour *Vermond*, & pour *Date*.

(a) C'étoit ce Vermond qu'elle vouloit qu'on étranglât avec ses jarretières. (Lisez la notice des mémoires de cette princesse, (Tome LII de la collection, pag. 130)

Les pleurs fur fa tombe efpandus,
Et les cris de (a) tous entendus,
Témoignent fi ma plainte eſt feinte ;
Et les plaifirs qui font fi cherement vendus,
Font que tous mes plaifirs me donnent de la crainte.

Aux triſtes accens de ma voix
Tes amis pleurent quelquefois ;
Mais c'eſt quand j'attire leur larmes.
Je fuis feule qui rends l'amour en mefme poids,
Et qui, pour bien aymer, me fait quitter les armes.

Pour me donner allégement,
Mes yeux vont cherchant vainement
Quelque chofe qui te reffemble ;
Ils en trouvent les traits ; mais c'eſt figurément ;
Car le Ciel ne joint plus tant de beautés enfemble.

(a) On obfervera qu'alors *la Sapho Royale* avoit cinquante-quatre ans.

Fin du Tome foixante-troifieme.

TABLE DES MATIERES CONTENUES DANS CE VOLUME.

Notice des Editeurs sur la Personne & les Mémoires de Pierre de Bourdeille, Abbé & Seigneur de Brantôme, pages 3

Testament & Codicilles de Brantôme, 43

Préface, ou Lettre de Brantôme à son Neveu Henri de Bourdeille, 87

Vie de François de Bourdeille, 89

DAMES ILLUSTRES.

Discours I. De la Reine Anne de Bretagne, 125

Discours II. De la Reine mere de nos Rois derniers, Catherine de Médicis, 158

Discours III. De la Reine d'Ecosse, jadis Reine de France, Marie, avec une digression sur la mort de Conradin & Sueve, 249

Discours IV. De la Reine d'Espagne, Elizabeth de France, 310

Discours V. De Marguerite, Reine de Navarre, & puis de France, 335

Observations des Editeurs sur les Dames Illustres de Brantôme, 409

Fin de la Table.

www.ingramcontent.com/pod-product-compliance
Lightning Source LLC
Chambersburg PA
CBHW070217240426
43671CB00007B/685